读史衡世·名将篇

晚清战神 左宗棠

关山苍　王海霞 ◎ 著

华中科技大学出版社
http://press.hust.edu.cn
中国·武汉

图书在版编目（CIP）数据

晚清战神：左宗棠/关山苍，王海霞著. -- 武汉：华中科技大学出版社，2024.4
ISBN 978-7-5772-0540-3

Ⅰ.①晚… Ⅱ.①关…②王… Ⅲ.①左宗棠（1812-1885）—传记 Ⅳ.①K827=52

中国国家版本馆CIP数据核字（2024）第053745号

晚清战神：左宗棠
Wanqing Zhanshen: Zuo Zongtang

关山苍　王海霞　著

策划编辑：亢博剑	
责任编辑：康　艳	
责任校对：李　弋	
封面设计：VIOLET	
版式设计：曹　弛	
出版发行：华中科技大学出版社（中国·武汉）	电话：（027）81321913
武汉市东湖新技术开发区华工科技园	邮编：430223
印　　刷：天津中印联印务有限公司	
开　　本：880mm×1230mm　1/32	
印　　张：10.25	
字　　数：225千字	
版　　次：2024年4月第1版第1次印刷	
定　　价：49.80元	

本书若有印装质量问题，请向出版社营销中心调换
全国免费服务热线：400-6679-118　　竭诚为您服务
版权所有　侵权必究

前言

大清脊梁

19世纪中期，是大清帝国最为动荡的时期之一。西方列强用坚船重炮轰开了大清国门，中国逐渐丧失主权，百姓受尽政府盘剥、列强欺压。此时，在南方，太平天国的起义烽火从珠江流域一直向北蔓延，最终建立都城与清朝分庭抗礼；北方，揭竿而起的捻军骑兵横扫黄河流域数省，兵锋直指京畿。清廷顾此失彼，疲于应对。

祸不单行，就在中国遍地狼烟之时，新疆地区也出现了动荡。1865年，新疆以西的浩罕汗国的军事首领阿古柏带兵入侵新疆，到1870年已占领天山南北大片地域，在他的残暴统治下，新疆地区的百姓苦不堪言。

1871年，沙俄出兵侵占新疆伊犁，并与阿古柏暗中勾结，承认阿古柏政权合法性，换取在南疆通商的权益。英国也向阿古柏的伪政权提供武器支援换取在新疆的各种特权。

列强的种种行径严重侵犯了中国主权，其野心昭然若揭。以李鸿章为首的主和派认为新疆非久守之地，宣传"新疆无用论"，也得到了执政者的赞许，光绪帝的父亲、醇亲王载沣称赞李鸿章暂罢西征之请"为最上之策"。

　　左宗棠表示强烈反对："我之疆索，尺寸不可让人。"此时的左宗棠已年近花甲，但事关民族安危，他毅然站了出来，从新疆战略地位的重要性出发，指出了失去新疆后的严重后果，并驳斥了李鸿章把西征军饷用于海防的谬论。清廷最终采纳了左宗棠的西征方略，任命左宗棠为钦差大臣，督办新疆军务。

　　在祖国利益面前，在民族大义面前，左宗棠不惧个人生死，更不在乎个人荣辱，为解决西征的兵马钱粮问题而四处奔走，发誓不破不还。他运筹帷幄，剿抚并用，成功剿灭阿古柏势力，并力荐曾纪泽为外交大臣与沙俄谈判，尽最大努力争取国家利益，收回国土。收复新疆也成为清朝后期为数不多扬眉吐气的时刻。

　　此后不久，法国入侵越南，中越两国国境毗连，唇齿相依，当时在政治上又保持着宗藩关系，面对法国侵略者咄咄逼人的嚣张气焰，清廷内部再次分裂分主战、主和两派。主和派认为边衅一开,中国必败,不必引火烧身。关键时刻,年逾七十的左宗棠再次站了出来,力主抗法援越,揭露了法国垂涎云南、贵州的狼子野心,并分析了侵略者色厉内荏、贪得无厌的本质,主张力战保国,派遣军队,加强海防以备不测,而清廷为了息事宁人,再次选择了妥协,与法国签订和约。

果如左宗棠所料,和约墨迹未干,法国侵略者就出兵攻打清军阵地,突袭马尾,致使南洋水师全军覆没,又侵占台湾、澎湖等地,清廷被迫宣战。左宗棠请战未果,转而为前线调度军需、筹划布局,他想尽一切办法筹措饷银用以增制军械,添置兵轮,还根据以往经验创建渔团,加强福建等地防务。他还在法国侵略者封锁台湾海峡的情况下,积极派遣恪靖军渡台,增强台湾地区的防守力量。虽然最终腐朽的清廷不战而败,但左宗棠的拳拳之心天地可鉴,他为维护祖国领土完整作出了巨大贡献。

除了坚定不移地捍卫民族尊严和国家主权,左宗棠还兴办工业、发展农事。他任职浙闽和陕甘、新疆时,关注民生疾苦,兴修水利,筑路植树,栽桑种茶,优化边疆生态环境,有诗赞曰:"新栽杨柳三千里,引得春风度玉关。"

在满朝勋贵、强敌环伺的晚清，为什么是左宗棠这样的科举失意者挺身而出？他是如何自强自修？又是如何挽救民族危机、捍卫民族尊严的呢？

请大家跟随此书回到那段历史，全面了解左宗棠跌宕起伏的一生，体会伟大的中华民族曾经历怎样的坎坷，伟大的中国人民又创造了多少奇迹。

目录

第一章 少年国士

第一节 致用之思 … 002
第二节 屡试不中 … 007
第三节 立志御侮 … 011

第二章 太平事起

第一节 办寇之人 … 017
第二节 初露锋芒 … 020
第三节 贵人提携 … 025
第四节 大展身手 … 028
第五节 身陷风波 … 037

第三章 人生转机

第一节 襄办湘军
第二节 渐立门户 044
第三节 志在平吴 046
　　　　　　　　 048

第四章 总督浙闽

第一节 入浙初捷 057
第二节 多方突击 061
第三节 克复湖杭 066
第四节 能征善治 071

第五章 未雨绸缪

第一节 誓卫海疆　085

第二节 一心为国　095

第六章 剿捻遇挫

第一节 捻军之患　105

第二节 险酿大祸　111

第七章 肃叛安民

第一节 剿抚并用　121

第二节 分路出击　124

第三节 围点打援　127

第五节 抬棺向西

第四节 纵横东西

第三节 剑指乌城

第二节 疏通粮道

第一节 整军备战

第九章 跃马天山

第二节 海塞并重

第一节 西域狼烟

第八章 深谋远虑

第六节 名扬陕甘

第五节 重创叛军

第四节 打通门户

133　137　140　　　　147　158　　　　167　177　185　195　200

第四节　逢敌亮剑
第三节　老骥伏枥
第二节　振兴两江
第一节　入值军机处

第十一章　国之重臣

第三节　利国利民
第二节　兴屯重农
第一节　师夷长技

第十章　春风度玉关

238　245　250　255

217　223　230

第十二章　壮志千古

第一节　临危受命　261

第二节　败局难挽　266

第三节　名垂千古　276

附录一　婚姻轶事

附录二　蔚然家风

附录三　左、曾渊源

第一章 少年国士

左宗棠在晚清名臣中是极具特色的一位。他出身书香门第，深受耕读家风的熏染以及儒家"学而优则仕"思想的影响，把读书、考取功名、兼济天下当作自己的人生目标。可惜，他的科举之路走得异常艰辛，三次参加会试都榜上无名。在这种情况下，他将更多的精力倾注于地理、农事等"有用之学"。事实证明，他这种看似离经叛道的选择，在他日后的官宦生涯中发挥了极其重要的作用。

第一节　致用之思

嘉庆十七年（1812年）11月10日[①]，左宗棠出生于湖南省长沙府湘阴县东乡左家塅（今属湖南岳阳湘阴金龙镇）一个衰败的地主家庭。左氏在当地属于大姓，而且辈辈有名人。左宗棠的高祖左定师是县学生员；曾祖左逢圣也是邑庠生[②]，为人乐善好施，在乾隆年间曾典当衣物，施粥接济饥民；祖父左人锦，为国子监生；到左宗棠的父亲左观澜时，家境已大不如前。左观澜是县学廪生，做了二十余年的教书先生。

左观澜上有父母，下育有三女三子，全家十口人仅依靠遗田数十亩为生，加上天灾，时不时歉收，一家的温饱都成了问题。为了养家糊口，他只得外出设馆授徒。对于这样寒素的生活，左宗棠后来常常忆起，在写给儿子的信中曾感慨："左家世代贫苦，先辈的困苦状况一言难尽。你母亲嫁给我时，家中境况已稍有好转，但每与你母亲谈及先辈艰难穷困的生活，我经常泪湿衣襟……由于家境贫寒，我生下来只能喝米汤，日夜啼哭不止，以致肚脐突出，至今腹大而脐不深。我母亲曾谈到育我艰难、嚼米

[①] 本书提到的时间皆是由干支纪年转换的公历纪年。此处的1812年11月10日即嘉庆十七年十月初七。

[②] 邑庠生，即秀才。庠生是对明清科举制度中府、州、县学生员的别称。明清时期，州、县学又称为"邑庠"，所以秀才也叫"邑庠生"。

为汁的苦楚。如今想到这些，她的声音犹在耳畔。"

左宗棠出生时，左人锦已七十有四，他视左宗棠如珍宝。左宗棠3岁时，左人锦就开始教他读书写字，对他寄予了很高的期望。

嘉庆二十一年（1816年），左观澜举家迁往长沙左氏祠，在那里开馆授徒。4岁的左宗棠随同兄长左宗棫、左宗植学习。在父亲的严格管教下，左宗棠5岁就开始诵读《论语》《孟子》等儒家经典，8岁开始学习写作八股文章，为将来的科举考试做准备。他谨遵父教，刻苦攻读，从小就深受传统儒学的熏陶。道光六年（1826年），14岁的左宗棠开始应县试，次年应府试，名列第二，本应再参加院试，但因母亲病危，他只好告归，也就没能取得秀才资格。同年，他的母亲病逝。

这个时期，清王朝已经由盛转衰，"经世致用"之潮逐步兴起。所谓"经世致用"，是指学问需避免空洞，应有益于国事，由明末清初著名学者顾炎武、黄宗羲等人提出。顾炎武提倡"天下兴亡，匹夫有责"，治学应有"救民于水火之心"。黄宗羲则说："经术所以经世，方不为迂儒之学。"但随着清王朝统治地位的确立和巩固，汉学盛行，经世致用精神如昙花一现，隐而不彰。到嘉庆、道光年间，面对深刻的社会、民族危机，一批政治家、思想家和进步学者再一次提倡经世致用，主张实行改革，这也深深吸引了左宗棠，使他逐渐把心思从科举、四书五经、八股文转移到经世致用之学。

那时的学子大都专注于科举，对左宗棠专注于实用之学嗤之以鼻，认为是舍本逐末。但左宗棠不为所动，依然攻读不辍，并将可用于实践的知识记录下来。也正是这些学问，为他日后的成功奠定了坚实的知识基础。

少年时期，左宗棠遭遇了诸多家庭变故。左宗棠3岁时，祖母去世；5岁时，祖父离世；11岁时，长兄夭亡；15岁时，母亲病逝；18岁时，父亲病逝。在这期间，他的3个姐姐先后出嫁，十口之家，只剩下左宗棠和二哥左宗植两地分离，相互支持。

这种变故不仅给左宗棠带来了巨大的伤痛，也让他背下了巨额债务。经过一番商量，左宗棠与二哥将遗田留给大嫂，债务则由他们兄弟两个承担。在负债累累、食不果腹的日子里，左宗棠没有怨天尤人，自甘堕落，祖父和父亲的谆谆教导他牢记在心：人可以穷，但志不能穷。在守孝期间，他依然致力于充实学问。当时江宁布政使贺长龄因丁母忧留居长沙，贺长龄是当时所谓"经世学派"大臣的代表人物，左宗棠久仰其名，又听说贺长龄家中藏有许多书籍，便特地登门拜访，想借阅一二，若是能得到些指点，那就更好了。

尽管两人身份悬殊，贺长龄还是接待了这位小友。贺长龄打量着眼前这位年龄不到20岁的年轻人，发现他虽身体瘦弱，但面对自己显得不卑不亢，双目炯炯有神，透露着一股儒生气质，不似市井之徒，便开口问道："你来此所为何事？若是想让本官保荐一二，那本官劝你速速离去，免得受一顿训斥。"

左宗棠听了贺长龄这番话，依然表现得十分平静，双手作揖答道："回大人，小民前来并非想从大人这里讨什么方便，而是听说大人学贯古今、博采众长，小民只是想来请教一二，还想……"

"但说无妨。"贺长龄打消了左宗棠的担忧。

"还想向大人讨些书读，小民自幼学习孔孟之道，只是当考之年，家母不幸故去，未能参加考试。如今父亲兄长皆离世，小民每日为温饱而忙碌，实在无余财购买书卷，但对圣贤之道依然心驰神往，尤其是顾、黄先生的著作，万望大人成全。"

贺长龄有些惊讶，接着问道："既然你也是个书生，那为何不继续读孔孟经典以考取功名，而要学经世致用之说呢？"

左宗棠依然不卑不亢："回大人，孔孟之说固然是伦常根本，但小民认为，当今圣上继承大统近十年，根基仍然不稳。而自白莲起事，大清军力动摇，尚未恢复；虽南北贸易往来频繁，但河道漕运等问题一直悬而未决。加之北方有边患，南方又有鸦片之祸，恕在下冒昧，这些问题岂是圣贤书可解决的？"

贺长龄顿时感叹这个年轻人不简单，年纪轻轻便能洞悉朝廷许多隐患，又能看到问题的根本所在，于是试探性地问："依你看来，这些问题可有破解之道？"

左宗棠显得有些激动："对我大清来说，除了疏通河运，还应减免赋税，与民休养生息。不论是北面还是南面的外敌，只要对我大清图谋不轨，哪怕战至一兵一卒，也绝不能丢了老祖宗留下的土地。"

贺长龄十分欣赏左宗棠的胆识，称左宗棠真乃少年国士，并答应借出家中所有藏书供左宗棠阅读，自己还愿意指点他一二。

此后，左宗棠每次去借书，贺长龄都亲自登梯为他取书，上下数次，仍不厌其烦。左宗棠还书时，贺长龄还乐此不疲地与他交流读书心得。这段时间，左宗棠进一步接受了经世致用思想，自己也取得了极大的进步。贺长龄还特意嘱咐左宗棠："天下方有乏才之叹，幸勿苟且小就，自限其成。"他认定左宗棠为不世奇才，所以叮嘱左宗棠，将来不要随意轻就，要为国家担当重任。

贺长龄的悉心关爱使左宗棠深受鼓舞，他后来在写给友人的信中说：

> 耦耕先生实嘉、道两朝名臣，学术之醇正，心地之光明，一时仅见。弟于长沙久亲教益，于先生政学颇有所窥。谬蒙以国士见待，铭感胸臆。

道光十一年（1831年），左宗棠考入长沙城南书院。当时贺长龄的弟弟贺熙龄任书院山长，他也是经世致用之学的推崇者。左宗棠在城南书院品学兼优，在一年的考试中，七次名列第一。

道光十二年（1832年），左宗棠转入湖南巡抚吴荣光在长沙设立的湘水校经堂学习，但他仍与贺熙龄保持书信往来，在治学、修身方面深受贺熙龄影响，并从贺熙龄那里进一步了解了国家内忧外患的形势，立志报效国家。

第二节 屡试不中

就当时的社会状况而言，要想实现人生理想，科举入仕仍是一个主要的途径。道光十二年（1832年）5月，左宗棠服丧期满，为了取得考试资格，他纳资捐了一名监生。在乡试考试中，同考官先阅看考生试卷，择其中的优秀者加以评定，然后再向主考官推荐，由主考官裁定是否合格。一开始，左宗棠的试卷未被同考官选中，被斥为遗卷，但因这年道光帝五十寿诞特开恩科，不久朝廷又诏命考官搜阅遗卷，增加录取名额。之前的同考官已经去世，由主考官徐法绩代职，他从5000多份遗卷中选取6份，左宗棠居首。但新任同考官怀疑这是"人情温卷"，恰好湖南巡抚吴荣光监考，他在湘水校经堂时就对左宗棠有所了解，得知所取遗卷之首为左宗棠后，立即同意徐法绩复取的6人。这样一来，左宗棠总算中了举人。

乡试结束后，左宗棠与周诒端结婚，并入赘周家，寄人篱下。周家是湘潭的名门大户，岳父母对他十分客气，没有丝毫怠慢，夫人也善良贤惠，最能体谅丈夫的襟怀抱负。

中举后，左宗棠的下一个目标便是到京城参加会试。会试一般在乡试后第二年春天举行，由于湖南离京城有数千里之遥，当时的交通又很不便利，左宗棠便在这年冬天与仲兄左宗植一同北上。

道光十三年（1833年）春，左宗棠雄心勃勃地来到京城参加癸巳科会试，可惜名落孙山。不过，他没有对这次失利耿耿于怀，反倒因为在京城的见闻而对经世之学和国家时事有了新的认识。他在写给乡试主考官徐法绩的信中说："比者春榜既放，点检南归。睹时务之艰棘，莫如荒政及盐、河、漕诸务。将求其书与其掌故，讲明而切究之，求副国家养士之意，与吾夫子平生期许之殷。十余年外，或者其稍有所得乎！"大意是说，春榜已放，他准备收拾行李南归。眼见时务之危难，莫过于朝廷荒政以及盐、河、漕诸务。他将搜寻相关书籍与典章，研究探明解决方法，以符合国家养士之意及老师平生的殷切期望。十几年后，或许会稍有所得。

　　此行，左宗棠还意外结识了同乡士子胡林翼。胡林翼是湖南益阳人，与左宗棠既是同乡又是同年所生，都受教于贺熙龄，两人算是师出同门。更为凑巧的是，他们的父亲还是岳麓书院的同窗好友。后来胡林翼成了陶澍女婿，并担任林则徐的副手，还力荐左宗棠到林则徐幕府效力，但左宗棠因故未能成行，此为后话。

　　胡林翼也深受经世致用思潮的影响，喜欢探究山川地理、关隘要塞与兵政枢机。二人在北京一见如故，常常彻夜畅谈，从古到今、天文地理，无所不包。此后，两人关系愈发密切，相互引为知己。

　　道光十四年（1834年），左宗棠不愿再寄身妻家，便向岳父借了一间西屋，另立门户。他与连襟张声玠仅隔一院，二人同试礼部,又一同落第归来,因此常在一起切磋学问、评论文字,相处十分融洽。

道光十五年(1835年),左宗棠再次进京应试。这次考试,他被初选为第十五名,但因湖南多中一名,考官将他的试卷撤下,仅给了他"誊录"一职。誊录负责缮写,相当于今天的文书,虽然慢慢积累资历也能得到晋升,但左宗棠想起了贺长龄的话,不可轻就,他毅然返回湖南。

后来,左宗棠还在《二十九岁自题小像(八首)》之二中描述了这次科举失利后的心境:

> 锦不为韬自校量,无烦詹尹卜行藏。
> 君王爱壮臣非老,贫贱骄人我岂狂。
> 聊欲弦歌甘小僻,谁能台省待回翔?
> 五陵年少劳相忆,燕雀何知羡凤皇。

第二次落第回家后,左宗棠继续潜心求学,他写了一副联语挂在书房激励自己:"身无半亩,心忧天下;读破万卷,神交古人。"这副联语生动地反映了左宗棠当时赘居岳父家的生活状况。即使"身无半亩",面对国家日益衰败的局面,他依然"心忧天下";他"读破万卷""神交古人",不是在逃避现实,而是想从书中求得有益于国计民生的学问,汲取安身立命的养料。

这一时期,他开始致力于舆地之学,并计划绘制国家地图。这个计划不仅要求构思周密,而且工程浩繁。他为此付出了大量的时间和精力，并得到了夫人周氏的协助。他每作好一图，便让周氏帮助影绘，用时一年多才完成。

道光十六年（1836年），24岁的左宗棠应湖南巡抚吴荣光邀请，在醴陵渌江书院任山长，尽管待遇并不优厚，但他对自己、对学生都严格要求。在醴陵讲学期间，他结识了时任两江总督陶澍。陶澍是湖南安化人，道光时任两江总督近10年之久。左宗棠对陶澍甚为敬慕，他在渌江书院时，恰逢陶澍巡阅江西，路上转道安化老家扫墓，途经醴陵。醴陵县令为陶澍准备行馆时，请左宗棠写了几副门联，其中一副是：

春殿语从容，廿载家山，印心石在；

大江流日夜，八州子弟，翘首公归。

上联写的是道光十五年（1835年）道光皇帝为陶澍题赠"印心石屋"四字匾额的故事，下联则表达了湖南民众对陶澍的颂扬和敬仰之情。陶澍看到这副对联后，大为赏识，急忙询问此联作者。后经县令引见，左宗棠得以拜见大名鼎鼎的陶澍。陶澍将左宗棠视为奇才，特地邀他留宿行馆，二人纵论古今，彻夜未眠。自此，左宗棠与陶家结下了不解之缘。

道光十八年（1838年）初，左宗棠第三次赴京参加会试，再次落第。他备受打击，决心不再参加会试。在写给夫人的家书中，左宗棠明确表示"从此款段出都，不复再踏软红，与群儿争道旁苦李矣"，其中的失望与苦涩，至今读来仍令人感叹。

这次落第归来，左宗棠特地绕道南京谒见陶澍，在陶澍的官衙内停留10多天，每日与陶澍的幕僚交流。经过数日了解，陶澍对左宗棠更加器重，认为他前途不可限量，于是当面下聘结亲，为自己的儿子陶桃求娶左宗棠的长女左孝瑜，两家从此结为儿女亲家。道光十九年（1839年），左宗棠返回长沙，居住在仲兄左宗植家中，兄弟二人时常切磋学问。为了改掉自己"气质粗驳"的缺点，左宗棠开始从寡言和静养两方面下功夫。同年7月，陶澍病逝于两江总督任所，其子陶桃年仅7岁，孤儿寡母，无人照应，一些族中亲属趁机侵占陶澍家产。贺熙龄、胡林翼提议左宗棠赴安化陶澍家中，教授陶桃并帮忙料理家务。左宗棠与陶澍本就情谊深厚，又是儿女亲家，便欣然接受了这一安排。

第三节 立志御侮

道光二十年（1840年）春，左宗棠来到安化小淹，设馆教授陶桃，成为一名偏处山乡的私塾老师，并帮忙料理陶家家事。他在陶家生活了8年，陶家所藏书籍、文献、公牍极多，为他继续寻求经世致用之学开辟了新天地。

就在这一年，第一次鸦片战争爆发，炮火牵动了左宗棠的心弦，他结合时势变化，更加专注于研究舆地学、农学和兵学。对于当时的儒生而言，左宗棠研究的内容是离经叛道、不务正业的，因而一些士子对他明讥暗讽，但左宗棠丝毫不为所动。

道光二十三年（1843年），左宗棠在湘阴南乡柳家冲（位于左家塅西十余里）购买70亩田地，为自己置办了一份家业。次年秋后，他将妻子与4个女儿迁到柳家冲定居。在庄园大门上，他写了"柳庄"两字，自号"湘上农人"，一边传授课业，一边经营庄园。

晚清时期，商品经济有所发展，湘北盛产谷米、土布、茶叶、竹木等。左宗棠于是从安化引进茶种，开园种茶。他的幼子左孝同曾回忆左宗棠在柳庄充分利用地理优势种茶，并认定湘阴的茶业是由左宗棠发起的。道光二十六年（1846年），左宗棠在给贺熙龄的信中得意地提到茶园所得收入不菲，对人对事均有裨益。此时的左宗棠已从书本中跳出来，开始践行学到的实用之学，并取得了不俗的成绩。

在舆地学方面，左宗棠的视野逐渐由国内扩展到国外，当英军犯浙江、陷定海（今浙江舟山定海）、进逼天津的消息传到湖南后，他密切关注战况，时常与贺熙龄讨论战守机宜。在他看来，英军船坚炮利，游弋海上，牵制了清军沿海七省兵力。清廷只有采取持久战战略，才能最终战胜英军。他反对"急旦夕之功"，主张采取扎实的战备措施，增强沿海各省的防卫能力，避免敌攻一处，全局震动。

面对贪婪、骄横的侵略者，左宗棠主张坚决抵抗，反对和议。但当时腐败无能的清王朝却试图通过妥协退让来保护既得利益。坚决主战的林则徐等人被朝廷革职，发配到新疆伊犁军台效力。

道光二十一年（1841年），英国人占领香港岛，清军数战失败，英国人将战船开至广州挑衅，并要求割据香港岛。左宗棠闻讯极为悲愤，作《感事（四首）》。

其一

爱水昏波尘大化，积时污俗企还淳。
兴周有诰拘朋饮，策汉元谋徙厝薪。
一怒永维天下祜，三年终靖鬼方人。
和戎自昔非长算，为尔豺狼不可驯。

在这首诗中，左宗棠毫不掩饰地将侵略军斥为"鬼方人""豺狼"，并明确表示和议自古以来都不是长久之策，字里行间表达了他对英国侵略者的厌恶及对朝廷软弱的不满。

这一时期，左宗棠遍考往昔海防记载，潜心研究舆地学，为日后的军旅生涯夯实了基础。天时、地利、人和，历来被视为兵家取胜的三大要素。作为部队统帅，要想占得地利，首先要熟知天下山川形势，只有这样，临战才能因势利导。他曾总结自己多年研究舆地学的心得，著成《舆地图说》一书，详细叙述了历代兵事与地形的关系。

胡林翼后来成为陶澍的女婿，左宗棠在安化小淹时，胡林翼经常来小淹，与左宗棠共同处理陶家家事。后来，胡林翼的妹妹胡同芝嫁给了左宗棠的侄子左澂（左宗植的长子）为妻，两家亲上加亲，关系更为密切。

道光二十七年（1847年），左宗棠结束了在陶家的塾师生活，回到柳庄，致力于研究兵学。道光二十八年（1848年），他在写给仲兄左宗植的信中提到自己近年来对兵事颇有心得，倘若他日得机遇，必能大展身手，绝非纸上谈兵。他将古人"不为良相，即为良医"的人生选择，改为"不为名儒，即为良将"。显然，"为良将"是他在科举失利后选择的人生道路，也是他立志报国、抵御外辱的方向。

道光二十九年（1849年），左宗棠再次来到长沙开馆授徒，馆址设在朱文公祠，陶桄仍跟从他学习。时值湘北连年涝灾，左宗棠积极组织募捐，在村里囤积粮食以备饥荒，设局以造药。他拿出自己教书的报酬购买粮食，接济族人和乡亲。他的夫人周诒端也很关心这件事，甚至捐出自己的妆奁。

这年冬天，林则徐由云南辞官回乡，路过湖南时特意约请左宗棠。林则徐早年为陶澍所赏识提拔，在担任湖广总督时因禁烟成效卓著，继以钦差大臣身份赴广东禁烟，领导了抗击英国侵略者的第一次鸦片战争，后来受朝廷投降派诬害，被发配新疆伊犁充军。他在新疆兴水利、辟屯田，屯垦戍边。道光二十六年（1846年），林则徐被重新起用，历任陕西巡抚、陕甘总督、云贵总督等职。左宗棠对林则徐的为人事迹早有耳闻，并极为敬仰。道光二十八年（1848年），林则徐在云贵总督任内，接受胡林翼的推荐，邀请左宗棠入幕。左宗棠因事未能前往，但稍后写了一封充满情谊的信寄给胡林翼，表达了自己遗憾的心情："坐此羁累，致乖夙心，西望滇池，孤怀怅结，耿耿此心，云何能已!"

道光三十年(1850年)1月3日,林、左两人终于在长沙湘江的一艘船上见面了。左宗棠因心情激动,一脚踏空,落入水中,被林则徐笑称承受不起这个见面礼。

他们在舟中彻夜长谈,林则徐将自己在新疆整理的资料和绘制的地图全部交给左宗棠,说:"我已经老了,空有御俄之志,终无成就之日。你是不凡之才,我将此重任托付给你。能抵挡东南洋夷的能人很多,但西定新疆之人,则非君莫属。这些是我数年心血所在,或许你将来治理新疆能用得上。"

这次会面对左宗棠产生了深远的影响。林则徐回到福建后身染重病,得知自己时日无多后,他让次子林聪彝代写遗书,向咸丰帝大力推荐左宗棠,称其为"绝世奇才",希望朝廷能重用左宗棠。不久,林则徐病逝。得知此噩耗,左宗棠痛哭着写下一副挽联:"附公者不皆君子,间公者必是小人,忧国如家,二百余年遗直在;庙堂倚之为长城,草野望之若时雨,出师未捷,八千里路大星颓。"

后来,林则徐的话果然应验,左宗棠在外部列强环伺、内部主和派叫嚣的艰难情况下,坚决抗敌,最终收复新疆。可以说,林则徐是左宗棠的事业之师。

左宗棠与林则徐分别后回到柳庄,过了一段短暂的宁静生活。至咸丰七年(1857年)移居省城,他在柳庄一共生活了14个年头。

第二章 太平事起

随着太平天国运动的爆发，久伏山乡的左宗棠终于迎来了出人头地的机会。这场起义以摧枯拉朽之势冲击着清王朝的统治，面对这场洪流，腐朽不堪的清廷束手无策，被迫改变陈规，广开才路。一批在野的贤明之士乘势而起，脱颖而出，左宗棠以自身出众的才干成为其中的佼佼者。在好友胡林翼的力荐下，他开始了长达8年的幕僚生涯。

第一节 办寇之人

早在第一次鸦片战争初期,左宗棠就预料到外患必然会加剧内乱,局面将更加难以控制。面对"山雨欲来风满楼"的国内形势,左宗棠百忧交集,夜不能寐,空有壮志却报国无门。一家老小的身家性命也都寄托在他的身上,为保全家族,他一度打算带领家人归隐山林。

道光二十二年(1842年),得知清廷签订了丧权辱国的《南京条约》,左宗棠忧愤之余,认为买山隐居势在必行,于是派人前往青山察看,但因事务繁忙及资金困难,此事被迫搁置。道光二十四年(1844年),左宗棠虽然已经携家移居柳庄,但仍没有放弃寻找避居之地。道光二十六年(1846年),他从安化返回湘阴,实地考察了湘阴东南的双狮、白鹤、望塔等地,认为这些地方确有地利,但缺少人和,不利于宗族来往。多方权衡后,他最终决定落脚青山。

在当时的局势下,左宗棠这种保全身家于乱世的思想是很普遍的,同时他也有隐居等待时机的心理。作为一个忧国有志且富有远见的人,他曾对贺熙龄说过:"天下无不了之事,无不办之寇,亦未尝无了事办寇之人。"在蛰居山野期间,他依然埋头研究经世致用之学,尤其关注舆地学、兵学、洋务之学,为的就是有朝一日能担当大任。他在与他人的书信中多次自比诸葛亮,诸葛亮闲居卧龙岗，博览群书，躬耕陇亩，最后等来三顾茅庐的刘备；而他隐居青山，饱读经世致用之书，关心国家形势，也是在等待时机出山。

咸丰元年（1851年）秋，太平军进占广西永安（今广西梧州蒙山），左宗棠从好友胡林翼处得知这一消息后，就如何对付太平军发表了一番议论。他说，自古兵法有言"谋定而后战""善战者，致人而不致于人"，清军忽略了这些道理，所以在作战时处处被动。他主张清军在太平军的营地附近广筑碉堡，步步为营，呈合拢之势，渐逼渐进，迫使太平军放弃营垒，这样一来，清军改守为攻，就可由被动变为主动。

左宗棠提倡的筑碉堡以合围的"铁桶战术"，对初起于广西山区的太平军确实有一定效用。胡林翼听了左宗棠这番议论后，感到应该设法让这位时运不济的老友发挥其军事才华，于是多方荐举，希望引起朝廷的重视。

咸丰二年（1852年）4月，太平军从广西永安突围北上，一路夺城闯关，兵锋直指湖南，清廷震惊，湘中官绅也惊恐不安。6月中旬，太平军挺进湖南，程矞采抵抗不力，被咸丰帝革职，朝野上下更加惶恐不安。6月21日，清廷将原云南巡抚张亮基调补湖南巡抚，命其迅速赴湘就任，抵御太平军。

张亮基原是林则徐的属吏，与胡林翼交好。他在云南时就曾听林则徐盛赞左宗棠"负经世才"，而且胡林翼也多次向他函荐左宗棠，称其才堪大用，希望召其出山，因而他一直留意左宗棠的消息。8月22日，他经贵州到达常德，打算聘请左宗棠出山共谋大局。考虑到道路难行,当天他又派专人带大礼延请并写信给胡林翼。

胡林翼收到张亮基的信后,在回信中高度评价左宗棠,他说:"此人廉介刚方,秉性良实,忠肝义胆,与时俗迥异。其胸罗古今地图兵法、本朝国章,切实讲求,精通时务。"但左宗棠不了解张亮基为人,也不愿将自己的命运草率地和不熟悉的人捆绑在一起,于是借故推辞。

张亮基连夜驰书胡林翼,让他尽快想办法请左宗棠出山相助。胡林翼便修书一封,敦促左宗棠出山。他在信中说张亮基"才智英武,肝胆血性,一时无两",对左宗棠求贤若渴。此外,胡林翼还冷静地分析了湖南地区的实际情况,如果湖南为太平军所占,即使隐居避世也难逃战乱。除了拜托胡林翼外,张亮基还驰书左宗棠的好友江忠源,请他写信劝说左宗棠出山。

在张亮基接二连三的礼聘邀请及两位好友的劝说之下,左宗棠不禁有些心动,加上其他亲友也劝自己前往效力,了却平生夙愿,他终于下定决心出山,开始了历时8年的幕府生涯。这一年,左宗棠40岁。后来,他在写给友人的信中回忆早期这段经历时说:当时事变纷乱,急切地想要以身报国,但念及自己学业不精,无权无势,无法一任己意。自己的志向在于乡里国家,却仍是一介布衣,寂寂无闻,只能尽己所能去辅佐有德望之人,以求匡世济民。

第二节 初露锋芒

咸丰二年（1852年）10月，左宗棠和张亮基先后抵达长沙，此时守城的清军已和太平军战斗了20多天，城中守备处于十分危急的状态。早在9月，太平军的前锋部队就开始围攻长沙，后因西王萧朝贵中炮牺牲，太平军中人心动摇，石达开下令暂缓进攻，清军抓住这一有利时机调兵遣将，加强防备，战事才转入相持。

10月13日，太平天国天王洪秀全、东王杨秀清率太平军主力抵达长沙，大举攻城，长沙危在旦夕。危急关头，刚刚出山的左宗棠被委以重任。张亮基的信任使他备受鼓舞，信心倍增。

当时太平军重兵屯驻城南，背水面城，而清军援师集中在城东北，太平军很难突破。只有河西防备薄弱，左宗棠敏锐地察觉到了这一点，他充满担忧地对张亮基说："大人，河西防备薄弱，若匪军正面无法取胜，很有可能突破河西防备，强渡湘江。到时该如何是好？"

张亮基一时感到紧张："可有良策御敌？"

左宗棠建议："可先以一支队伍西渡，抢在匪军之前占领湘江西岸，一可防匪军逃窜，二可待机将匪军一举歼灭。"这一建议立即获得了张亮基与江忠源的赞同。

此时长沙聚集了清军众多援师，城内及城外东河、西河兵勇共六七万人，官员有一位中堂、三位巡抚、三名提督、十一二名总兵，城外还有两名总督。官员之间不相统摄，以致多头指挥，兵无斗志。张亮基接受左宗棠的建议，先后调遣总兵常存、马龙率部西渡，但他们都因畏惧而不敢渡江。后来，张亮基通过钦差大臣赛尚阿派遣向荣赴西路督战，向荣渡江后却拖延不前。

这时，新任钦差大臣徐广缙恰好到达衡州，并派提督福兴至湘潭。左宗棠向张亮基提议上书徐广缙，调福兴的部队疾速西渡湘江，但徐广缙没有同意。张亮基气愤至极，想亲自督兵西渡，不料太平军接二连三地掘炸城墙，清军忙于堵御，张亮基的西渡计划一时无法成行。到11月底，太平军已围攻长沙80多天，仍未取得进展，于是主动撤围，趁一日风雨大作时偷渡湘江离去。12月初，太平军迅速攻占益阳，接着渡过洞庭湖，于12月中旬占领岳阳，然后乘胜北上，挺进湖北。至此，长沙城解围，但左宗棠试图将太平军聚歼于长沙近郊的计划也破灭了。

太平军撤离长沙后，左宗棠很快把精力放到镇压起义军残余势力上。在太平天国运动的影响下，湖南境内的农民起义风起云涌，各种会党相继成立。太平军离开湖南后，左宗棠协助张亮基操练乡兵、整治农民起义。经过一番谋划，他们决定先拿征义堂开刀。

征义堂设在浏阳，邻近长沙。起初征义堂只是乡团组织，首领为周国虞、曾世珍等，太平军围攻长沙时，周国虞等曾联络太平军，图谋响应。长沙解围后，清廷对于征讨征义堂之事的意见并不统一，但张亮基决定采纳左宗棠的计策，于咸丰三年（1853年）1月密派江忠源自岳阳悄悄移师浏阳，准备征讨征义堂。

左宗棠建议江忠源，采用分化策略瓦解征义堂的势力，派人招降周国虞，劝其投降自首；"进兵宜神速，令其不测"，以快制胜。1月22日，江忠源率部进驻浏阳，加紧部署。1月26日，周国虞率众起义，缝制白旗，大书"官逼民反"四字，兵分三路进攻清军，结果出师不利，大败而退。1月31日，江忠源率部攻占古港，曾世珍率部退守三平洞。至2月7日，清军仅用了10多天，便将征义堂消灭，曾世珍被捕杀，周国虞逃脱。

而在另一方向，太平军进入湖北后，势如破竹，于12月23日力克汉阳，围攻武昌，仅用6天时间就占领了汉口。半个月后（即1853年1月12日），太平军攻克武昌。

武昌、汉阳、汉口三镇失守，朝野震动。急转直下的形势证明了左宗棠当初聚歼太平军于长沙近郊的策略是正确的，但为时已晚。咸丰三年（1853年）2月3日，清廷解除钦差大臣兼湖广总督徐广缙的职务，任命张亮基为湖广总督。2月19日，左宗棠随张亮基一同离开长沙，前往武昌。

太平军在2月9日撤离武昌，顺江东下。当张亮基和左宗棠一行抵达武昌时，他们看到的是城内一片废墟、百姓惊魂未定。此情此景，令左宗棠不免生出几分伤感来。

经过湖南的战事，左宗棠已经完全得到了张亮基的信任，张亮基放心地将军务交给他一手操办。左宗棠主要从以下几个方面展开工作：一是处理武昌等地的修复和抚恤事宜；二是开始防范和镇压湖北境内各地的农民起义；三是支援追击太平军的清军，并抵御再次进入湖北境内的太平军。

为尽快恢复经济，他建议张亮基广发告示，远布陕西、河南、四川各省，规定进入湖北的商品一律免纳两个月的税款，并严禁官兵强封商船、敲诈勒索商人，张亮基一一采纳。这些措施的落实迅速稳定了市场秩序，对恢复经济、安定民生起到了一定的作用。

同年3月19日，太平军攻克江宁（今江苏南京），并将其改名为天京，建立了与清王朝分庭抗礼的农民政权。此时，湖北各地在太平天国运动的影响下，起义运动愈演愈烈，左宗棠全力协助张亮基，逐一镇压。4月，通城（今湖北咸宁通城）爆发了以刘立简为首领的农民起义，他们以"抗粮饷"为口号，攻占官署，劫狱焚掠。嘉鱼（今湖北咸宁嘉鱼）的熊开宇等人也纠集会党数千人，响应通城的农民起义。为此，左宗棠请张亮基派江忠源前往镇压。5月，广济（今湖北武穴）也爆发了农民抗粮饷斗争，黄州（今湖北黄冈黄州）知府邵纶、黄梅知县鲍开运都被起义军杀死。左宗棠建议江忠源过蕲州（今湖北蕲春蕲州）时，顺道前去镇压。这些起义很快宣告失败。

太平军定都天京后，又分别派遣大军北伐、西征，试图彻底推翻清王朝。对此，左宗棠主张在东西梁山上合力设防，以防护长江中上游地区。他结合当地实际的地理环境，建议安徽、江西、湖北三省合力布防、协作围剿太平军，并在为张亮基拟写的奏折中详细阐述了这一策略，然而朝廷并未采纳。太平天国西征军舟载陆行，迅速西上，席卷安徽、江西。左宗棠又建议制备战船,武装水师,控制长江。稍后,江忠源上奏朝廷,请求"置战舰、练水师"。这份奏折很快获得朝廷准允,于是,张亮基遵令在湖北造船20艘,曾国藩则赶赴衡州备操水军,湘军水师自此建立。

6月,太平天国西征军占领安徽安庆,进围江西南昌,湖北的形势再度紧张起来。左宗棠协助张亮基积极筹划抵御,和张亮基一起到黄州勘察地形,在田家镇部署设防,试图守住湖北的东大门,防止太平军由江西溯长江进入湖北。8月初,太平天国北伐军由河南分支南下湖北黄安(今湖北黄冈红安)、麻城(今湖北麻城)一带,武昌风声鹤唳。左宗棠判断他们将溯江而上,攻取武昌,于是一边调兵赴黄安、麻城等地聚剿太平军,一边调派省城兵勇3000多人扼守田家镇。左宗棠请张亮基调兵遣将,在田家镇编造巨筏,筏上安置大炮,分派部队日夜驻守。9月,太平军占领江西九江,继续西进。

可惜左宗棠未能亲眼看到田家镇的战斗,很快他就怏怏地离开湖北,回湖南湘阴了。9月13日,清廷谕令张亮基卸任湖广总督,出任山东巡抚,湖广总督由原闽浙总督吴文镕出任。10月18日晚,张亮基渡江驰赴山东。

吴文镕平庸无能,与左宗棠没有任何交情,更谈不上信任。张亮基一走,左宗棠肯定会失去依靠。他经过深思熟虑,决定回湖南湘阴老家过自己的田园生活。于是,在张亮基离任前10天,他主动辞归湖南,结束了幕鄂活动。

左宗棠第一次幕湘和幕鄂,都是在张亮基幕府中,虽然只有短短一年的时间,但是他不仅初步实践了早期学习的兵学知识,更积累了不少经验,增强了信心,还进一步在朝中扩大了个人影响力。这些都为他后来二次出山埋下了伏笔。

第三节 贵人提携

咸丰三年(1853年)10月,左宗棠辞归故里,同行的还有同在张亮基幕府的王柏心。左宗棠在王柏心家中逗留了一些时日,直到10月24日才抵达湘阴县城,并于次日归家。不久,已升任安徽巡抚的江忠源及湘军统帅曾国藩先后致信礼聘左宗棠。新任湖南巡抚骆秉章得知左宗棠回到湘阴老家,多次派人送信和路费请他出山,但左宗棠都没有答应。

骆秉章对左宗棠的才能、性格和为人都有一定的了解,因此极力邀请左宗棠为自己效力。他第一次派去请左宗棠的是自己幕府中的一位姓郑的司马。左宗棠收下书信,退回钱财礼物,并送郑司马出山口,请他转达自己不敢应命的心声。但骆秉章没有放弃,又以湖南巡抚与布政使的名义,带重金聘请他,左宗棠仍然推辞,声称自己从此隐居深山,不再过问时事。这时,好友王柏心寄诗给他,诗云:

武库森然郁在胸,归来云壑暂从容。
人从方外称司马,我道山中有伏龙。

> 多垒尚须三辅戍，解严初罢九门烽。
> 何当投袂平袄乱，始效留侯访赤松。

王柏心借诗劝说他出山，功成再身退，他把左宗棠比作"伏龙"，因为他知道左宗棠看似清闲地享受隐居生活，实则内心并不平静，仍密切关注时局的发展。

咸丰四年（1854年）2月，太平军西征军大败清军于黄州，湖广总督吴文镕畏罪投水自尽。四天后，太平军第三次攻占汉口和汉阳，湖北按察使唐树义兵败而死。随后，太平军乘胜南下湖南，长沙再次陷入险境。这时，军中和朝堂上很多人想到了左宗棠，因为就在一年多以前，这位"湘上农人"在长沙城岌岌可危之时曾重创太平军，妙解长沙之围。

这年3月，曾国藩亲率6万水陆大军从衡阳出发，镇压各路太平军。他写信请左宗棠再次出山。在当时扑朔迷离的局势下，曾国藩的邀请让左宗棠犹豫不决：清军一败涂地，他自觉不能力挽狂澜，而太平军又十分记恨自己，眼下贸然出山，显然是不明智的。他前思后想，最后回书婉拒了曾国藩。不久，太平军攻下湘阴，派轻骑搜拿左宗棠，他只得辗转去了长沙。

骆秉章两次被拒后仍心有不甘，听说左宗棠到了长沙，又生出一计。他知道左宗棠疼爱女婿陶桃，便以抗捐不缴为由，派人将陶桃绑到府衙。陶桃的夫人左孝瑜忙写信让父亲设法营救。左宗棠急忙赶到巡抚衙门求见。骆秉章闻讯大喜，倒屣迎之。左宗棠见爱婿安然无恙，又见府衙中已备好酒宴，才明白这一切都是骆秉章请他出山的良苦用心。左宗棠被骆秉章的诚心打动，终于答应出山入幕，骆秉章大喜过望，随即向陶桄致歉，并以仪仗送其回府。

4月5日，左宗棠再次出山，开始了第二次幕湘生涯。一开始，他与骆秉章的配合并不十分默契，也发生过一些摩擦，但他的才能和作为，使骆秉章越发信任和倚重他。大约一年后，骆秉章已经把左宗棠当成了心腹，后来干脆当起了"甩手掌柜"，左宗棠甚至可以不经骆秉章批准，就能以湖南巡抚的名义向皇帝上奏疏。

据说有一天，骆秉章听见辕门外炮响，便问亲随怎么回事，有人告诉他是左师爷发军报折。骆秉章并不在意，只是让人把奏稿拿来过目。按理，发军报折是很严肃隆重的事情，一般由巡抚亲自主持，但骆秉章连奏折都没看，声炮就发出了。骆秉章看过奏折后，连连点头赞许，并没有怪罪左宗棠。

当时有人戏称左宗棠为"左副都御史"。骆秉章作为巡抚，官衔不过右副都御史，这当然是一种夸大，但骆秉章对左宗棠的信任及左宗棠的权势之盛却是事实。据说骆秉章一个爱妾的弟弟入湘中，求骆秉章赏派一个差使。在爱妾的再三请求下，骆秉章答应说："等左师爷高兴的时候，趁机与他说说此事方可。"有一天，骆秉章与左宗棠会谈，趁左宗棠心情不错提及此事，不料左宗棠却催促仆人收拾行李，欲辞职离去。骆秉章赶忙致歉，将此事作罢，并承诺以后不再干涉任用之事。

一些别有用心的人造谣挑拨，说什么"幕友当权，捐班听命"。骆秉章顶住来自各方的流言蜚语,辩护驳斥,以正视听,声言左宗棠所办之事都是经过他裁定后施行的。对此,王定安在《湘军记》中这样描述他们之间的关系:"骆秉章专听左宗棠,吏事、军事,咨而后行。宗棠毅然任劳怨,谤议颇起,然未尝稍自卸。秉章自度才智不逮,信之弥专。时论以宗棠善谋、秉章善任,两贤之。"正是因为骆秉章的高度信任,左宗棠在这次幕湘期间大有作为。

第四节 大展身手

在担任骆秉章幕僚近6年的时间里,左宗棠主要致力于对抗太平军。

湖南地处长江中游,与太平天国的首都天京有两省之隔。正常情况下,湖南不会成为清军与太平军作战的主战场。此时湘军正转战于江西、湖北、安徽等地,湖南的稳定对于稳定前方军心具有十分重要的作用。

左宗棠对湖南的战略地位有着清醒的认识,并制定了一套对抗太平军的战略方针,其核心是以攻为守,积极组织作战,将太平军赶出湖南,稳住湘军的战略后方,使湖南成为清廷镇压太平天国起义的重要根据地。左宗棠这一主张不仅得到了湘军大员曾国藩的认可,也得到了朝廷的赞许。

咸丰四年(1854年)4月8日,就在左宗棠进入骆秉章幕府的第四天，太平军攻占岳州，随后占领靖港、湘潭等地。左宗棠闻讯大惊，急忙带领100多名楚勇将家属接到湘潭辰山。4月24日，太平军占领湘潭，曾国藩由岳州前线返回长沙，召集将领讨论用兵方略。很多人主张先夺回靖港，但左宗棠却主张救援湘潭。最后，曾国藩采纳左宗棠的意见，派塔齐布率步兵4000人奔赴湘潭战场，杨岳斌、彭玉麟负责增援。同时，他自己也率领40艘战船、800名兵丁进攻靖港。4月28日，靖港之役结束，曾国藩惨败，率余部退回长沙。经过铜官时，他羞愤难当，两次想投水自尽，所幸被部下及时救起。

抵达长沙后，左宗棠一大早就来到湘江的船上看望曾国藩。左宗棠见曾国藩身为一师统帅，如今却显得狼狈颓唐，便开口劝慰他："大人，如今战局未定，仍有很大回旋余地，若我军得胜，而大人您又已自尽，那岂不为后人耻笑？"

曾国藩知道左宗棠是在开导自己，说道："我曾国藩岂能怕后人耻笑，只是今日兵败，实在无颜面对朝廷，无颜面对湘军将士。"

左宗棠轻轻一笑道："大人，自古成大事者不拘小节，若您此战分散了匪军的兵力，于湘潭战场来说，可是一件好事啊！"

曾国藩点点头："此言有理，前日幸听你言，往湘潭派军，不然今日之败后果更严重，只是仍觉得愧对朝廷的信任，愧对那些战死的军士……"左宗棠不再多言，默默退下。此后，他天天都到曾国藩的船上去劝说开导。

果如左宗棠所料，5月1日，塔齐布、杨岳斌、彭玉麟等统率的湘军主力经过八天苦战，终于攻占湘潭，太平军受到重挫，被迫北撤，长沙的威胁就此解除。这是湘军出师以来的首次大捷，对于刚刚经历了靖港惨败的湘军无疑是一剂强心针，也使萎靡不振的曾国藩重新振作起来。

7月，湘军进至岳州与太平军对峙。8月，太平军退出湖南，回守武昌。湘军的胜利，证实了左宗棠以攻为守方针的正确性，也激发了曾国藩和整支湘军的信心。此后，左宗棠坐镇长沙，忙于为湘军增造战船、补充给养，为湘军出省作战提供后勤保障。

咸丰八年（1858年）8月至咸丰九年（1859年）初，湖南境内的太平军主力基本被肃清，但会党起义仍此起彼伏，特别是毗邻两广的湘南一带声势更大。每一股多则上万人，少则数百人，都以支援太平军为名，十分活跃。面对这种动乱不堪的局势，左宗棠协助骆秉章，依靠王鑫、刘长佑、江忠济等率领的湘勇、楚勇，以及以陈士杰为代表的各州县团练，对各地会党起义进行了严酷镇压。

咸丰九年（1859年）3月，石达开带领的太平军由江西大举进入湖南，接连攻下数个州县，史称："人马行六昼夜不绝，湖南大震。"骆秉章将战守事宜委托给左宗棠，左宗棠连忙调兵遣将，一月内凑齐4万军众，巩固了湖南的防守。5月7日，石达开攻打宝庆（今湖南邵阳），6月，太平军展开大合围，连营百里，号称30万大军。

形势危急，清军将领仍互不相让、各自为政。左宗棠向骆秉章请求亲临前线，以协调指挥。骆秉章担心他的安危，坚决不同意此事。这时，胡林翼从湖北遣李续宜率5000人回湘救援，于是议定由李续宜赴前线督率各军。左宗棠分析实际情况，主张由北路突破。7月下旬，双方展开多次激战，太平军伤亡万余人，西、北两面阵地全失。8月13日，清军分三路大举出击。翌日，石达开兵分两路撤围南下，经东安（今湖南永州东安）进入广西境内，宝庆由此解围。

通过缜密的战场谋划，左宗棠内清四境的目的算是达到了。随着太平军的东下和周边会党活动日渐频繁，左宗棠屡兴援鄂、援赣、援桂、援粤、援黔之师，不断援助五省"剿匪"。

咸丰四年（1854年），曾国藩统率的湘军奉命"东征"，于当年8月进入湖北。咸丰五年（1855年）2月，湖广总督杨霈兵败黄州，湖北告急。左宗棠请骆秉章派鲍超、王明山募集1000余名水兵，配126艘战船以及若干炮械、钱粮，驶赴救援；5月，又命杨岳斌招募水兵，添造战船，赶赴湖北；7月，又增派杨虎臣、刘腾鸿率1000名湘兵。咸丰六年（1856年）4月，左宗棠派江忠济率楚勇赶赴通城；7月，嘱托王鑫率旧部加上新募之军3000人支援湖北。12月19日，湘军水陆各军攻陷武昌、汉阳。不久，太平军退出湖北，长江中上游的战略要地为湘军控制。

太平天国定都天京后，江西成为双方争夺的主要战场之一。咸丰五年（1855年）11月，太平天国西征军连克瑞州（今江西高安）、临江（今江西樟树临江）、袁州（今江西宜春袁州），进围吉安，江西告急。左宗棠征得骆秉章的同意后，大举援赣。当时清廷仅令湖南筹拨兵勇2000人赴援，左宗棠担心无法取胜，增募兵勇至5000人。咸丰六年（1856年）3月，援赣大军在刘长佑、萧启江的率领下，分别由醴陵、浏阳进入萍乡、万载（江西宜春万载）。之后，左宗棠又多次派兵增援江西。在这个过程中，左宗棠运筹帷幄，费尽心力，以至于《湘军志》的作者王闿运认为，清廷在江西的胜利是左宗棠的功劳，左宗棠在江西的战绩超过了曾国藩。

广西是太平天国运动的策源地。太平军主力从广西走出后，广西会党起义仍接连不断，声势浩大。咸丰七年（1857年）5月，会党起义军攻占柳州，进围桂林。左宗棠认为，广西起义军人数甚众，而该省无力应付，若放任不管，任其拖延，势必影响湖南，于是和骆秉章确定了支援广西之策，派段莹器率部下1000人、江忠濬率部下1200人、蒋益澧募练乡勇1500人，开赴广西；同年8月，又派黄辅鼎、萧荣芳率800人增援。咸丰八年（1858年），蒋益澧率军进入桂林，攻占柳州。咸丰九年（1859年）8月，石达开大军由湖南入广西，复围桂林。广西巡抚曹澍钟向湖南求援，骆秉章与左宗棠商议，派刘长佑、萧启江率大军驰援，于10月成功解了桂林之围。

咸丰四年（1854年）10月，广东连州、韶州（今广东韶关）的红巾军逼近广州。清廷命骆秉章抽调1000名军士赴援。11月，骆秉章、左宗棠令龙金源率领1000名辰沅兵由长沙启程，驰赴韶州。咸丰六年（1856年）7月，骆秉章又派李辅朝带兵入连州"会剿"。咸丰九年（1859年）10月，张运兰等军从宜章进入连州，镇压当地会党起义。

咸丰五年（1855年），贵州苗民大举起义。次年1月，起义军进入湖南西部，接连攻占数地。骆秉章、左宗棠命田兴恕率1500人由长沙赴援。咸丰七年（1857年），起义军进入靖州境内，湖南防军在击退起义军后，进军黎平（今贵州黎平），攻占永从（今贵州黎平下辖镇）。咸丰八年（1858年），起义军攻黎平，骆秉章、左宗棠派田兴恕率军赴援。咸丰九年（1859年），田兴恕任贵州提督，增兵满2万人，军饷兵械均由湖南提供。

可见，左宗棠在第二次幕湘期间筹划战守、外援邻省的功绩是有目共睹的。骆秉章曾在奏稿中说，只有湖南兵勇出境"援剿"各省之事，从来没有各省兵勇出境"援剿"湖南之事。左宗棠也在书信中提到，湖南以一省之兵力对付五省起义军，各地起义防不胜防，湖南唯有根据缓急从容应对。无奈军饷费用太高，湖南一省难以支持。湖南为此付出了惨重的代价，仅据骆秉章的奏报，七八年间，湖南出境从征者达10余万人，阵亡的将领、营官数以千计，阵亡的兵丁更是不计其数。

从咸丰四年（1854年）至咸丰九年（1859年），湖南相对安定，太平军西征部队和石达开的远征部队虽然数度侵入，但都未能在湖南站稳脚跟。

自进入骆秉章幕府后，左宗棠就致力于制备船炮。咸丰四年（1854年）8月，长沙的丁善庆、陈本钦等创立船炮局，主动捐资制造船炮。该局名为民办，实际有清廷协助，并由左宗棠亲自督办。同年12月，左宗棠委派黄冕监造大炮，并命他制造100座劈山炮，限期一个月。到该年年底，造成大三板炮70座、长龙炮

10座,其中有30座大三板炮、10座长龙炮、37座劈山炮送往曾国藩军营。

湖南赋税收入有限,这些收入除了承担湖南自身的防务开支外,还要负担湘军东征的费用,为了摆脱困境,左宗棠采取了两个非常措施:一是改革赋税征收办法,严格管理税收,将原来各级官吏向农民多收、浮收、中饱私囊的部分改为法定的军务附加税,一律归公。这样一来,全省每年可增加赋税收入20余万两白银,而农民反而比以前少纳赋税。二是办厘金。厘金又称厘捐,实际上就是商业贸易税。这个办法并非左宗棠在湖南首创,但他在湖南积极认真推行并大有成效。咸丰六年(1856年)5月,他在郴州等地设局抽取盐厘、货厘,接着又在岳州及各府遍设厘局,每年得厘金80万两至120万两白银不等。这些收入全部用于军务开支,对支撑湖南防务和保障湘军后勤供给起了重要作用。

继设立厘金局后,左宗棠又在湖南设立盐茶局,征收盐茶税。以前湖南一向使用淮盐,自太平天国定都天京后,水路受阻,淮盐转运不畅,盐价日益昂贵,使得湘南一带粤盐私贩盛行。盐茶局成立后,设卡抽税,每年也能征得白银30余万两。

此外,骆秉章又根据左宗棠的提议,变通收漕章程,剔除漕粮积弊,每年可增收白银20余万两。由于采取了以上种种措施,湘军的军饷问题得到了较好的解决。

除了以上功绩,左宗棠比一般官僚高明及有远见的地方在于他清醒地认识到,国内之所以祸乱不休,实为民心不稳,究其根源则是吏治不修。他认为为政者应诚心爱民,关注民情,但当时的官员多将精力用于媚上而无暇顾及百姓,将聪明才智用于揣摩、迎合、承奉上级,鲜有真心实意为百姓谋利益的,吏治腐败到了极点。因此他提出,整顿吏治才是安民镇寇、拨乱反治的长久之策。在协助骆秉章整饬吏治方面,左宗棠主要采取了三项措施:

一是注重用人,赏罚分明。左宗棠认为,治乱的关键在于用人和施政,而用人又是施政的根本。他曾明确表示,对人才应放宽条件加以录用。他还认为,但凡用人,应该用其朝气、用其所长,令其喜悦;要诚恳劝告并善加诱导,使其知晓上司的意向;切勿用其所短,强迫属下做力不能及之事。据记载,湘军大将王鑫善打以少胜多之战,故而有些狂妄自大,引起了很多人的不满,唯独左宗棠倚重他,一直留他在湖南指挥湘军。而对于贪赃枉法、玩忽职守、畏敌潜逃的文武官员,上至监司、提镇大员,下至府县属吏,左宗棠都毫不留情地予以罢免、参劾。如此赏罚分明,使湖南的吏治面貌为之一新。

二是罢大钱,废部钞。咸丰四年(1854年)2月,清廷通令各省铸造大钱。然而新铸的大钱成色颇差,导致物价上涨、市场混乱,更助长了官吏舞弊、私铸之风。市场上同时出现制钱、新铸钱和私铸钱,短短几天,省城的歇业者不计其数。至年底时,长沙民心骚乱,商业贸易几乎停止了。骆秉章、左宗棠见事态紧急,连忙发出告示,停用新铸钱,用制钱收缴新铸钱,并下令查处私铸钱的相关人员。罢大钱后不久,户部又发放钞纸到湖南用作兵饷。骆秉章对此事的回应是钞纸无法充当银两使用,只可库存,并以湖南没有官钱铺、不能用钞为由拒绝,这两个措施及时稳定了湖南的经济形势。

三是剔除漕粮积弊。漕粮是旧时田赋的一种，按例须缴纳白米转运进京，后因长途运输花费过大，改用银钱折价征收。清廷原本规定，每石漕米折银为一两三钱，但湖南漕粮的浮收情况极为严重，官员从中层层取利，每石漕米竟高达六两白银。加上当时谷价贱、银价贵，农民负担不起，欠缴钱银的现象越来越多，加重了财政困难。骆秉章、左宗棠对此十分忧虑，反复筹议，命令州县淘汰陈规，并允许地方士绅提出整改建议。不久，湘人周焕南建议在朝廷规定的一两三钱之外再加一两三钱用作军需，加四钱用作府县开支，除此之外废除一切额外收费。左宗棠肯定了周焕南这一建议，报请骆秉章批准实行。尽管遭到众多官吏反对，但骆秉章力排众议，采纳了左宗棠的提议，随后，各州县纷纷效仿。自此，湖南钱漕才有起色，不仅百姓踊跃缴纳当年钱漕，连历年积欠也纷纷补缴，仅一年时间就增收20余万两白银，百姓也减轻了负担。

左宗棠的这些治理措施在湖南境内收效明显，使骆秉章在督抚湖南、支援邻省时应对自如。因谋划有功，左宗棠的声名渐渐传开了，清廷也开始注意到湖南的这位举人幕僚。咸丰六年（1856年）2月，因曾国藩在奏折中奏报了左宗棠接济军饷一事，清廷提升左宗棠为兵部郎中，并赏戴花翎。与此同时，一些高级官员也不断向朝廷举荐左宗棠。御史宗稷辰将左宗棠列为举荐人才之首，他在奏报中说，左宗棠通权达变、有实才，为湖南巡抚赏识倚重；若让他督抚一省或统率一军，其功业必不在胡林翼、罗泽南等人之下。左宗棠好友、湖北巡抚胡林翼也上奏，极力推荐左宗棠，说他"才学过人，于兵政机宜、山川险要尤所究心"，是济世奇才。

咸丰九年（1859年）初，左宗棠的好友、翰林院编修郭嵩焘奉诏觐见咸丰皇帝。咸丰皇帝详细询问了左宗棠的才干，郭嵩焘极力称赞左宗棠才华横溢、人品端正，深受湖南子弟敬佩。咸丰帝听后，授意郭嵩焘写信给左宗棠，告知他朝廷不日将起用他。

第五节 身陷风波

正所谓天有不测风云，正当清廷准备重用左宗棠时，一场官司差点让左宗棠身败名裂。由于骆秉章完全信任左宗棠，放手让他处理各项事宜，左宗棠手握重权，引起了一些人的不满和忌恨，进而发展到毁谤构陷。

早在咸丰七年（1857年），就有人造谣挑拨，说骆秉章"才不胜其德""年老平庸"，以此离间他和左宗棠的关系。骆秉章毅然予以辩护，事态才没有进一步扩大。但是，左宗棠与官员们之间的矛盾依旧没有化解，反而逐步扩大。

当时的湖南永州镇总兵樊燮，在职数年，声名极坏，仗着自己是湖广总督官文的远房亲戚为害一方，同城的文武官员及兵丁对他无不怨恨。湖南巡抚衙门接到了不少参劾他的信函，但骆秉章不愿得罪官文，便将事情强压下去，没有处理，左宗棠也不便干预。

咸丰八年（1858年）秋，湖南提督、湘军名将塔齐布在军中病逝，提督一职空缺，官文奏请让樊燮接替，并奏请由新授云南临元镇总兵栗襄任永州镇总兵。同年冬天，骆秉章赴京觐见，上奏参劾了樊燮，历数其诸多违禁之事。骆秉章还指出，栗襄此前在湖北抚标中军参将任内，毫无作为，监造军械多作假，无法胜任永州镇总兵一职。咸丰皇帝大怒，下旨要求从严议处樊燮，永州镇总兵由周宽世补授，栗襄的任免之请也被否决。官文奏保升用的两个人都被参劾去职。但事情并没有就此平息，一场变故正在酝酿。

咸丰九年（1859年）春，骆秉章再次参劾樊燮，称其各项劣迹均有实据，并有侵亏营饷的行为，请求朝廷准许拿问樊燮，严审究办，咸丰皇帝准奏。已被革职的樊燮不得不赶赴长沙接受调查，骆秉章把他推给了左宗棠，让他先向左宗棠交代，然后根据左宗棠的意见再作定夺。

樊燮平常作威作福惯了，对左宗棠这样一个屡试不中的老举人根本不屑一顾。而左宗棠一向爱憎分明，疾恶如仇，对樊燮的坏名声和劣迹也早有所闻，听说樊燮上门求见，决定当面严厉地教训他一番。

樊燮见到左宗棠后，虽也作揖行礼，但非常敷衍，难掩傲慢之意。左宗棠见他这般，便厉声喝道："武官见我，无论大小皆要请安，你为何这般无礼？"

按说樊燮应该巴结左宗棠,请他网开一面,从轻发落。但听了左宗棠这番话,樊燮不禁怒由心生,早把自己此番前来的目的和眼下的身份抛到九霄云外,他反唇相讥道:"按朝廷体制,未有武官见师爷请安之例。武官虽轻,也是朝廷二三品的官员,岂容你在这里放肆!"

樊燮虽狂妄,但左宗棠被这一番话驳斥得哑口无言,不由恼羞成怒,他猛地站起身来,快步走上前去,准备攻击樊燮,随即又改变主意,大骂道:"你这不知耻的狂徒,滚出去!"樊燮也不依不饶,两人差点打起来。几天后,樊燮收到了革职回籍的圣旨。

事情的进展就像脱轨的列车,朝着对左宗棠不利的方向驶去。官文对左宗棠和骆秉章的做法十分不满,而樊燮遭到辱骂且被革职回籍后,也对左宗棠怀恨在心,千方百计想要伺机报复。这时,有人利用两派之间的矛盾,唆使樊燮上诉。樊燮于是在都察院控告左宗棠。

官文也亲自上奏参劾左宗棠,并很快接到了朝廷下发的谕旨,令他负责查办左宗棠,并有密谕称:"左某如果有不法情事,即行就地正法!"事态急转直下,在这种情况下,左宗棠于咸丰十年(1860年)1月辞去骆秉章幕僚的职务。这场突如其来的风波,使左宗棠强烈地意识到要想在朝廷中立足、有所作为,还是要走科举考试之路,否则永远要低人一等。恰逢这一年是咸丰帝的三十寿辰,清廷照例特开恩科,年届五十的左宗棠决定赶赴北京参加会试。

这场风波也反映了许多问题，一是左宗棠做幕僚时揽权专行、刚直激烈，虽然政绩显著，但也招来了一批嫉贤妒能者的不满和怨恨；二是在镇压太平天国起义时，以湘军将领为主的汉族官僚地位上升，加剧了清廷内部满汉臣工之间的矛盾。主要表现为湖广总督官文对湖南巡抚骆秉章的不满；在朝廷中，满族贵族也竭尽所能防范汉族臣工。在这样的背景下，嫉贤妒能者把矛头指向左宗棠，满族贵族及官僚也乘机向权势日重的汉族官僚施加压力。

而出身满洲正白旗的官文长期在日渐腐败的八旗军中供职，对民情、吏治、军事一窍不通，更谈不上有治国安邦的才能。他从未认真研究过兵法，更没有指挥才能，生活上却奢侈无度，贪得无厌。只因他是备受朝廷信任的满洲贵族，曾国藩、胡林翼等湘军将领也只能忍气吞声。而胡林翼曾与官文协作治理一地，起初他对官文的行事做派十分鄙夷，不与之相交，后来他的幕僚向他阐明利害关系，他才恍然大悟，与官文结为异姓兄弟。

左宗棠的性格与胡林翼截然不同，他不赞赏甚至经常讽刺胡林翼的做法。他指责官文掌管下的湖北官衙"政以贿成，群邪森布，深为可忧"，不仅经常与官文为难，在樊燮的问题上也寸步不让。

就在左宗棠离开骆秉章幕府、准备北上参加会试时，参劾左宗棠的活动也在秘密进行中。此案对左宗棠极为不利，除了胡林翼凭借与官文的关系加以斡旋外，其他人也为之奔走。清廷令官文等人查办左宗棠的消息，最早是由当时权势显赫的户部尚书肃顺透露给幕客高心夔的。高心夔得知后，立即转告同僚王闿运，王闿运又转告时任翰林院编修的郭嵩焘。郭嵩焘闻讯大惊，因自己与左宗棠是同乡好友，不便出面讲话，就拜托王闿运求救于肃顺。肃顺表示，必须等内外臣工有疏保荐，自己方能开口。郭嵩焘恰与侍读学士潘祖荫同值南书房，于是力请潘祖荫疏荐左宗棠。

潘祖荫是江苏吴县人，咸丰二年（1852年）高中探花，才华横溢，爱好结交才子名士，郭嵩焘一番恳求后，他满口答应下来。潘祖荫出面奏保左宗棠，他不遗余力地向咸丰皇帝详述左宗棠在湖南的作为，并从国家安危的角度分析"宗棠一在籍举人，去留无足轻重，而楚南事势关系尤大，不得不为国家惜此才"。

与此同时，骆秉章、胡林翼也积极活动。6月21日，骆秉章向朝廷奏明樊燮"妄控"一事的原委，并上交了查获的有关账簿、公禀、樊燮的亲供等文件。胡林翼则凭借自己与官文的关系（官文的宠妾认胡林翼母亲为义母），做官文的思想工作。经多方努力，咸丰皇帝开始关注此事。

某日，咸丰皇帝向肃顺问起左宗棠，肃顺就势上奏："左宗棠在湖南巡抚骆秉章幕府中谋划得当，与太平军的数次交锋都运筹帷幄，'剿贼'成效显著，而且他勤谨筹措军饷、安抚民心，帮助周边地区'剿贼'，骆秉章之功实际都是左宗棠之功。这样的人才理当爱惜才是，让他为国家、为朝廷办点实事，终归是有益无害的。"

随后，肃顺请咸丰皇帝给官文降密旨，令他酌情处理。胡林翼见咸丰皇帝采纳了潘祖荫、肃顺的意见，察觉事情有了回旋的余地，乘机上疏，不仅极力保荐左宗棠，还提出起用的具体方案。在奏折中，胡林翼高度评价左宗棠，说他精通地方政事、用兵谋略，虽个性刚直激烈，但鉴于他做的一切都是为国尽忠，这些过错或许可以宽恕。

与此同时，官文见朝廷态度转变，皇帝有意起用左宗棠，也见风转舵，与僚属私下商议，具奏结案，从而结束了这场风波。

这次危机，对左宗棠来说可谓因祸得福，他不仅保住了性命，还获得了极高的政治声誉，潘祖荫的"天下不可一日无湖南，湖南不可一日无左宗棠"说法更是传遍九州。据说为了报答潘祖荫的搭救之恩，左宗棠筹划西北军务时特意派人千里迢迢送文物给潘祖荫，每年还给潘祖荫送去两三千两银子。

第三章 人生转机

樊燮京控案后,左宗棠退出湘幕,却迎来了新的契机,这与当时清廷面临的危机有着直接关系。在镇压太平天国起义的过程中,清廷一向寄望于八旗军,可惜江北、江南大营先后被太平军击垮,重新组建后又遭到太平军围歼。在八旗军崩溃后,清廷不得不重用由汉族人组成的湘军。正是在这一背景下,左宗棠否极泰来,受到清廷重用,随同曾国藩襄办军务,从幕僚变身为朝廷命官,并得以自建军队、自立门户。

第一节　襄办湘军

左宗棠离开骆秉章幕府后，于咸丰十年（1860年）2月19日由长沙启程，准备参加当年的恩科会试。他乘船顺湘江而下，两天后抵达岳州。进入湖北后，由于风雪很大，行程极为艰难，至3月中旬他才抵达荆州，随后到达襄阳。他本想去探望胡林翼，但恰逢胡林翼丧母，不便会客，他只好去信说明来意。胡林翼收信后想约见他，却被夫人劝阻："季高性格偏激，人所共知，此刻他正遭横祸，如果老爷直接出面，必有人怀疑老爷袒护，反而于你二人不利。"胡林翼也觉得夫人所言有理，便写了一封密信给襄阳的毛鸿宾①，让毛鸿宾将密信转给左宗棠。左宗棠展信一看，只见胡林翼在信中说京师的流言蜚语很多，他此刻前往无异于自投罗网。左宗棠阅信后十分寒心，一时进退两难。

这时，好友王柏心的一封书信给左宗棠指了一条明路。王柏心在信中劝慰他说："自古以来功高难免遭人嫉妒，不应因微言而起消极退隐之心。眼下虽举步维艰，但可以投奔胡林翼或曾国藩谋划兵事，等到将来克敌成功再告归乡里，到时朝廷自有公论。"左宗棠最后采纳了王柏心的建议，开始考虑栖身军旅，他

---

① 毛鸿宾：清末大臣，思想较开放，曾和李鸿章一起支持洋务运动。选贤任能，主张用人之长，曾多次上书咸丰皇帝述说任用汉族官员应唯才是举。其功绩多数与镇压太平天国起义有关。

想到湘军中当个小营官，驰骋疆场，杀敌建功。即使身逢厄运，他依然不忘青云之志。

湘军是晚清时期对湖南地方军队的称呼，创始人为曾国藩。太平天国运动兴起后，官军无力抵御，清廷不得不利用地方武装。咸丰三年（1853年）初，正值清廷寻求各方力量镇压太平天国，丁忧在籍的长沙湘乡人曾国藩与湖南巡抚张亮基商办团练，将湖南各地团练整合成湘军，使其成为清廷镇压太平天国的主要军事力量。

时语云"中兴将相十九湖湘"，当时的湘军将领及其幕僚成为清王朝政治、军事舞台上的主角。在整个湘军系统中，位至总督者有15人，位至巡抚者14人，其他大小文武官员更是数不胜数。湘军的壮大，使全国各地的优秀人才都慕名投入曾国藩麾下，他的幕僚多达三四百人。

左宗棠落魄之时，湘军将领正在规划攻取长江中下游的战略要地安庆。曾国藩的大营扎在宿松，胡林翼驻军英山，李续宜则屯守青草塥（今安徽桐城市青草镇）。左宗棠怀着颓丧的心情从襄阳乘船顺汉水而下，来到曾国藩的湘军大营。曾国藩曾多次向左宗棠发出邀请而不得应允，这次见他主动前来，欣喜万分，热情接待了他，并将他留在自己的大营内。

左宗棠在曾国藩的大营住了20多天，与曾国藩朝夕纵论大局，二人相互之间的了解更深一步。

第二节　渐立门户

就在左宗棠无所着落之时，国内的军事形势发生了重大变化。太平天国发生内讧，石达开率大军出走，使太平军元气大伤。清军抓住这一时机重建江南、江北大营，加紧准备围攻天京，并陆续夺取武昌、九江等长江中上游的战略要地。

咸丰九年（1859年），太平天国在屡遭重挫后重建了领导核心，试图挽回衰败的局面。咸丰十年（1860年）3月，"忠王"李秀成攻占杭州，在清军分兵救援时迅速回师北上，会同各军攻破江南大营。随后，太平军乘胜东进，连克丹阳、常州、无锡等地，并攻占苏州，建立苏福省①，开辟了新的根据地。正是在这种新形势下，出征六七年仍只是兵部侍郎的曾国藩终于被提拔为兵部尚书，署理两江总督。而左宗棠此时也由被查办之人成为清廷欲重用的人才。

朝廷内的可用之才捉襟见肘，当听到左宗棠的才干时，朝廷发来旨意询问曾国藩：

> 有人奏左宗棠熟悉形势，运筹决策，所向克敌。见在贼势狓猖，东南蹂躏，请酌量任用等语。应否令左宗棠仍在湖

---

① 苏福省：太平天国以苏州为省会建立的行政区，辖常熟、江阴、太仓、松江、青浦、昆山、吴江、武进、无锡、丹阳、金坛、溧阳、宜兴等地。

南本籍，襄办团练等事，抑或调赴该侍郎军营，俾得尽其所长，以收得人之效，并着曾国藩酌量办理。

曾国藩立刻上奏本说，左宗棠安心任事，对朝廷忠心不二，又颇具军事天赋，应当留在军中效力。不过，左宗棠并不知晓朝廷的意图，而且他在曾国藩的军营中收到了儿子左孝威病重的消息，于是匆忙离开宿松兵营，返回湖南。不久，清廷发布谕旨："命兵部郎中左宗棠以四品京堂候补，襄办署两江总督曾国藩军务。"

左宗棠抵达长沙后，获悉曾国藩署理两江总督的消息，并接到了清廷的谕旨。他喜出望外，没想到自己竟在冤案之后成为兵部郎中，还手握统兵之权。不久，他接到曾国藩的命令，募练5000兵勇奔赴皖南。曾国藩的信任和倚重令他备受鼓舞，他立即回信，表示将严格遵行命令，并从军事全局出发向曾国藩提出了两条建议：一是先以部分军队原地待命，为将来进一步夺回江苏等地做准备；二是大力整顿江西的军务及筹措兵饷。

随后，左宗棠开始在湖南组建部队。他网罗了一批原先在曾国藩手下带兵的将领作为骨干，包括崔大光、李世颜、朱明亮、戴国泰、罗近秋、黄有功等人，然后再派他们招募营勇。左宗棠规定所招募的营勇应朴实、勇敢。

鉴于全国多处招募的兵丁都是湘乡的男丁，以一县之人难以满足数地需求，因此，左宗棠招募的营勇中既有湘勇、郴勇，也有桂勇等，因而取名"楚军"。他还确定了楚军的营制，包括人数规模、军粮配给标准、训练时间等。当地农民听说左宗棠招募兵士，都踊跃报名，他们在校场上日日训练，渐有长进。

左宗棠自任统帅，将楚军分为前、后、左、右、中五营，中营1280人，其余各营为500人；另设前、后、左、右四个总哨，每个总哨320人；亲兵八队，每队25人。此外，他还聘请相关人员担任管理、统筹职务。至此，楚军组建完毕。左宗棠组建的这支部队，从名称到内部结构、招募对象以及实际战斗力都有别于湘军，但它仍是中国近代史上广义的湘军的一部分。

第三节　志在平吴

就在左宗棠募练楚军之际，太平军石达开部的余明富、余诚义等数万人由广西入贵州，于咸丰十年（1860年）6月中下旬先后攻克永宁、广顺、归化等地。清廷判断石达开有可能亲率大军从贵州进入四川，连忙筹议四川防务。

6月29日，清廷发布谕旨，拟派左宗棠入川督办四川军务，并特地征询曾国藩、胡林翼等人的意见。曾国藩和胡林翼都认为左宗棠会为了四川的"督办"而放弃两江地区的"襄办"，但左宗棠对于督办四川军务并没有什么把握，他与四川的行政人员都不熟悉，办起事来难免受阻，而且他不愿将自己千辛万苦刚组建起来的楚军拱手送人。在权衡利弊后，左宗棠最终决定随曾国藩"东征"，并明确表示："我志在平吴，不在入蜀矣。"

曾国藩自然也不希望左宗棠离开,因此他与胡林翼等人联名上奏朝廷,分析了当时的形势,提议让左宗棠率军前往安徽支援。随后,清廷改派骆秉章督办四川军务,左宗棠仍襄助曾国藩。

咸丰十年(1860年)9月22日,楚军在长沙集中训练两个月后,左宗棠率领他们从长沙出发,经醴陵进入江西,开赴皖南,增援曾国藩。对于这次出湘作战,左宗棠踌躇满志,表示此去要尽平生之力,轰轰烈烈地干一番事业。

这时的太平军,新的军事统帅"忠王"李秀成、"英王"陈玉成等人都信心满满。他们接连打了几个大胜仗,在解除了清军对都城天京的威胁后,决定派重兵进行第二次西征,兵分两路,夹长江南北并进。

太平军一路声势浩大,在摧毁清军江南大营后,接着挥师向东,企图解除湘军对安庆的围困。北路军由陈玉成统率,于9月底自天京渡江北上,西趋武昌。南路军由两个部分组成:李秀成率主力沿长江南岸向西挺进,计划与陈玉成部会师武昌;"侍王"李世贤、"辅王"杨辅清等部向皖南和赣东北推进,以牵制曾国藩的湘军。9月26日,李世贤、杨辅清部攻克宁国府城(今安徽宣城宣州),清军提督周天受身亡,其部2万余人被全歼。10月上旬,李世贤部连克徽州、休宁、绩溪,直接威胁曾国藩大营。这时,曾国藩所率湘军仅1万余人,他一面速调鲍超、张运兰两军回援,一面屡次函催左宗棠率部兼程驰援。

左宗棠接到曾国藩的催调函后,率楚军于10月10日抵达南昌,之后经安仁(今江西鹰潭余江)北上,半个多月后抵达乐平，11月初进抵江西重镇景德镇。11月11日，鲍超、张运兰两军攻克休宁，太平军进入浙江，皖南的危急局势有所缓解。

与此同时，广东会党起义军由韶州北入江西，建昌（今江西抚州南城建昌）、安仁先后告警。曾国藩按照"安庆决计不撤围，江西决计宜保守"的既定方针，函嘱左宗棠驻扎在景德镇一带，寻找合适的进军机会，以保护湘军主力的饷道，兼防太平军从皖南进入江西。左宗棠排兵布阵，熟练运用战术迎战起义军，并从他们手中抢回诸多被占的城池。迎击广东会党起义军是楚军自建成出师以来的初次战斗，初战告捷令左宗棠倍加喜悦。他在家书中写道："此次新军甫试战事，而十日之间连获三捷，克两城，未亡一卒，则训练之效也。将士勇气百倍，若慎以用之，当尚有数好仗可打。"不难看出，初战告捷令左宗棠颇为欣慰，而且增强了全体楚军的信心。

广东会党起义军出广东后，太平军紧接着又在安徽南部和江西东北地区发起了第二次进攻，分别从南、北、东三面合围进攻祁门。曾国藩再次陷入了困境，忙令左宗棠悉调各军回防景德镇。曾国藩的祁门大营在受到太平军三面围困的形势下，独恃景德镇为后援，景德镇作为"江省前门，涤公祁门后户"，地位至为紧要。左宗棠周密部署，在击退分道来攻的太平军后，乘势攻陷了浮梁县城。

李秀成率领太平军从天京出发，准备攻取武昌。他本不想与左宗棠的楚军交锋，但在得知驻守石门镇（位于今江西上饶鄱阳）的是绿营参将全克刚后，他临时改变主意，想快速攻城夺取粮草。他采用太平军的惯用战术进攻石门，挥舞数千面战旗，同时敲响几百面锣鼓，伴随着枪炮声与呐喊声，声势十分浩大。全克刚登上城头，眼见太平军攻势如此浩大，一面下令死守，一面奔赴景德镇，请左宗棠派兵救援。

左宗棠正想找机会与李秀成作战，以展现楚军的实力。得知石门战况后，他立即派人率5000名楚军火速奔向石门。这时，幕僚杨昌濬提醒说，若楚军倾城而出，李秀成有可能乘虚转攻景德镇。左宗棠认为李秀成现在正全力攻打石门，不可能分兵转攻景德镇，而且李秀成并不了解景德镇内的驻兵情况。没想到楚军出城的第二天，景德镇城内的两个太平军密探便把城内军情密报李秀成，并建议李秀成分兵攻打景德镇。李秀成喜出望外，立即命李容发带3000人奔赴景德镇。

左宗棠得知太平军距景德镇只有50里，一下子紧张起来，但表面仍镇定如常。他决定效仿诸葛亮，唱一回"空城计"。他一面火速派人传令救援，一面在城内部署安排，命城楼上的兵士严阵以待，不可慌乱。

傍晚时分，李容发带兵来到景德镇城下，左宗棠亲自登上城楼指挥作战。李容发看见城楼上兵士号令严肃，井然有序，不敢贸然发起进攻，只吩咐将士赶扎云梯，准备天亮后再发起进攻。第二天清晨，李容发正准备攻城，突闻喊声震天，原来救援的楚军已到，太平军遭到前后夹击，顿时阵脚大乱。李容发急忙率部冲出包围，向石门镇奔去。

经历了这次险情后，左宗棠用兵更加谨慎小心了。咸丰十一年（1861年）1月4日，"堵王"黄文金率数万太平军赶来。左宗棠分兵把守婺源和浮梁，并亲自督军驻守景德镇。经过激烈的战斗，楚军终于击败太平军，迫使其退至鄱阳、建德（今安徽池州东至）一线。

事后，曾国藩专程为左宗棠请功，称赞他昼夜治兵、"勤劳异常"、调兵神速。半个月后，清廷发布谕旨，着左宗棠以三品京堂候补。

黄文金自景德镇撤退后，仍活动于石门、洋塘（景德镇西北）一带。曾国藩派鲍超入援江西，与左宗棠合兵进击。左宗棠率楚军由右路进扼梅源桥，鲍超则率领霆军[①]由左路进扼洋塘。

由于雨雪连绵，双方不能开战。黄文金从下游添集贼党，麇聚于洋塘对岸之鸡公坡，并由谢家滩、泥湾街一带层层筑垒，联络二十余里，与左宗棠、鲍超两军相持。到2月18日，黄文金指挥军队由谢家滩踩浅过河，意图偷袭鲍超营垒，左宗棠派驻扎洋塘山北的游击罗近秋等率部护卫鲍超大营；并派桂勇、楚右营列队洋塘左边，以防黄文金包抄。双方大战于谢家滩，左、鲍分兵三路发起攻击，太平军也三路相迎，双方激战四小时之久，太平军伤亡重大，被迫退守皖南建德。左宗棠保住了景德镇。3月7日，鲍超命皖南镇总兵陈大富在建德外围列兵，以牵制城中的太平军；他本人则率兵分三路齐进，击败太平军，攻陷建德。至此，西路鄱阳、九江等地的太平军被全部驱逐出境。

---

① 霆军：曾国藩以鲍超的字"春霆"命名，称为"霆军"。

黄文金在西路败退之际，东路的李秀成大军自广信（今江西上饶广信）进攻抚州、建昌（今江西抚州南城），深入江西腹地；李世贤也从皖南休宁退出，占领婺源，准备与左宗棠争夺祁门。眼看形势危急，左宗棠一面派兵迎击，一面自统大军赶赴婺源。途中听说李世贤已进入乐平，左宗棠急忙回师景德镇。不久，曾国藩派陈大富移防景德镇。为了减轻景德镇方向的压力，左宗棠派王开琳、罗近秋等主动出击李世贤军，企图以此牵制，但都未取得胜利。李世贤一面迎战左宗棠，一面派兵从乐平奇袭景德镇，城破后，陈大富投水身亡。

景德镇失守，祁门湘军的生命线也被切断了，曾国藩所率3万人一个月没有军粮供应，人心惶惶，随时都有哗变的可能。曾国藩在绝境中又想到了自杀，他自认为无计逃脱，慌忙写下遗嘱后，准备在官邸庭院的一棵树上上吊，幸好被及时赶来的幕僚救下。

李世贤截断祁门湘军的生命线后，一面派堂弟李尚扬驻守景德镇，一面率大军进攻祁门。左宗棠听说景德镇失守，急忙从金鱼桥退守乐平。几天后，李尚扬进攻乐平。为了保住湘军祁门大营，左宗棠果断下令实行牵制作战的策略，拖住李世贤的部队，减轻祁门湘军的压力。他主动在马家桥（今江西乐平礼林镇马家桥村）、桃岭（今江西乐平塔前镇桃林村）出击，打败了李尚扬的部队，暂时缓解了曾国藩的压力。

李世贤闻讯，果然放弃进攻祁门，大举南下。4月21日，李世贤大军攻抵乐平城下。

此时，左宗棠的营中也开始出现慌乱，不少将官纷纷质疑：湘军主力都已被困，我们怎么能和太平军抗衡呢？

左宗棠临危不乱，镇定自如地告诉将士："凭借深壕高垒，坚守乐平不是问题。另外，要安排人掘开河口，造成大片沼泽，限制太平军骑兵的行动。再有，我们配备了朝廷新发的枪械，太平军能奈我何？记住，面对这帮敌人，只有死战到底才是唯一的活路！"

4月22日，太平军逼近壕墙，左宗棠指挥楚军发射排枪，以密集的火力阻挡太平军前进。双方相持不下。夜间，天气骤变，左宗棠彻夜不眠，考虑再三后，决定利用恶劣天气虚张声势，以攻为守，希望能出奇制胜。

4月23日，左宗棠率领楚军越壕而出，鼓噪冲击。此时风狂雨急，水位骤涨，太平军措手不及，仓促应战，人马践踏，被击杀、溺死、踏亡者达5000多人。左宗棠率军追击，曾国藩又调鲍超前来支援，李世贤只得率军进入浙西。

乐平保卫战的胜利，巩固了曾国藩祁门大营的后路，曾国藩为此大喜过望，向朝廷禀报并请赏。他在奏折中对左宗棠的军事才能高度赞扬，评价左宗棠"深明将略，度越时贤"。清廷接受了曾国藩的建议，发布谕旨升左宗棠为候补三品京堂、帮办两江总督曾国藩军务。

考虑到后路空虚，又鉴于婺源为安徽、浙江、江西三省要冲，曾国藩和左宗棠商议分军移驻婺源。随后，左宗棠驻军婺源近3个月，一面休整队伍，增补营员；一面筹备战守，迎击来攻的太平军。

7月30日,由福建汀州(今福建龙岩长汀)北上的太平军赖裕新部从浙江常山挺进江西德兴的白沙关。次日,前队入驻德兴,距婺源仅40里。左宗棠派2500人迎战,于8月2日击败赖裕新部,并乘胜直捣白沙关。太平军伤亡过千,余部返回浙江。

在左宗棠驻守婺源时,曾国藩从祁门移营进驻集贤关(位于今安徽安庆市北),加紧了对安庆的围攻。9月5日,太平军坚守了近9年的战略要地、天京上游的西大门安庆,被曾国荃[①]等率领的湘军攻陷。此后,湘军主力顺江东下,逐步向天京进逼。10月2日,左宗棠进驻广信府(今江西上饶地区),策应各方。

此后,江西、皖南趋于平静,战事主要集中在两个区域:北面集中在天京外围,包括太平天国的苏福省;南面则逐步转入浙江境内。左宗棠的活动轨迹及重心也随之转移。

---

① 曾国荃:曾国藩的九弟、湘军主要将领之一,因善于挖壕围城而有"曾铁桶"之称,官至两江总督、太子太保。

第四章 总督浙闽

楚军初建便与太平军几度交手，而且战绩可嘉，这使左宗棠声望大增。原浙江巡抚王有龄兵败自尽后，左宗棠被举荐担任浙江巡抚，收拾残局。他在任上合理调遣军队，充分利用太平军的内乱，占领杭州及余杭。1864年，曾国藩的湘军攻下天京。轰轰烈烈的太平天国运动就此宣告失败。左宗棠凭借镇压太平天国运动的表现，确立了自己作为晚清名将的地位。

第四章 总督浙闽

第一节 入浙初捷

湘军攻占安庆后不久,北京城内发生了一场宫廷政变。咸丰十一年(1861年)8月22日,咸丰皇帝病逝于承德热河行宫,年仅5岁的皇太子载淳继位,怡亲王载垣、郑亲王端华、协办大学士兼户部尚书肃顺等8人受遗命总摄朝政,定翌年改元祺祥。11月1日,载淳的生母慈禧太后回到北京,联络恭亲王奕䜣等人发动政变,解除了8位赞襄政务王大臣的职务,并处死肃顺等人,改年号为同治。自此,慈禧太后开始实际执掌清王朝。

朝廷的权力斗争尘埃落定后,战争仍在继续。太平军李秀成、李世贤等部大军在浙江境内势如破竹。李世贤部攻取龙游、汤溪和金华等府县后,又接连攻下浦江、义乌、东阳,占领严州(今浙江建德梅城)、萧山,攻克诸暨、绍兴;李秀成部则步步为营,最后占领余杭,并进攻杭州。

11月中旬,为了保住作战的胜利成果,曾国藩奏请朝廷允许左宗棠率领楚军支援浙江。同时,杭州将军瑞昌、浙江巡抚王有龄也上奏说形势危急,请朝廷谕令左宗棠督办浙江军务。11月20日,清廷发布谕旨,令钦差大臣、两江总督曾国藩统辖江苏、安徽、江西三省并浙江全省军务,所有四省巡抚、提督以下各官悉归节制。同日,清廷又任命左宗棠督办浙江军务,一切军情由左宗棠自行奏报,率领楚军火速援浙。

清廷发出的谕旨，到12月16日才送到曾国藩手里，曾国藩知会左宗棠时已是12月27日。左宗棠接获谕旨后，立即告示各营严阵以待。几天内，他又获一个不好的消息：杭州于12月29日被太平军攻克，浙江巡抚王有龄自尽，溃兵纷纷四散。

左宗棠认为，这种形势下不能贸然行事，决定暂缓入浙，一面派兵援救徽州，一面规划如何收复浙江全境。

次年1月初，左宗棠派楚军9个营驰赴婺源，会同留防婺源的4个营迎击入境的太平军。当时，太平军兵分两路，总兵力不下10万。左宗棠担心婺源的楚军寡不敌众，加上婺源地势紧要不容有失，于是亲率军卒跟进。1月25日，楚军由江湾越大镛岭，袭击太平军营盘，大获全胜。

获胜后的左宗棠并没有太高兴，因为他深刻地意识到了清军战力不足的问题，而且形势不容乐观。当时浙江仅衢州、温州及边远少数县为清廷所有，其余府县皆被太平军所占。温州地远，一时间鞭长莫及；湖州紧邻太平天国苏福省，难以依托。在这种情况下，以衢州作为从江西与福建进入浙江的交通枢纽，便成了左宗棠的唯一选择。衢州居钱塘江上游，顺流而下便是杭州，因此左宗棠将此地作为夺取全浙的根据地。他在衢州设立造船厂，建立内河水师，汇集各方军队，多方调集火器，使之成为楚军进攻浙江的重要支撑。

左宗棠入浙初期，兵力十分有限，为此，他上奏朝廷说：有守城之兵，就没有"剿贼"之兵；有攻城之兵，就没有截剿"援贼"、断其后路之兵；有攻剿一路之兵，就没有牵制各路"贼势"之兵。兵力单薄成为左宗棠入浙与太平军作战的掣肘。

到达衢州后,经左宗棠再三恳请,清廷调拨支援浙江的军队陆续抵达。四五月间,浙江布政使李元度被革职,听候左宗棠调遣。对李元度带来的8000人,左宗棠本着宁缺毋滥的原则,撤去10个营,留下5个营。5月底,刘培元率领在湖南招募的3200名勇丁抵达浙江,暂代衢州镇总兵,并造船调炮,习练水师。六七月,江西防军应调入浙,积极参与了解除衢州重围的战斗;从湖南调派的2000名兵丁也到达衢州。9月底,广西蒋益澧率8000名军士抵达衢州。这样一来,左宗棠的兵力达到2万多人,局势逐步好转。

随着左宗棠的一系列整改,浙东、浙南的战局开始转向对清军有利的方向。在浙东,仙居团总①吴琮与知县率领团练攻陷县城,攻占临海,逼迫太平军守军撤退。随后几天,黄岩、太平(今浙江台州温岭)、宁海的太平军也先后弃城出逃,台州府全境回到清军和地方团练的掌控中。

宁波府的情况较为特殊。道光二十二年(1842年),英国与清廷签订《南京条约》,要求开放广州、福州、厦门、宁波、上海五处港口,并派设领事、管事等官员入驻。随后,美国、法国也通过不平等条约要求享受英国在中国的一切特权。宁波随即有美国、法国的官员进驻,并有军队建制。咸丰十一年(1861年)12月,太平军攻占宁波后,外国领事多次向太平军守将施加压

---

① 团总:地方武装团防的头目。

力,要求赔礼道歉,并撤除城上炮台,但遭到拒绝。外国领事转而寻求与清廷合作,合力打击宁波的太平军。次年5月,当地清军攻陷镇海,逼近宁波。5月10日,清军水师沿甬江溯流而上进攻宁波,停在甬江中的4艘英舰、2艘法舰待清军水师经过后,一齐向宁波城开炮。城墙被大炮轰塌,清军蜂拥入城,与太平军进行巷战,随后太平军从南门、西门败出,清军收复宁波。驻守象山的太平军闻讯连夜撤走。5月14日,英法炮轰慈溪城,太平军守将何文庆退出西走,清军收复慈溪。

英法与清军合力攻占宁波后,英国在宁波招募、训练了1000余名中国游民,取名"常安军""定胜军",因兵士头裹绿巾,又称"绿头勇"。不久,法国人日意格等也招募士兵,因头裹花巾,称"花头勇",扩充后改名"常捷军"。

左宗棠十分重视宁波的战略地位,他认为浙中饷源全在宁波海口,此处若无人筹划,终无自立之理,因而奏请朝廷加强对浙东事宜的管理。在浙南,闽浙总督庆端①派闽军总兵林文察进入处州(今浙江丽水),扼守太平军由浙入闽的要道;另遣总兵秦如虎屯驻温州。在秦如虎、林文察等军的压迫和夹击下,太平军节节败退,屡失城池。最后,处州重新为清军占领。

---

① 庆端:字午岩,号正轩,满洲镶黄旗人。清朝官员,历任福建布政使、福建巡抚、闽浙总督等职。

第二节 多方突击

浙东、浙南局势的好转，使左宗棠对收复浙江全境逐渐充满信心。为了阻止太平军四处流窜，左宗棠全心筹划北上，攻金华，收严州（位于今浙江杭州建德），进图杭州。

7月7日，左宗棠属下各军陆续到达龙游对岸。7月11日，太平军李世贤率队由严州南下，前队刚抵达遂安（今浙江千岛湖），便遭到左宗棠部和驻防遂安的王文瑞部围攻。7月14日，李世贤兵分两路攻打遂安失利，左宗棠乘势进军龙游，将支援遂安的各军调回，在离龙游城15里的潭石望（今浙江龙游县团石湾村）扎营。李世贤调集大军，试图抵御左宗棠军队的进攻。8月11日，双方在东门桥（位于今浙江龙游县）开战，各有伤亡。左宗棠的援军赶到后，李世贤率部撤退。次日，左宗棠率军分路进攻油埠（今浙江兰溪游埠镇），太平军迎战失利。8月16日，双方在莲塘相遇，李世贤主动避战。9月，李世贤先后命陈廷香、李国群、李尚扬、吴明顺等率部攻打刘培元等驻守的清军营垒，但均被击退。随后，李世贤派军由永昌镇北上寿昌，分军出上方岭，胁迫衢州东北一带。此时恰逢蒋益澧率军来到衢州，左宗棠命他与刘典的部队分围裘家堰（位于游埠镇）等地，并派熊建益率3000人扼守上方岭一路、总兵高连升率3000人驰往寿昌，彻底打乱了李世贤的部署。

太平军在浙江战场陷入胶着之际，天京方面告急。原来，曾国荃、彭玉麟等率湘军主力于5月下旬沿长江水陆并进，直抵天京城下，太平天国的天京保卫战就此拉开了帷幕。天王洪秀全连发诏书，命令正在东线的李秀成及在浙江苦战的李世贤等回援天京。寿昌失守后，李世贤紧急部署，增筑营垒，全力防御，命李尚扬、刘政宏、陈廷秀、李国群等率10余万人固守金华、龙游等地，以牵制清军，同时亲率三四万人北上回救天京。

李世贤一走，浙南的太平军就像被抽去了主心骨。蒋益澧、刘典合军进攻，太平军各垒相继陷落，兰溪西路（今浙江金华西部）尽入清军囊中。接着，左宗棠又派蒋益澧进攻罗埠、湖镇等地，刘典驻守油埠，作为蒋益澧后援。三天后，驻守罗埠的太平军守将李世祥叛变，蒋益澧占领罗埠；驻守湖镇的太平军见势不妙，于当天夜里撤退。在此期间，清军两次发动对龙游县城的攻击，太平军无力反击，只得坚守不出。

10月24日，左宗棠移至距龙游城5里的新凉亭扎营，下令修长壕围城；又令蒋益澧率军由罗埠攻打汤溪，刘典防守油埠、湖镇两地，阻止太平军由兰溪、金华前来支援。随后，左宗棠亲自统军，加紧了对龙游的进攻。针对太平军的固守，他下令在龙游的西门和南门外开掘长壕，引水灌城，但未取得大的效果。双方多次交战，僵持不下，战事处于胶着状态。

11月1日，兰溪太平军守将谭星率军驰援龙游、汤溪，两天后被蒋益澧、刘典击退。从金华赶来支援的太平军也遭到刘典的阻击。

龙游、汤溪战事胶着，左宗棠开始将矛头转向别的地方，以寻求突破。他派魏喻义统率2000人北上攻打严州。太平军守将谭富在离城数十里的地方设立关卡，并在河中安排战船。魏喻义率军偷袭，攻破严州府城，守将谭富率兵卒巷战失利，退往浦江。

金华是太平军在浙南的重要据点。李世贤回援天京后，黄呈忠、范汝增、练业坤率大军在金华集结，连营数十里，与兰溪守将谭星等声势相连。同治二年（1863年）1月11日，范汝增、练业坤率军试探清军，与蒋益澧战于白龙桥，大败。1月14日，谭星在罗埠附近再次被蒋益澧和刘典的联军击败。1月26日，蒋益澧率军进攻汤溪，遭到守将李尚扬的顽强抵抗。1月30日，谭星率军出兰溪城攻打清军，中埋伏后败退入城。

2月8日，刘典率水陆各营进攻兰溪城垒，谭星部将张成功率500人向蒋益澧投降。黄呈忠、范汝增等人率领的太平军援军被隔绝，粮食、弹药都成了问题，太平军人心思变。2月26日，太平军汤溪守将彭禹兰派人向蒋益澧乞降，并协助蒋益澧设计俘虏了李尚扬等人，彭禹兰开城引蒋益澧率军进城。随后，蒋益澧派高连升、熊建益率军进攻城东的太平军营垒。黄呈忠等得知李尚扬等被擒、汤溪全失后，仓皇向金华撤退，诸地尽为清军占有。

至此，汤溪、兰溪、龙游三城重归清军所有，左宗棠的部署彻底摧毁了太平军的浙西防线。此后，太平军再也无力建立新的有效防线，而左宗棠则势如破竹，连克坚城，捷报频传，收复浙江全境指日可待。彼时，金华、严州两府的大部分区域都没有了太平军的踪迹。左宗棠军队的前锋距杭州仅百余里。

为了稳扎稳打，左宗棠令蒋益澧出兵义乌、刘典率军沿浦江北上，合攻绍兴府的诸暨。3月7日，蒋、刘两军分别攻占东阳和浦江，随后向诸暨进军。驻守诸暨的太平军主力已在两天前撤退，余部投降，刘典入诸暨。左宗棠令蒋益澧继续带兵北进，进图绍兴。当时，绍兴府的形势也利于清军。早在同治二年（1863年）1月间，宁绍台道张景渠便会同法国"常捷军"进攻绍兴府城。2月，张景渠带领"常捷军"，会同英国的"常安军""定胜军"再次进攻绍兴。2月18日，联军炮轰绍兴城，太平军奋力抵抗。太平军杨应柯遣使向张景渠投降，表示愿为内应。3月14日夜，城内起火，张景渠率军趁机攻城，太平军撤往萧山。次日，张景渠带兵攻占绍兴，攻克萧山。至此，清军收复浙东。在蒋益澧北上绍兴的同时，左宗棠又部署刘培元率水师顺富春江而下，与魏喻义的部队联合攻打桐庐；命刘典率部由严州前往徽州（今安徽黄山），为肃清皖南做准备；他自己则移营兰溪，准备再进严州，就近指挥。3月17日，刘培元的水师与魏喻义的陆军合力进攻，攻下了桐庐。随后，左宗棠移营严州，令蒋益澧全力西渡，其余水陆各军顺流而下，设法夺取富阳、杭州。

　　随着战事的发展，左宗棠将指挥部前移，先从衢州迁到金华，又从金华迁到严州，他的一系列战绩也倍受关注。5月5日，清廷发布上谕，补授左宗棠为闽浙总督，兼署浙江巡抚。

　　得到朝廷嘉奖的左宗棠意气风发，寻找下一步的战机。眼下桐庐已在掌握之中，出桐庐往东，地势渐平，富春江、钱塘江江面渐宽，这些都对作战行动有利。阻挡他东进杭州的最大障碍，就是位于富春江江边的富阳城（今浙江杭州富阳），他决心尽快清除这个障碍。富阳是杭州上游的门户，背江面山，易守难攻。太平军占领杭州后，在富阳修筑城垒，完善防御。桐庐失守后，太平军撤入富阳，由绍兴败走的太平军也纷纷赶往这里。驻守杭州的太平军则乘战船溯江而上，抵挡清军。

此时左宗棠能直接指挥的兵力有3万余人，但他不能孤注一掷，把筹码全部押上，最后能够进攻富阳的兵力实际上只有蒋益澧的1万余人。为了获得更多情报，左宗棠先派水师副将杨政谟、都司罗启勇乘船前去察看形势。3月24日，双方水师交战，太平军数百艘战船被焚，并被夺去10余只炮船。杨政谟等在富阳南面扎营，魏喻义等陆续率军从桐庐赶到，左宗棠开始合围富阳。从4月开始，蒋益澧率部向富阳发起进攻，但由于粮饷匮乏、瘟疫流行、士气低落，双方打打停停，直至9月仍没有见分晓。左宗棠自己也不幸染上疟疾，全军陷入一筹莫展的境地。

为了摆脱困境，左宗棠决定求助法国的洋枪队。9月初，太平军黄文金退出江西，刘典率军返回徽州，离浙江较近，左宗棠便调他驰赴富阳，与蒋益澧合军攻城。这时，法国"常捷军"也带着洋枪洋炮赶至富阳。9月18日，清军水师运送徐文秀等率领的陆军到达富阳北面。9月19日，徐文秀等率军进攻富阳城北的太平军营垒；杨政谟率水师会同"常捷军"登岸，进攻倚城的太平军营垒；刘清亮负责率军出战，牵制太平军兵力。富阳城北的太平军营垒很快被攻陷，倚城各垒坚持了一昼夜。9月20日，富阳城被清军攻破。

第三节 克复湖杭

攻占富阳后,左宗棠的下一步计划是收复杭州城。他出任浙江巡抚已近两年,升任闽浙总督也已四五个月,一直忙于击退太平军,至今连浙江巡抚衙门都没进去过。眼看形势喜人、收复有望,他夺取杭州的心情越发急切。不过,他并没有被胜利冲昏头脑,而是审时度势,谨防功亏一篑。为了确保后路万无一失,他毫不犹豫地从杭州外围抽调大量部队回防严州、金华、衢州、遂安等地。

在派蒋益澧率领各军沿江而下直取杭州的同时,左宗棠又调兵由富阳赶往余杭;还派魏喻义率军夹击,以扼杭州咽喉。10月7日,蒋益澧得知太平军"康王"汪海洋潜赴余杭,忙令高连升率军进攻十里长街,由"常捷军"接应。太平军败退入城。10月18日,邓光明、陈炳文率1万余名太平军精锐分四路出击,都被清军击退。10月25日,太平军在杨家桥扎垒,蒋益澧命徐文秀率军乘夜攻破。11月28日,杭州太平军大举出击,被高连升所率部队及"常捷军"击退。

12月10日,左宗棠进驻富阳,并于20日赴余杭前线察看形势,增调朱明亮、黄少春等军增援余杭,清军与太平军在杭州、余杭一线展开了激烈交战。对于夺取杭州,左宗棠很有把握,按照他的作战计划,此时驻守杭州的太平军已被清军包围。而且随着湘军主力对天京的包围，太平军的军心严重不稳，接连发生了献城投降事件，战斗力逐日减弱。他也探知，杭州、余杭的太平军孤立无援，各部分崩离析，失败已成定局。在这种形势下，左宗棠决定先以重兵攻打杭州西面的余杭城，最大限度地孤立杭州城内的太平军，然后将其围剿。双方连战数日，互有死伤。太平军在汪海洋的指挥下，改变战法，在余杭城西北修浚长壕，又在北门外添筑三座石垒。清军日夜挑战，无奈太平军坚守不出，一时也找不到突破口。

同治三年（1864年）1月3日，张声恒、蒋益澧、黄少春等军分别从西、北两路攻城。左宗棠与蒋益澧商议后，准备分军袭取余杭，断绝太平军的粮路。蒋益澧奉命切断杭州与余杭间的联系后，察觉到太平军的防守重心是余杭，驻守杭州的兵力有限，于是在"常捷军"和水师的配合下，直接向杭州发起进攻。左宗棠则进驻距余杭仅数里的横溪头，就近督战。

2月10日，皖南太平军南下淳安、遂安，直接威胁到左宗棠的后路。左宗棠立即下令黄少春率8个营进行抵抗，调魏喻义率3个营回守严州，同时令喻德成屯守金华、戴奉聘守衢州，以防太平军乘虚而入。2月底，清军在遂安击败太平军，并将之驱逐出浙江。此后，左宗棠加紧对各军的部署，强化对杭州、余杭两城的攻势。

3月3日，高连升、刘连升水陆各军会同"常捷军"，攻陷太平军建在杭州望江门外的3座石垒。3月28日，蒋益澧又令高连升、周廷瑞等将率军进攻太平军营垒，并派"常捷军"轰击城垣。"常捷军"用大炮将门城轰出一个3丈余宽的缺口，清军乘势登城。太平军拼死抵抗,伤亡惨重。入夜后,早有降意的杭州太平军守将陈炳文率太平军从武林门撤出,清军随后从各门拥入。

3月31日凌晨,太平军据守了两年零三个月的杭州城被清军攻下。正在余杭苦战的汪海洋闻讯,急忙率军出东门退走,余杭也被清军攻陷。

4月7日,左宗棠进驻杭州,在大队亲兵的前呼后拥下直奔巡抚衙门。他没有辜负清廷的厚望,率将士艰苦奋战两年多,终于大胜。清廷收到杭州捷报后也不忘重赏这位有功之臣。4月17日,清廷发布上谕,加左宗棠太子少保衔,并赏穿黄马褂,其余将领也各有赏赐。奖赏过后,清廷敦促左宗棠督率各军乘胜进攻湖州郡县,迅速扫清太平军,廓清全浙。

左宗棠感念朝廷恩赏,上奏表决心:"自当殚竭心力,慎以图之。贼在浙境则围攻,贼出浙境则追剿,务存积年逋诛剧寇聚而歼旃。"此时浙江的战斗已进入扫尾阶段,杨辅清、黄文金等率重兵坚守湖州。左宗棠令蒋益澧进攻湖州、杨昌濬各营进驻武康、遂安等地伺机围堵。除此之外,左宗棠还安排"常捷军"从旁协助。

湖州太平军修筑坚垒,凭险固守,与西北方向的长兴、西南方向的安吉等处的太平军互为犄角。自4月18日起,清军连续发动进攻,太平军坚决抵抗,战斗再度陷入胶着状态。这时,李鸿章派淮军南下,与左宗棠的军队合击湖州。5月,高连升、蔡元吉率军攻陷菱湖、东林镇等地。淮军攻破太平军营垒,攻陷长兴,太平军退往泗安、梅溪。杨昌濬率各营进铜岭堵截太平军,并令部下率军偷袭孝丰。7月7日,孝丰被攻破,太平军"感王"陈荣被俘。至此,浙江大部分府县已收复,只有湖州和安吉还被太平军占据。

清军在浙江境内连战连捷,除了左宗棠周密的作战计策、李鸿章的淮军的支援外,还与天京方面的变故有关。此时太平天国内部的局势进一步恶化。6月1日,天王洪秀全病逝,太平军失去首脑。7月19日,曾国荃率湘军主力攻陷天京,作为太平天国都城11年的南京重新被清廷掌握,太平天国的统治核心溃散。李秀成保护幼天王洪天贵福[①]出走,但被湘军冲散。7月24日,"干王"洪仁玕[②]等护送洪天贵福到达广德,并于29日被黄文金等迎入湖州。他们计划将幼天王送往江西,与李世贤、汪海洋的大部队会合后北上再图发展。

8月3日,蒋益澧派军进攻思溪、双福桥,清军在外国轮船的协助下,攻占荻港。双方多次交战,清军愈战愈猛,太平军则败多胜少、伤亡惨重、士气低迷。8月21日,双方再度交战,太平军不敌,损兵折将。5天后,太平军南门守将、长超山(位于浙江湖州南浔和孚镇北部)守将率部投降,清军收复两地。随后,黄文金、洪仁玕等率军撤退,清军入城,收复湖州。

---

① 洪天贵福:洪秀全长子,太平天国幼天王。天京失陷后,由李秀成等护送出城,再由洪仁玕等送至安徽,被黄文金等迎入浙江湖州。后被清军俘虏,在南昌被沈葆桢下令处死。

② 洪仁玕:洪秀全的族弟,曾在香港居住多年,获封为军师、"干王",一度总理朝政,后在江西被捕杀。他撰写的《资政新篇》是具有资本主义色彩的政治纲领,在当时的中国算是相当先进的思想。

与此同时，杨昌濬、周廷瑞等军分路进攻安吉，太平军守军败走，与湖州败走的黄文金军队会合。这样一来，太平军在浙江的据点全部被攻破，左宗棠终于夺回了浙江全境。

同治三年（1864年）11月9日，清廷发布谕旨表彰左宗棠的功绩："督师入浙，恢复浙东各郡县，进规浙西，攻克杭州省城及湖州等府县，肃清全浙，并派兵截剿皖南窜贼，荡平巨寇，卓著勋猷。"[①]并赐封他为一等恪靖伯。左宗棠自然明白树大招风的道理，自己的事业刚有些起步，若是太过招摇反而不利，于是他上书拜辞，但未获准许。

自咸丰十一年（1861年）奉命督办浙江军务以来，三年间，左宗棠一心治理军务，剿灭太平军。如今浙江全省虽已收复，但仍有许多遗留问题亟待解决，其中有两项最要紧：一是追剿民间的太平军流寇，巩固浙江全省安定；二是重振凋零颓靡、千疮百孔的经济，为即将开赴福建剿灭太平军的部队提供军饷。

同治二年（1863年），左宗棠被清廷补授闽浙总督，出于全局考虑，他上奏说明浙江情形，推荐蒋益澧为浙江巡抚、杨昌濬为布政使，并详细陈述了浙江当前亟需处理的多项事宜。事关民生经济和剿匪成败，左宗棠言辞诚恳、考虑周详，希望朝廷采纳自己的建议。

安排好浙江的人事、施政方针后，左宗棠从杭州出发，取道富阳、建德、龙游等地进入福建，开始了新的征途。

---

① 《清实录》（四七），《穆宗实录》（三），中华书局，1987年影印本。

第四节　能征善治

同治三年（1864年）天京陷落前后，太平军分五路陆续进入江西境内，这五路军互不统属，加上后有左宗棠浙西、皖南大军的追击，前有江西防军的拦截，一路损失惨重。

同治三年（1864年）10月，各路太平军进入福建，福建南部出现了一个太平军的临时根据地，主要分为两股势力：一是"李世贤据漳州，分党据龙岩、永定、南靖、云霄、平和"；二是"汪海洋掠长汀、连城、上杭列县境，而自踞南阳乡，众合二十余万"。他们互为声援，声势浩大，企图重振太平天国。其间，太平军在武平之战中擒杀福建按察使张运兰，并攻占漳州府城。清廷忙下旨命左宗棠速派各军入福建剿匪。

左宗棠作为闽浙总督，出剿福建太平军责无旁贷，在兵力的排布上，左宗棠的部署可谓有攻有防。一方面，他命刘典、康国器、高连升等部从北面和东面向闽西南进逼，希望在广东清军的配合下，对太平军实行合围，使太平军三面受敌，一面背海，陷入绝境；另一方面，他又在闽中延平布下重兵，以扼守闽江上游，防止太平军向闽中和省城福州等地流窜。

12月1日，李世贤率太平军主动出击，发兵万松关、瑞香亭各营，并分兵直扑镇内水营，署福建水师提督曾玉明率水师前去援救，被太平军击败，只得退守江东桥，确保泉州门户。12月5

日，高连升率军由福州驰抵泉州；13日，黄少春也率军抵达漳州江东桥，进驻漳州东北10余里的北溪。李世贤率太平军退入漳州城区。

12月14日，左宗棠率亲兵驰抵浦城，得知前方军情紧急，只稍作停留便又督师前进，于25日率军抵达延平。他深感兵力不足，以现有人马实在难以应付太平军20万之众，于是一面请兵调饷，一面加紧调整部署。他与诸将商议，认为要想打败太平军，必须先采取远攻，再渐逼渐进，将各处太平军归并一处，而后合力歼之。兵力也要按需分布，不能只关注眼前之效，而要以大局为重。为此，他一面檄令高连升、黄少春"勿攻城，勿浪战，深沟固垒，相机图之"，将太平军引出城，再反客为主，多次打击，创造可乘之机；一面就近联络长泰的军队，防止太平军出走，并保卫泉州、厦门，解除漳州各军的后顾之忧。

为配合左宗棠在福建的行动，清廷命李鸿章从江苏省防兵里酌量抽调炮队赴闽支援，听候左宗棠调遣。与此同时，粤军何云章也率军驰赴诏安，进图云霄；方曜率军驻扎在上杭县的蚺蛇渡，进图永定县。12月16日，何云章率军进击云霄，与前来救援的太平军朱兴隆部交战。28日，何云章攻陷塔子山营垒，朱兴隆逃窜。

同治四年（1865年）1月14日，李世贤率军出漳州东、北两门，分四路向瑞香亭、北溪等地的清军堡垒进攻，但被高连升、黄少春等击败。于是，李世贤又率军改向长泰县发起进攻，激战两天后退回漳州。23日，刘典、王德榜派兵攻破涂坊。25日，粤军方曜会同闽军守备李仰山等进攻永定县,次日太平军撤退,永定告克。

2月,李世贤数次率军与清军交锋,但都失利,于是不再主动出击,只是坚守漳州城。15日,黄呈忠率太平军进攻漳浦,次日攻克县城。李世贤本来计划敦促汪海洋移驻龙岩,抽出龙岩守军攻打泉州府的安溪县,并调太平军入漳州,原漳州守军则进攻长泰,扰乱清军在泉州的部署,截断高连升、黄少春两军的饷道,从而谋取福州。不料,这一计划被泄露了。左宗棠迅速做出反应,截断汪海洋前往龙岩的道路,龙岩的太平军陷入了孤立无援的境地。2月17日,刘典派军进逼汪海洋的大营,汪海洋固守不出。左宗棠一面命刘明珍、刘端冕等部加强漳州的兵力,断绝太平军进攻安溪之路;一面调刘清亮由浦城率3000人经福州出兴化(今福建莆田),赶赴泉州、同安,以稳固高连升、黄少春的后路。

2月25日,李世贤率军出漳州,攻破曾玉明的丹州陆营,击溃清军师船。高连升急率洋枪队及两营兵力驰援,在枪炮齐轰之下,太平军精锐损伤过半。李世贤乘民船逃回漳州。回到漳州后,李世贤念及太平军形势每况愈下,私下写信给厦门的英国领事馆,请求对方为他雇轮船入海。他将写好的信委托亲信陈金龙送到领事馆,谁知陈金龙混淆了领事馆与海关税务司,税务司官员不动声色地将信件内容抄录呈报给地方官府,陈金龙随即被逮捕并斩首。左宗棠将此事奏报朝廷,为海关税务司官员请赏。自此以后,英国、法国领事馆与左宗棠军队的关系更加密切,数次将搜缴的太平军枪械交给左宗棠。李世贤已如笼中之鸟。

3月1日，汪海洋主动放弃南阳，撤往上杭，在刘典、王德榜的追击下，汪海洋军大败，退往永定。与此同时，刘明珍等人率军由漳平进入南路永福里，攻破丁太阳坚守的太平军营垒。粤将方曜也率军与汪海洋等战于石硿，太平军再次失利。至此，汀州府全部被清军收回。从3月底到4月初，李世贤多次派兵出击，与清军交战，全部失利。

而龙岩一带的汪海洋也屡次遭到清军打击。4月9日、10日，王德榜、刘清亮的部队与太平军交战，攻占吴仓、乌溪及对岸营垒，汪海洋率部退守。

左宗棠分析形势认为，汪海洋可能会率部退往江西，李世贤则"志在入海"。当时，江西已有近2万清兵，可以对付汪海洋部。于是，他命水师严守各港，以防李世贤南下漳浦。稍后，他又派福宁镇总兵刘明镫率5个营驰赴安溪、华峰司一带，以保障进攻漳州的各军后路。

5月4日、5日，刘典率军进攻梅林等地，汪海洋兵败，撤往广东大埔一带。与此同时，郭松林、杨鼎勋等军由南，王德榜、刘清亮等军由北，逼攻漳州。太平军再度失利。5月9日，左宗棠从延平来到福州。5月15日，高连升与刘清亮、王德榜、郭松林、杨鼎勋各军明确分工，多路并进。当天正逢大风，清军顺风纵火，将太平军逼出城。高连升乘机率军入城，李世贤率军拼死巷战，但仍无取胜希望，只得率残部从西门撤出，逃往南靖。至此，太平军在闽南的重要根据地漳州被清军收复。

5月19日，南靖也被追击而至的王德榜军会同刘典军攻陷。李世贤只能继续向西撤走，王德榜继续跟踪追击。次日，双方在羊城、林浦两度交战，李世贤均失利，继续向平和退却。高连升、黄少春、刘清亮率军紧追不舍。眼见清军进逼平和城，李世贤只能绕城而走，结果连人带马坠于桥下，身负重伤。朱兴隆、陆顺德率城内太平军守军自西门撤退，平和城被清军收复。同日，郭松林、杨鼎勋两军攻占漳浦，太平军见大势已去，四散逃逸。

汪海洋自败退广东后，不久又回军永定。他分兵两路，一路进攻永定，一路围攻距永定城35里的射猎凹。太平军奋战两个昼夜，攻克射猎凹，杀死清军总兵，消灭清军8个营的兵力。左宗棠闻讯立刻命刘典派军会同康国器军驰援永定。康国器率军抵达湖雷（位于福建龙岩永定）后，汪海洋兵分七路进攻湖雷，但没有成功，次日再攻又告失败。5月21日，清军分三路进攻，汪海洋不敌，率部连夜向永定西北撤退。此时刘明珍也率队赶来支援，与康国器军会合追击。这时，太平军的援军也纷纷赶到，试图强渡永定河。5月29日，康国器再次大败太平军，降者达万余人，李世贤带伤连夜乘马逃脱，其军散亡殆尽。次日，杨鼎勋等军分路追杀太平军残军，何春贵等率余部2万余人投降。陆顺德、林正扬率部撤入广东境内，于6月2日占领镇平县（今广东梅州蕉岭）。至此，闽南太平军只剩下汪海洋一军数万人还在上杭一带活动。

左宗棠来到泉州几天后又移至漳州，就近指挥各军作战。6月8日，高连升、黄少春带兵与汪海洋军大战，刘清亮也率军赶到,汪海洋不敌,两天后败走武平。高连升等率军跟踪追击。汪海洋率军于6月14日折回下坝(今福建武平县下坝镇),随后进入广东边境。

福建境内的太平军被基本肃清后,左宗棠审时度势,开始进一步规划越境追剿事宜。他下令康国器等率领5000余名粤勇进入广东,会同广东防军夹击太平军;又命王开琳率兵由汀州奔赴江西,防止太平军进入江西;派刘典的部队由汀州西进南安府(今江西大余),截断太平军从江西进入湖南的通路;留高连升、黄少春、刘清亮三军在武平休整,根据太平军的动向相机进取。同时,考虑到北方太平军势头正盛,直隶、山东军务吃紧,左宗棠奏请将李鸿章派来援闽的郭松林、杨鼎勋两军调回江苏,以备曾国藩、李鸿章调度使用。6月11日,太平军陆顺德放弃镇平县,前往平远。15日,汪海洋率大军再次占据镇平县。

李世贤自永定溃散之后,余部大多投奔汪海洋,但汪海洋的部队也是军心涣散,猜忌不断。为重整军威,7月5日,汪海洋杀害了李世贤的叔父李元茂。7月7日,汪海洋率军进攻嘉应州(今广东梅州境内)城,作战失利后退回镇平县。7月30日,汪海洋会合李远继、李明成、何明亮等军及投奔前来的哗变"霆军",再次进攻清军。高连升、黄少春等以逸待劳,伺机反攻。汪海洋再次退回镇平,在城外分筑营垒,为持续作战做准备。

正当左宗棠加紧部署围攻之际,太平军内部发生了内讧。话说李世贤在永定兵败后,剃发改装,逃匿山中,然后混迹于难民中,昼伏夜行,历尽周折,终于在8月19日逃至镇平。汪海洋将他迎入城中。李世贤的旧部见到他后，纷纷向他诉苦，说汪海洋疑忌暴虐，排斥异己。李世贤早对汪海洋在永定之战中袖手旁观的态度有所不满，听说他杀害了自己的叔父李元茂后，更是怒不可遏。而汪海洋也担心李世贤要取自己而代之，便于23日夜派心腹刺杀李世贤。

这次内讧导致太平军内部更加混乱，军心更加涣散，不少太平军将士选择向清军投降。8月12日，据守镇平的谭富率1000余人向广东布政使李福泰投降；莫恩也率300余人降于康国器。8月28日，康国器兵分三路进攻镇平，胡永祥率太平军抵抗，孰料手下有人叛变，以焚营为内应，导致胡永祥大败。

8月30日，汪海洋统军攻打平远县，战事失利。次日，援军到来，汪海洋再次发起攻势，又遭失败。9月2日，汪海洋率军进攻镇平和嘉应州之间的程官埠（今蕉岭高思程官铺），依然未攻克。次日，胡永祥、何明亮等再攻程官埠，汪海洋则率兵进攻高思。康国器分军迎击，击退太平军，汪海洋负伤退回镇平，多日不出。

9月20日，粤军攻克长乐（今广东梅州五华）后留守驻扎。同日，高连升、黄少春率军进驻分水坳，汪海洋派军攻打，次日又会同李远继、何明亮等兵分三路大举出击，计划突破重围，经武平进入江西。高连升、黄少春自然明白左宗棠彻底消灭汪海洋的决心，率军坚守，汪海洋突围失败，不得不退回镇平。

9月28日，康国器率军攻打镇平县城。高连升、黄少春等军也破除了白泥湖的太平军营垒，兵临城下。康国器军由南门，高连升军由北门，黄少春军由东门，三方合力猛攻。汪海洋见战事紧急，率众自西门向平远撤退，镇平告克。

这时，江西巡抚孙长绂上奏，请求派重臣进驻粤境，节制闽、粤、赣三省军队，全力铲除太平军余部。10月2日，清廷发布谕旨，指出汪海洋及其所率太平军一日不除，粤境一日不得安宁，并敦促左宗棠合三省兵力围逼夹攻，迅速歼灭；又命左宗棠督率高连升等军驰赴广东，调遣三省之军，相机合力攻剿。而左宗棠接到谕旨时已是10月24日，其间战局已发生了变化。

原来，汪海洋率军退出镇平后，撤向平远县，探知清军正由长宁、下坝等地赶来，便避实就虚，折向大柘（今广东梅州平远大柘镇）。10月2日，其尾部被清军追上，600余名太平军投降。次日，汪海洋率大军来到兴宁县黄陂墟（今广东梅州兴宁黄陂镇）一带，联络当地起义民众，设伏待敌。高连升、康国器率军追至此地时中了埋伏，辎重军火均落入太平军之手，损失惨重。经此重挫，高、康两部只得就地休整。这时，粤军已攻陷长乐县城，距兴宁不过百里，但他们迁延观望，没有出兵襄助堵截太平军。汪海洋乘机率领大军摆脱清军尾追，挺进江西南境。10月10日，汪海洋的前队进入瑶田，从12日开始，太平军接连三天进攻龙南，但未能攻下。17日，太平军再攻龙南，两日未下，又南撤广东。

严防太平军余部西入江西，是左宗棠多次强调的方针，并在兵力上做了相应的部署，但粤军并没有认真执行这一部署，以致计划被太平军打乱。左宗棠在奏报朝廷时，对粤军的消极应战进行了强烈的谴责。他说,自收复镇平至追剿贼寇残部,闽军连续6个昼夜进军,却未曾听说粤军派出一兵一骑参与会剿。此次追踪紧迫,闽军长途奔袭,太平军又凶顽无比,致使末路穷途的太平军余部得以逃跑。粤军未克镇平时,没有会合闽军攻城;攻克镇平后,没有会合闽军追剿。他陈词痛切,历数粤军在攻城进剿中的失职。清廷收到奏章后,命他节制三省各军。

当太平军再次由江西南境折返广东时,左宗棠对兵力进行了新的部署:刘典军由江西南康进驻广东南雄;高连升军由广东河源进驻长宁,扼制太平军进攻广东东部之路;黄少春军由赣州进驻信丰,防止太平军进入江西北境。太平军见前路已断,立即由连平翻山入嘉应州。12月8日,太平军攻据嘉应州城,福建震动。

左宗棠急令游击部队扼守永定,令王德榜速率2500人由汀州驰往截击,又调黄少春军由江西信丰过安远,以扼守武平;他本人率亲兵等部驻守平和,以保福建。此外,他还筹谋调集大军,围攻嘉应州城。

不久,各路大军陆续赶至嘉应外围。左宗棠监督各军渐迫渐进,合围嘉应州城,打算利用此机会调集三省兵力,一举歼灭太平军。同治五年(1866年)1月,只待鲍超及江西席宝田等军进扼西北的相公亭和大坪,清军便可合围嘉应州城。

汪海洋不甘坐以待毙,于1月28日率军由东出击,与刘典、高连升、黄少春、王德榜、康国器等军大战于塔子坳、指湖顶、佛子高、双板桥一带。汪海洋在激战中被子弹击中头部,气绝身亡。

当夜,降清的太平军不可计数。这以后,谭体元领导太平军继续战斗。清军乘机联营合围。谭体元派军进攻粤军和鲍超部，都没有成功。

谭体元自知太平军在此地大势已去，再死守孤城便是坐以待毙，弃城突围才是上策。2月6日，谭体元指挥军队佯作向北突围，吸引清军。7日夜，谭体元与胡永祥等率太平军从西南门出城，由黄沙嶂方向突围。谭体元命胡永祥作先锋，自己领军断后。高连升、黄少春、刘清亮等闻讯，当夜率军从东门入城，太平军在江南的最后一个据点嘉应州城被攻陷。

黄沙嶂是嘉应州城南部的一处险隘，群峰峻峭，道路盘旋曲折。太平军数万之众，仓促之间无法全部通过。刘明镫、简桂林等部先行追上，击杀太平军尾部数百人。谭体元在黄沙嶂北受了枪伤，坠马落崖。胡永祥率兵奔向北溪，被高连升生擒。

2月8日夜，王德榜追至北溪，清军居高临下，控扼去路，高呼"弃械者免死"，诱降太平军。太平军首领曹玉科、杨世如、何玉清等率约6万人投降，"委弃器械山积"。鲍超由黄沙嶂左路追至北溪白沙坝。何明亮、哗变"霆军"领袖黄矮子等率军抵抗，奋战两日，牺牲8000余人，余众2万余人被迫投降，何明亮、黄矮子等被斩首。康国器尾追太平军至丰顺县，钟英、谭标、何昌胜等被俘。谭体元受伤坠马落崖后，于3月7日被黄少春俘获，解往左宗棠松口（今广东梅县松口镇）大营。至此，江南的太平军余部都被左宗棠镇压。

黄沙嶂决战获胜后，左宗棠又向江西边境、惠州、嘉应州等地部署派兵，巩固成果；命鲍超所部及闽军未收队者，继续搜剿太平军残部。

到3月10日，眼见局势稍定，左宗棠由潮州经兴化返回福州。为嘉奖左宗棠镇压太平军余部的功绩，清廷赏他戴双眼花翎。

在闽浙总督任上，左宗棠除了追剿太平军以外，还赈济抚恤、整顿吏治、改革厘税、敬教劝学，尽可能改善浙江、福建的民生。他目光长远，认识到江南地区人民的反抗是由政治腐败、经济凋敝造成的，因此格外注重改善这几个方面。

同治三年（1864年）攻下杭州后，为了稳定民心，左宗棠会同蒋益澧等人开始全面规划赈抚工作，包括：派人设立赈抚局，负责收养难民、掩埋尸首；招商开市；为百姓提供种子、耕牛、农具等，恢复生产；修葺城垣衙署，以工代赈；设立清赋局，招百姓开垦荒地并免减粮税……目的是采用多种措施减轻浙江百姓负担，让经历了战乱流离的百姓休养生息。

同治四年（1865年）春，左宗棠上奏陈述了福建吏治军政腐败没落的困敝情形："问守令，则朴干者难得数人；察局员，则练达者未能指数"，官府内踏实办事、业务熟练的官员屈指可数。官员晋升多是明码标价，权钱勾结现象严重。"官员不知教养为何事，治本之策已亡；官司不知刑政为何事，治标之策复失"，整体吏治水平堪忧。

针对福建军政的种种问题，左宗棠认为归根结底是由贫困引起的，故而提出"治闽之要，首在理财；理财之要，在于修明政事"，而"欲修明政事，则必先求治事之才"。为了"求治事之才"，他一方面向朝廷请调周开锡、吴大廷等人入闽，一方面严惩贪官污吏，先后惩办了周式濂、周大健、张铨庆、周揆源等庸才贪吏，政治环境得到改善。

在总督闽浙期间，左宗棠还先后剔除两地的钱粮积弊，裁除各衙门的陋规。同治二年（1863年），他奏请核减浙东属地的南米浮收；同治三年（1864年），他奏请革除绍兴地区的一切摊捐及陋规，并核减杭州、湖州等地的浮粮；同治五年（1866年），他清理福建全省赋额，核减全省苛捐杂税，将税收条款刻于石上昭示众人，并开设蚕棉馆，谕令各州县增加储备，以备荒年之需，逐步缓解民困，民心初步稳定。

左宗棠早年当过多年塾师，对文化事业较为重视，他在担任浙江巡抚、闽浙总督时，目睹了战乱对文化事业的毁灭性打击，从学、科考之事无从谈起，不少书刊典籍被付之一炬。他决定设书局刊刻经典，以求恢复、延续经典。其中影响较大的是他在浙江刊刻了"六经"，在福建刊刻了《正谊堂全书》。他还在福建漳州芝山书院、福州正谊书院留下联句，以示对文教事业的重视。

经始问何年，果然逃墨归儒，天使梵王纳士；
筹边曾此地，恰好修文偃武，我从漳海班师。
（福建漳州芝山书院联）

青眼高歌，异日应多天下士；
华阴回首，当年共读古人书。
（福州正谊书院联）

在镇压太平军的四年间,左宗棠从浙江转战福建、广东,扼制了太平军在南方的发展。在督办浙江军务、担任浙江巡抚时,他受曾国藩节制,所率楚军为湘军的偏师。他率军入浙后,开辟了楚军的新战场,牵制并消灭了太平军的大部分兵力,有力地配合了湘军围攻天京的军事行动。

就任闽浙总督后,左宗棠不再受曾国藩节制,独立承担了追剿太平军余部的任务,经过约一年半的迂回追踪、激烈战斗,肃清了以李世贤、汪海洋为首的太平军。其间发生大小战斗上百次,清军胜多败少,极大地显示出左宗棠杰出的军事才能。

攻克杭州、收复浙江全境,无论是在战略上还是在军心上,都为湘军攻陷天京、镇压太平天国起义注入了强心剂。

第五章 未雨绸缪

南方的太平军余部基本被肃清后,左宗棠并没有得意忘形。他有一件悬系已久的心事:如果西方列强再度来犯,国内战乱已久,火器又与列强差距太大,如何抵御外侮呢?在他看来,英法等国依恃其船坚炮利侵略中国,清廷要想摆脱被动的局面,必须要有坚船利炮。自鸦片战争后,他的这一想法愈发强烈,如今机会成熟,他决定将自己的施政重心转移到兴办洋务上。

第五章 未雨绸缪

第一节 誓卫海疆

道光十九年（1839年），林则徐作为钦差大臣前往广州禁烟，并在虎门集中销毁鸦片。次年，英国以此为借口，悍然发动鸦片战争。一支仅4000人的军队跨洋过海，凭借坚船利炮令80万清兵心惊胆战。道光二十二年（1842年），英军攻到南京城下，清廷被迫向英国求和，签订了中国近代第一个不平等条约——《南京条约》。鸦片战争的惨重失败，暴露了中国封建社会的落后和清王朝的腐朽，也促使一部分有识之士开始"睁眼看世界"，寻求救国出路。

林则徐、魏源等人提出"师夷长技以制夷"的主张，并刊刻《四洲志》《海国图志》等书，旨在开国人之智，但在当时并未引起足够重视，仅在小范围内得到有识之士的认可和推崇。

咸丰六年（1856年），第二次鸦片战争爆发。英法联军又一次用炮火轰开了大清帝国的国门，并在大清境内横行肆虐、为所欲为，此时清廷才深刻感受到"有海无防"的无奈和毫无还击之力的屈辱。这次战败极大地震撼了清朝统治阶级和整个中国社会。思想先进的有志之士主张因时变通，采取顺应时变的办法。他们认为，天下事穷则变，变则通，中国不能闭门不纳，否则只能束手就擒、任人凌辱。冯桂芬①在《校邠庐抗议·制洋器议》中说，鸦片战争是"有天地开辟以来未有之奇愤，凡有心知血气，莫不冲冠发上指者，则今日之以广运万里之地球中第一大国而受制于小夷也"。他称颂林则徐和魏源提出的"师夷长技以制夷"，主张采西学、制洋器，"以中国之伦常名教为原本，辅以诸国富强之术"，这一指导思想也就是后来广为流传的"中学为体，西学为用"。在"中体西用"思想的指导下，他认为，只要能"自造、自修、自用"洋器，就可以实现自强，如此，中华民族才能脱离"人为刀俎，我为鱼肉"的不利处境。

咸丰十年（1860年）12月，曾国藩在奏折中提到，借外国力量助剿、运粮，可减少眼前忧虑；将来学习外国技艺，造炮制船，则可得到永久好处。同治元年（1862年），李鸿章消灭上海地区的太平军时，得到了外国势力的帮助，见识到外国武器的威力后，李鸿章开始训练洋炮队，设洋炮局。他认为，清军作战人数是外敌的数倍却不能取胜，原因正在于武器落后、枪炮破旧，如能使清军的火器与西洋人的相当，不仅能够平定内乱，还能抵御外来侵略。

朝廷中，恭亲王奕䜣也支持向外国学习先进技术，他在奏折中说，治国要做到自强，自强以练兵为要，练兵又以制器为先，"我能自强，可以彼此相安"。

---

① 冯桂芬：字林一，号景亭，吴县（今属江苏苏州）人，曾师从林则徐。中年后尤重经世致用之学。在上海设广方言馆，培养西学人才。作为改良主义的先驱人物，他最早表达了洋务运动"中体西用"的指导思想。

但也有一部分守旧派人士认为治国的根本在于"尚礼义不尚权谋""在人心不在技艺",在他们看来,所谓先进技术,不过是西方的奇淫巧技,不屑学之。针对此观点,左宗棠在奏折中对比了中西方文化,将其差异归纳为"中国之睿智运于虚,外国之聪明寄于实。中国以义理为本,艺事为末;外国以艺事为重,义理为轻"。他主张取外国之长补我国之短,但这些提醒并未引起清廷的足够重视,直到太平军的攻势愈加猛烈,清军失去招架之力,在慌张之下只能向外国购买枪炮提高战力后,清廷才意识到兴办洋务的必要性。

咸丰十一年(1861年)底,太平军攻占宁波、杭州等地,上海岌岌可危。同治元年(1862年),太平军进攻上海。清廷侦悉太平军将以汇银50万两向美国购买船炮,朝野上下异常震惊。海关代理总税务司、英国人赫德乘机恫吓清廷说,如果不抓紧购置枪炮,待太平军用抢先购得的枪炮对抗清军时,清廷将无力回天。清廷忙下令筹措购舰款项,限期建成以外国武器武装起来的舰队。

正是在内外因素的交互作用下,清廷中枢的奕䜣、文祥[①]等人和地方督抚中的曾国藩、左宗棠、李鸿章等洋务派,以"自强""求富"的名义,开始接受西学、制造洋器,展开了历时30多年的洋务运动。当时的洋务派普遍认为,船坚炮利是战争胜利

[①] 文祥:字博川,号文山,瓜尔佳氏,满洲正红旗人,晚清名臣,"洋务运动"的主要参与者和领导人之一。历仕道光、咸丰、同治、光绪四朝,辛酉政变后受重用,长期担任军机大臣及总理衙门大臣,官至武英殿大学士。

的关键,也是国家强大的象征。因此,洋务运动的出发点是服务于军事。

自曾国藩在安庆设立内军械所制造洋枪洋炮以来,洋务派先后创办了江南制造局、福州船政局、轮船招商局、开平矿务局等一批军工企业。这些军工企业引进先进的生产工具,生产各种新式武器,包括舰船,用以取代清军传统的弓、枪、刀、箭等冷兵器,使军队朝使用热兵器的方向转变。

作为洋务运动的代表人物之一,左宗棠办洋务是从造船开始的。早在第一次鸦片战争爆发时,他就密切关注战局发展,考览以往的海防记载,筹议海防持久之策,把建造炮船、火船作为制敌要策之一。此后,造船也一直是他考察的重要课题,到第二次鸦片战争特别是镇压太平天国起义后,左宗棠在朝廷的威望如日中天,他的这一想法逐步由酝酿进入实践阶段。

同治元年(1862年)年初,左宗棠领兵入浙,曾借用外国轮船击败太平军,直接感受到了轮船的便利。次年3月,他在总理衙门提出了"将来经费有出,当图仿制轮船,庶为海疆长久之计"的主张。

同治三年(1864年),当时左宗棠正在浙江湖州与太平军作战。看着喷吐浓烟、两轮击水、行驶如飞的外国轮船,他心里很不是滋味。此刻,他眼中的外国轮船好比骏马,而中国的旧式木船则不如一头毛驴,相较之下,高下立判。同年,他在杭州找到一个60多岁的工匠,依照宁波船的样式试制了一艘蒸汽船,并于10月16日在西湖试航。他还请来洋人日意格等观看,并询问他们的意见。这次试航虽然未能成功,但他依然感到几分欣慰,坚信中国人有能力造出自己的轮船、军舰,这次试验也是他从事洋务运动、在福州设厂造船的前奏。

此时,左宗棠胸中已经有了一个近代造船业的初步设想。他先后与法国"常捷军"统领德克碑和日意格商谈此事,他们认为左宗棠试造之船在样式上大致不差,只是轮机要从西洋购买,才能行驶轻快。随后,他们向左宗棠展示了法国制船图册,左宗棠看后邀请他们代为监造轮船,将西洋的制造方法传入中国。

同治四年(1865年)1月,德克碑应左宗棠之请回法国购买机器,寻觅技工。恰逢此时太平军余部转入福建漳州,左宗棠奉命督剿,此事只能暂缓。2月,左宗棠在上总理衙门书中说:"除修明政事、精练兵勇外,必应仿造轮船",这样才能不被威胁。他将造船视为自强御侮、摆脱卑躬屈膝的重要手段。他在给宁绍台道史致谔的信中说:"轮舟为海战利器,岛人每以此傲我。将来必须仿制,为防洋缉盗之用。中土智慧,岂逊西人?如果留心仿造,自然愈推愈精。……十年之后,彼人所恃以傲我者,我亦有以应之矣。"而且他还提到了自己的仿制思路:"欲仿制,必先买其船,访得覃思研求之人,一一拆看摹拟。既成,雇洋人驾驶而以华人试学之,乃可冀其有成。"但当时清廷把镇压太平天国起义作为首要任务,他只能在"闽省一律肃清后,方可渐次办理"。

同治五年(1866年)春,在基本肃清南方的太平军余部后,设厂造船再次成为左宗棠主要考虑的事情。这时,德克碑已经从法国购机觅匠回到中国,将与日意格拟议的造船计划转交左宗棠。但左宗棠认为这个计划尚有多处不明晰的地方，未予同意。

同年6月，英国驻上海领事阿礼国试图说服清廷雇用外国轮船缉拿海盗，总理衙门将此事委托李鸿章。左宗棠力主"借不如雇，雇不如买，买不如自造"，随即向朝廷上《拟购机器雇洋匠试造轮船先陈大概情形折》，详陈利弊："自海上用兵以来，泰西各国火轮兵船直达天津，藩篱竟成虚设……洋船准载北货行销各口，北地货价腾贵。江浙大商以海船为业者，往北置货，价本愈增，比及回南，费重行迟，不能减价以敌洋商。日久消耗愈甚，不惟亏折资本，浸至歇其旧业。……富商变为窭人，游手驱为人役。并恐海船搁朽，目前江浙海运即有无船之虑，而漕政益难措手。是非设局急造轮船不为功。"左宗棠在这段话中详述了外国轮船对沿海地区经济的负面影响。他还说"轮船成，则漕政兴，军政举，商民之困纾，海关之税旺。一时之费，数世之利也"，直言自造轮船对中国经济的促进作用。

就在这时，英国驻华公使馆参赞威妥玛①与海关总税务司赫德向清廷建议："中国自强，当广求新法于外洋，轮船器械以购雇为便。"清廷将二人提交的《局外旁观论》与《新议略论》告知各地督抚，令他们就其中提出的"中国文治、武备、财用等事之利弊，并借用外国铸钱、造船、军火、兵法"等建议措施，"详慎筹划，不可稍涉疏略"。在这场讨论中，曾国藩、李鸿

---

① 威妥玛：英国外交官、著名汉学家，曾在中国生活40余年，因发明用罗马字母标注汉语发音系统——威妥玛注音而著称，此方法在欧美广为使用，后逐渐被汉语拼音取代。

章、左宗棠等人都清醒地意识到威妥玛和赫德企图以此进行资本输出，扩大在华势力，达到进一步扩张侵略的目的。

6月25日，左宗棠在《复陈洋务事宜折》中，指出赫德和威妥玛的建议不仅充满对清廷的蔑视，于清廷无益，还包藏祸心。他分析了英国人的意图及当时中国面临的严峻形势："道光十九年海上事起，适火轮兵船已成，英吉利遂用以入犯。厥后寻衅生端，逞其狂悖，瞰我寇事方殷，未遑远略，遂敢大肆狓猖。"待到第二次鸦片战争爆发，列强贪得无厌的丑恶面目暴露无遗，在中国大肆侵夺资源，欲壑难填："借端要挟，恐所难免；如有决裂，则彼己之形所宜审也。陆地之战，彼之所长皆我所长，有其过之无弗及也。若纵横海上，彼有轮船，我尚无之，形无与格，势无与禁，将若之何？"左宗棠认为，论陆战，清军与外国军队不相上下，甚至有过之而无不及；但若论海战，清军则因无此建制、没有军备而远远落于人后，所以在列强面前受尽屈辱。针对这一问题，他更倾向于自建自强，即"习造轮船，兼习驾驶"才是根本的解决办法。

对于如何"习造轮船，兼习驾驶"，左宗棠在早先上呈的《拟购机器雇洋匠试造轮船先陈大概情形折》中已详细说明，不仅罗列了建造船厂可能面临的诸多问题，还逐一提出了解决方案。在他看来，建船厂、造船主要面临七个问题：

一则船厂择地之难也；

一则轮船机器购觅之难也；

一则外国师匠要约之难也；

一则筹集巨款之难也；

一则中国之人不习管驾，船成仍须雇用洋人之难也；

一则轮船既成，煤炭薪工需费不赀，月需支给，又时须修造之难也；

一则非常之举，谤议易兴，创议者一人，任事者一人，旁观者一人，事败垂成，公私均害之难也。

针对"船厂择地之难"的问题，左宗棠根据外国人的建议和自己的实地考察，建议选在福建海口罗星塔①一带，开漕浚渠，辟出合适的场地。

就"轮船机器购觅之难"的问题，他建议先仔细拆解外国轮船机器，了解其原理构造，然后由外国工匠以机器制造机器，积少成多。造成一件轮机，就造成一艘轮船，有了第一艘轮船，便可训练一船的水兵，长此以往，5年后便能在沿海各省布置自造的轮船。但万事开头难，如果一开始难以分辨机器好坏，可以委托洋人购买，为了机器精良，甚至可以多付一些银两。

要解决"外国师匠要约之难"的问题，左宗棠认为雇用外国工匠时可以先与其订立条约，确定薪酬。入厂后，挑选年轻的本国工匠随同学习，而且无论官绅士庶，只要聪敏好学，都可入局学习，而拙者、惰者，随时剔除出局。对于尽心教授技术的外国

---

① 罗星塔：位于福建福州市马尾区南部的闽江之滨。

师匠，可将薪酬全部交付；有藏匿技术不传授者，则罚扣薪俸。

要解决"筹集巨款之难"的问题，左宗棠提出款项先由福建海关支应，不够再从税收中支取。他认为"创始两年，成船少而费极多。迨三、四、五年，则工以熟而速，成船多而费亦渐减。通计五年所费，不过三百余万两"，且他已与浙江巡抚马新贻、新授广东巡抚蒋益澧达成共识，认为此事刻不容缓，愿凑集巨款。

针对"中国之人不习管驾，船成仍须雇用洋人之难"的问题，左宗棠认为在与外国议定雇聘造船人员时，就要先与他们声明："教习造船即兼教习驾驶，船成即令随同出洋，周历各海口。"同时采取不拘一格的用人选拔办法，只要精通驾驶，无论其出身如何，即授以武职，让他领导水师。如此，有一技之长的匠人会争相而来，水师人才也将取之不尽。此外，还可以征用江浙等地粗通管驾轮船之人，将其选调入局，船成后即令其管驾。

要解决轮船造成后"煤炭薪工"的问题，左宗棠提出可以将新造的轮船用于漕运，完成漕运任务后还可用于商雇，赚取运输费用，以抵修造耗费之资。至于"修造之难"的解决办法，左宗棠倾向以变通、务实为主，考虑到轮船废搁不用则朽钝堪虞，船成之后，不仅可以装载商货，还可用于捕盗护商，兼可习劳而集费，可谓一举数得。

就最后一个问题，也是令左宗棠最为难的一个问题——"非常之举，谤议易兴……事败垂成，公私均害之难"，他的观点足以证明其深谋远虑及为长治久安计的一片苦心。他非常清楚建造船厂必然会引来朝中官员的嫉妒、毁谤，但人无远虑，必有近忧，他建议朝廷放眼西洋各国甚至日本对轮船的态度。国内连年战乱使清廷无暇远顾国际形势，而这些国家却从大海获得了极为丰厚的利益，导致"彼有所挟，我独无之"的不利局面。处此劣势之下，左宗棠认为朝廷应坚守原则：可以借助外国之力增长中国的技术，但如果外国完全掌握了主动权，擅自行事，则万万不能接受。通过对比阐述，他重申了自造船厂从长远来说对国家的利害。他的这番言论，也为建立中国近代造船工业和海军奠定了基础。

从这份奏折可知，左宗棠秉持儒家经世致用的传统，逢山开路，遇水搭桥，尽心为国家出谋划策，希望国家能早日摆脱泥潭。这封奏章是他多年造船御侮思想的结晶，是筹划设厂造船的重要成果，有力地驳斥了赫德和威妥玛的言论，阐述了自强的主张，也是我国近代造船企业的重要历史文献。

左宗棠这封奏折符合清廷自强御侮的要求，加上支持洋务的恭亲王奕䜣等人也主张建设海军，设厂造船的提议很快得到了慈禧太后的首肯。20天后，即7月14日，清廷正式批准了左宗棠设厂造船的提议，并在谕旨中明确"中国自强之道，全在振奋精神，破除耳目近习，讲求利用实际"。

当时许多西方人称赞此事，国内的有识之士也纷纷给予肯定："自海上用兵以来，唯此举为是。"

第二节 一心为国

尽管在福州创办船政局的计划得到了批准,但要实现它并非易事,正所谓万事开头难。左宗棠首先做的是为设厂造船争取资金支持。他在《拟购机器雇洋匠试造轮船先陈大概情形折》中,提出酌提福建海关税收,再以福建税金补其缺额。清廷同意了他的请求。经费有了着落后,左宗棠便请日意格和德克碑赶来福州,开始制订具体的建厂造船计划。

选址是建船厂的首要大事。理论上,船厂应邻近良好的港口,既要交通方便,易于供给交互,又要形势险要,利于防守。通过查看地图、询访周边,左宗棠已心中有数。

同治五年(1866年)8月19日,左宗棠和日意格从福州出发,通过实地勘察,最后选定马尾为厂址。马尾距福州东南约20公里,在罗星山北15公里,是福州府辖下闽侯县一块依山临水的平地。闽江经过此处入海,距入海口仅40公里,江面宽阔,水流量大,万吨火轮可溯江而上,沿途多岛屿滩头,险阻重布,江阔水深,形势险要。此地既可建船厂,又可造船坞;且中间港汊旁通,重山环抱,层层锁钥。当潮水上涨,海口以上岛屿皆浮;潮水退后,洲渚礁沙萦回毕露,成为天然屏障。再加上这里离省城不远,不仅便于管理,还能得到福建、台湾的煤炭供应,马尾因此成为左宗棠心中的第一选择。

选好了厂址，下一步便是购买应需器材、设立管理机构、确定人事安排、招募学员等。左宗棠先与日意格等人预估了所需资金，并筹措了13.3万余两白银，供订货之用。由于当时中国缺乏兴建近代船厂的技术和设备，左宗棠不得不倚重外国人。他根据自己以往与外国人打交道的经验，认为法国人相对可靠，于是聘请日意格、德克碑担任船厂的正副监督。此后，左宗棠与日意格就制造、购器、雇匠、驾驶、经费和进程等一系列问题，做了多次详细、周密的研究，拟订出具体计划。他亲自与日意格等人签订合同，明确规定所聘外国员工的权利和义务，要求日意格等人必须服从中方船政大臣的领导，负责从外国采购设备、招募技工，并维护和管理这些设备、技工，切实保证5年之内能让清朝的工匠自己造船。

10月初，德克碑来到福州，对日意格订立的合同没有异议。当月下旬，他与日意格及清朝官员一起到上海拜会法国驻上海总领事，以取得法国政府的认可。然而，法国政府因内部意见不一致，且面临英国的重压，不愿承担风险，因而态度暧昧，既不公开拒绝，又不应允所求。而英国人、海关总税务司赫德因无法插手船政局之事，挑唆其下属散布流言，指责日意格将法国卷入一个有风险的计划，致使法国方面产生了办船厂会给法国带来麻烦的担忧。左宗棠没有选错人，日意格为此据理力争，不仅争取到了法国海军的理解和支持，还直接上书法国皇帝拿破仑三世，得到皇帝接见，当面向法国皇帝说明情况。经过一系列的努力，法国政府改变了态度，同意日意格参与福州船政局的工作，准予派遣技术人员及出口机器设备。尽管日意格的这些努力是站在维护法国利益的立场上，但从客观上来看，也为新兴的清朝造船工业争取到了必不可少的外部技术支持。

面对外部的重重阻力，左宗棠坚持推进船政局的建设。10月6日，他接到总理衙门发来的信函，敦促他"无论若何为难，总期志在必行，行则必成"，并说法国既然认为中国建造船厂是冒险之举，中国就更应该极力谋求此事，不能因为稍有阻力就灰心丧气，要将事业功归实用，不至于白白浪费饷银。可见，外国势力的阻挠反而坚定了清廷设厂造船的决心。

10月14日，正当左宗棠为船厂的人事问题反复思虑时，突然接到清廷的谕令，因陕西发生起义，调他为陕甘总督，并催促他迅速赴任。船厂刚刚起步，他却要离开福州，这使他为船厂的命运担忧起来。他在书信中写道："西行万里，别无系恋，唯此事未成，又恐此时不能终局，至为焦急耳。"福建官绅各界得知这一消息后，更是惶惶然，认为"创作轮船一事，关系甚巨，非常之功，非他人任"，假如将福州船政局委以他人，极有可能出现费时费力费财而未得任何结果的局面，以致他国耻笑，天下寒心。因此，谁来接管船政局成为关系设厂造船成败的大事。

左宗棠亦深感兹事体大，他在随后的奏折中表达了自己决不半途而废的决心。他在奏折中对船政局的继任者做了几种设想：一是能否由将军、督抚兼管，但他们事务繁多，5年以内通常会有迁调之事，人员交替之际难免出现意外，因此兼管并非良策；二是"请派京员来闽总理船政，以便久司其事，现则请派京员已迫不及待"，但远水不解近渴；三是请派原江西巡抚沈葆桢接任。他考虑再三，觉得最关键的是必须选荐一位思想开明、有担当的大员出任船政大臣，以完成自己的未竟之业。

最后，左宗棠看中并举荐了沈葆桢。沈葆桢是林则徐的女婿，为人稳重认真，曾随曾国藩管理军务，任江西巡抚，是洋务运动的支持者。同治三年（1864年），他因丁母忧回到福建，在家不问政事。当时不少人视船政为未知之途，而沈葆桢以"丁忧人员不应与闻政事"的理由拒绝了任命。为此，左宗棠三次登门拜访，晓之以大义，沈葆桢最终同意接办船政，但"必须俟明年六月母丧服阕后始敢任事"。左宗棠如此看重沈葆桢，除了认准沈葆桢的为人和能力，还在于他年轻时曾受过林则徐的"恩遇"。他想，在林则徐的家乡福州重用林则徐的女婿，也是为林则徐出一口气，完成其自强拒夷的遗愿。

在说服沈葆桢接手船政局期间，左宗棠还密奏朝廷，对委派沈葆桢总理船政做了十分全面的论述，以打消朝廷的疑虑。首先，他强调人员交接的重要性："轮船一事，势在必行，岂可以去闽在迩，忽为搁置？且设局制造，一切繁难事宜，均臣与洋员议定，若不趁臣在闽定局，不但头绪纷繁，接办之人无从咨访，且恐要约不明，后多异议，臣尤无可诿咎。"因此，他请求多留一个月，以便安排、交代船政局之事，同时加紧物色务实能干的办事员。

其次，他论述了沈葆桢作为理想人选的缘由：沈葆桢"在官在籍，久负清望，为中外所仰。其虑事详审精密……又乡评素重,更可坚乐事赴功之心",他请朝廷全力支持沈葆桢接任,并给予沈葆桢一定的自主管理权限。此外,左宗棠秉持"朴谨能事"的原则,为沈葆桢总理船政局物色了许多熟悉洋务之人,以备将来从旁协助,这里面就有"红顶商人"胡雪岩。他评价胡雪岩"才长心细,熟谙洋务,为船局断不可少之人,且为洋人所素信"。

左宗棠还向沈葆桢推荐一些人才,如叶文澜"好善急公,熟习洋务,遇有委办事件,均能妥实经理,为人敦朴可恃";黄维煊"迭次委赴香港、厦门、上海、宁波及福州罗星塔等处测量沙水,访察洋务,并随同胡光墉(胡雪岩)与日意格、德克碑议拟章程,均能不辞劳瘁";贝锦泉"向在江浙管带捕盗缉私各轮船,熟习直隶、山东、江苏、闽浙各洋面情形……朴实勇敢,熟习洋务";徐文渊"涉猎西洋图书,颇有巧思,现仿制洋炮百余尊,亦均合用"。沈葆桢接任后,大致按照左宗棠的推荐起用了这些人,组成了船政局的管理机构。

从军事安全的角度,左宗棠向朝廷举荐吴大廷为台湾兵备道员、刘明镫为台湾镇总兵。他在奏章中明确写道:"台湾则远隔大洋,声气间隔……赖廉政明干之道员,时以洗冤泽物为心,严操守,勤访治,孜孜奉公,不敢暇逸,庶几惠泽下究,人心固结,乃收长治久安之效也。"他认为吴大廷、刘明镫二人"皆实心任事……必能绸缪未雨,为东南奠此岩疆"。

12月3日,清廷同意左宗棠的建议,重申由沈葆桢担任船政大臣,并指令福建设厂造船一切应办事宜均由左宗棠等与沈葆桢随时会商办理；沈葆桢丁忧结束前，遇有应行陈奏事件，由沈葆桢知会督抚代为具奏；一待服阕，仍会同督抚联衔奏事，以重事权。

在这段时间里，左宗棠不仅忙于协调船政局的人事安排，还密切关注设厂造船的计划。11月14日，他在奏折中说："制造轮船一事，大致已有头绪。"11月23日，他将闽浙总督事务交卸后，出驻福州东门外行营，等候日意格、德克碑等人由上海返回。29日，胡雪岩和日意格、德克碑到达福州，带来经法国驻上海领事"印押担保"的船政事宜、艺局章程、保约、条议、合同规约等文件。左宗棠逐项审议，认为"均尚妥洽"，于是与日意格、德克碑订约，确定了福州船政局的设厂造船计划。

临行前，左宗棠专折具报，涉及福州船政局的章程、购器、募匠、教习等诸多事项。他在奏章中说，在购买机器、轮机等的同时，可开设学堂，聘请熟习中外语言、文字的洋师，教习英法两国语言、文字、算法、画法，挑选本地资性聪颖、粗通文字的子弟入局学习。他再次强调将主动权握在自己手中的必要性，认为"雇买仅济一时之需，自造实擅无穷之利也"。在奏章之后，他附上福州船政局设厂造船的总纲——《船政事宜》十条，供皇帝亲览。

一是造船与驾船并重的全局观念。在规划船政局时，左宗棠既考虑到造船各个流程而兴办铸铁、打铁、模子、水缸、轮机5个厂（后增加至13个厂），又设立了制造轮机等零件的铁厂、供修建船舶的船槽及为造船培养人才的船政学堂，这一安排让整个造船过程从原料、制件、造船、维修到人员管理，构成了一个完整的体系，从而保证了清廷在整个过程中的主导权。

二是注重教育，培养人才。他专门设立求是堂艺局，并起草《艺局章程》作为学员准则。他在《船政事宜》中明确指出，"艺局之设，必习英法两国语言、文字，精研算学，乃能依书绘图，深明制造之法，并通船主之学，堪任驾驶"；"此项学成制造驾驶之人，为将来水师将才所自出"。在他看来，中国人掌握制造、驾驶轮船的技术，是求长远之利，非雇用、购买轮船取一时便捷可比。

三是在引进技术设备和人员时，坚持"以我为主"的独立自主原则。左宗棠在拟订设厂造船计划时，十分重视外国机器设备的先进程度和工程技术人员水平的高低。据《船政事宜》等记载，他向法国购买轮机、机器设备、钢铁等共重1700多吨，雇聘工程技术人员37名，是当时引进设备和雇聘外国技术人员最多的。这些外国技术人员有的担任正、副监督之职，但均听命于中方官员。这一安排，不仅给予外国技术人员必要的职权，又坚持"以我为主"的原则，是福州船政局取得成功的重要原因之一。

12月16日，左宗棠离开福州前往陕甘赴任。临行前，他再三叮嘱沈葆桢等人，一定要建好船厂，造出中国的军舰。他在写给杨昌濬的信中说自己"身虽西行，心犹东注"。清廷似乎也很理解左宗棠的心情，仍允许他过问、参与船政局事务，沈葆桢遇有船政事上奏时，"仍列左宗棠之名，以期始终其事"。

12月23日，左宗棠草创的福州船政局在福州马尾正式动工兴建，求是堂艺局也正式开学。同治七年（1868年）8月，船厂落成。中国第一个规模较大、设备较好的近代官办军用造船企业诞生了！同治八年（1869年）6月10日，福州船政局制造的第一艘轮船"万年青"号下水。当时正在甘肃与起义军作战的左宗棠听到这个消息后，异常兴奋，立刻写信给沈葆桢表示祝贺。

后来，福州船政局在经费、人事等方面遇到了新的困难，朝廷中的顽固派乘机诋毁。同治十一年（1872年），内阁学士宋晋上奏朝廷，说福州船政局"名为远谋，实同虚耗"，认为造船开销巨大，不如直接向西方购买，请求停止办理船政。左宗棠得知后马上加以驳斥，指出设厂造船是为了加强海防，虽有破费，但利远大于弊。他还写信鼓励船政局人员，船政事关国家大计，劝他们迎难而上，坚持造船。他主动向朝廷请求将福建援助陕甘地区的饷银每月减少2万两，移拨船政局，作为弥补之资。可见福州船政局于左宗棠来说，犹如自己的孩子一般重要，左宗棠愿意为其付出一切。

福州船政局维持了33年，到光绪三十三年（1907年）关闭时，共制造了兵轮32艘，包括木质炮艇、铁胁木壳舰和铁甲舰。它不仅是我国近代第一个大型造船企业，为海防近代化作出了重要贡献，而且其船政学堂还是近代工科造船学堂与海军学堂的起点，为我国教育的近代化打开了新思路。

光绪十一年（1885年）左宗棠去世后，福建官绅为左宗棠与沈葆桢建立合祠时，称赞二人"不辞艰巨，不避劳怨，和衷共济，成此宏规"，还从三个方面详细阐述二人的功绩：一是船厂多年建造的船只分派到各口岸，巩固海防、河防，开办船政局迎合了朝廷讲求防御近代化的需求，可谓"开风气之先"；二是左宗棠、沈葆桢二人均有远见卓识，他们观察、吸收外国先进的科学技术，"共辟中华未有之奇"；三是"福建地瘠民贫，谋生不易，自有船厂，趋工若鹜，仰食者不下万家"，解决了当地民众的生活问题，福州士民无不称颂。

第六章 剿捻遇挫

担任陕甘总督,是左宗棠政治军事生涯中的一个重要时期。他对入陕作战做了充分准备,然而,捻军的运动战让他十分苦恼,部队始终处于尾随却追赶不及的状态,尽管略有小胜,却总是追剿不力,最后被李鸿章抢了头功。

第一节 捻军之患

同治五年（1866年）12月16日，左宗棠带着3000名将士离开福州，取道江西、湖北，前往陕甘赴任。途中，他作《崇安道中和同征诸子（二首）》。

其一

直从瓯海指黄河，万里行程枕席过。
道出中原宸极近，胆寒西贼楚声多。
尖叉斗韵看题壁，竞病联吟更荷戈。
回首四年泥爪迹，明当出峤意如何？

其二

百二旧关河，邮程次第过。
扪碑知字少，怀古觉诗多。
杀贼仍书檄，降羌任倒戈。
安危仗公等，于意定云何。

左宗棠在诗中写自己虽身体欠佳，但对西北"剿寇"之事依然壮怀不已。他担任闽浙总督4年，追剿太平军、整顿军政、创办船政局，不知进入陕甘后，又将面临怎样的挑战。但无论如何,一切安危、事务都要仰仗今日共同前往陕甘的列位将士。

一路上,除了福州船政局的事情让左宗棠牵肠挂肚外,年过五十的他身体已大不如前,不时地闹腹泻。他很清楚自己这次调任陕甘是临危受命,捻军势头正盛,如果无法"剿平"捻军,将愧对朝廷的信任。诚如左宗棠所想,清廷对左宗棠这次总督陕甘确实寄予厚望。

捻军是在太平天国起义时期,在安徽由捻党联合起来的一支农民起义军。"捻"为淮北方言,也称"捻子",意思是"一股、一伙"。捻党原是成立于康熙年间的民间秘密组织,成员主要为农民和手工业者,他们早期集中在皖北一带活动。嘉庆末年,捻党集团逐渐壮大,经常在安徽、河南、江苏、山东护送私盐,多次与清军发生武装冲突,后因冲突升级,开始起义攻城。咸丰三年(1853年),捻军在太平天国起义的影响下也发动了大规模起义。从这一年到同治二年(1863年)3月,为捻军起义的第一阶段。这一时期的捻军以张乐行[①]为领导,以安徽亳州雉河集(今安徽亳州涡阳)为根据地,在淮河地区不断打击清军,有力支援了南部的太平天国起义军。但这时的捻军组织并不严密,与清军作战时多次失利,力量受到了很大的削弱。

同治二年(1863年),张乐行等领袖相继牺牲,雉河集

---

① 张乐行:字洛行,安徽涡阳人,出身清末豪绅地主家庭,后成为清末中原地区农民起义军首领,被推举为捻军盟主。曾在三河镇战役中与陈秀成配合大败湘军。因叛徒出卖,被俘后被凌迟处死。

失守，张宗禹①、任化邦②等人率领余部突围，活动范围转移至河南、湖北和陕西边区。捻军起义随之进入第二阶段。突围的捻军首领张宗禹、任化邦与太平军的赖文光余部联合作战，采用流动战术，易步为骑，迅速成为一支拥有10万余众的武装力量，并且屡次大败清军。

到同治五年（1866年），捻军在河南分为东、西两支：赖文光、任化邦率领东捻军转战湖北、河南、安徽、山东四省之间；张宗禹、张禹爵率领西捻军进入甘肃、陕西，联合回民起义军反抗清军。为避免形势进一步恶化，清廷决定调派在浙闽作战有方的左宗棠带兵入陕，希望他能迅速扭转陕甘战局。

左宗棠先仔细了解、分析了陕甘局势，在回奏的奏章中从战备、粮草、募兵等方面陈述了自己的见解。他提到捻军在骑兵作战上的优势极为明显，而清军的马匹在数量和质量上都不如捻军，因此要减步兵而添马队，以提升战力。针对甘肃缺乏军饷、粮草的问题，他认为应该推行屯田，"置农具，购籽种"，尽管花费较多，但比起无粮可征、无饷可发来说，还是比较可靠的方法。

左宗棠还考虑到了南方兵丁西征，会出现不耐寒冷、不惯麦食等一系列水土不服的情况。要解决这些问题，需"变通章程"，除了遴调南方久经征战的兵勇，定其营制，还要增其薪粮，调动南方兵丁西征的积极性；还需赴河南、陕西挑选本地散

---

① 张宗禹：小名辉，诨号"小阎王"，安徽涡阳人，张乐行族侄。清末捻军著名将领、西捻军统帅。西捻军失败后，隐居河北，以行医看风水为生。

② 任化邦：捻党蓝旗领袖，太平天国进封"鲁王"。

丁入伍，自募自练，增强军队战力。

同治六年（1867年）1月，西捻军进入陕西华阴、华州（今陕西渭南华州）、渭南、临潼（今陕西西安临潼）等地。陕甘地区的起义队伍越发壮大。陕西巡抚乔松年紧急向朝廷求援。清廷得知整个陕西几乎成了起义军的天下，忙于2月5日谕令左宗棠督办陕甘军务，星夜驰赴"剿捻"，并要求"勿令捻东渡黄河"。半个月后，清廷再发谕令，同时授命左宗棠为钦差大臣，督办陕甘军务，谕令"着即现有兵力，取道入关，妥为筹办，以副期望"。

清廷的催令十万火急，1月底，左宗棠到达汉口，将大营设在后湖，等待从湖南招募的3000名楚军旧部到汉口集合。其间他收到旧日好友王柏心的书信。王柏心熟悉陕甘情况，他建议左宗棠分轻重缓急，首先集中兵力对付善骑兵作战的西捻军。左宗棠采纳了王柏心的建议，将远征战略概括为"先捻后回""先秦后陇"。这是一个比较符合客观实际的战略方针，因为捻军的游动性和战斗力强，对清朝的威胁更大，从地理上考虑，只有先攻取陕西，消灭活动于陕西的西捻军，才能进一步西取甘肃。否则，粮饷和后援都会发生危机。

清廷很快批准了左宗棠的战略方针。不过，要在西北旷野作战，而且是以捻军为作战对象，楚军与太平军在湖乡水泽作战的老战法已不再适用。捻军骑兵在北方平原上游刃有余，常以快速的运动战令清军步兵难以抵挡。有鉴于此，左宗棠决计改设车营，发展骑兵，调整步兵的战术。

同治六年（1867年）2月，受明朝大将戚继光车营战术思想的启发，左宗棠在原来步营的基础上编练车营。营、哨、队的规模不变，但原来的抬枪队、小枪队、刀矛队等一律改为车队。当时共计改编了15个车营，每营配有38辆战车。这种车营部队实际上就是一支炮营部队。左宗棠对这支车营部队充满期待，认为"车与炮合"，可以击远；行则成营，止则成阵，可以阻挡捻军骑兵的冲锋。这种易枪为炮、炮与车合的做法，符合近代陆军武器装备和兵种的发展趋势，具有相当的新意。但是，由于技术手段欠佳，炮车的火力虽强，却过于笨重，机动性能差，不适合与擅长运动战的捻军作战，最终并没有派上大用场。车营部队曾在西上陕西的途中与捻军在湖北随州、枣阳作战，捻军知道炮车的威力，避而不战；到了关中后，还一度在凤翔与回民军作战，但战果不佳。

左宗棠在编练车营的同时，也开始着手组建骑兵，提高部队在北方平原旷野的作战能力。之前与太平军作战，他喜欢用湖南勇丁，但这次他却将南方兵勇拒于马队之外。他认为南方人善用船、善爬山却不善驭马，骑兵还是以满族、蒙古族为佳，他决定从察哈尔购买战马3000匹，从吉林的猎户中招募2500人，准备组建10个马队营，但这个计划最终未能实现。此时北方正值严冬，3000匹战马大半病死途中，只有1000匹到达陕西；招募的2500名骑兵也良莠不齐，真正的吉林猎户仅400多人。眼看花费甚巨，又调动了沿途各省，效果却不尽如人意，左宗棠在感叹之余只得改变计划，勉强编立4个马队营。

同治六年（1867年）3月下旬，左宗棠督率所部从汉口出发，正式踏上远征陕甘的路途。左宗棠首先从武昌动身前往黄陂，在那里与王柏心见面，听取西进建议。左宗棠在黄陂停留了一个多月，到5月初才离开黄陂，经随州到襄阳后，于7月19日到达潼关。这一路上，他不断落实之前预想的策略。

左宗棠从福州动身时，自带亲兵3000人，并奏请朝廷调派刘典为甘肃按察使，帮办陕甘军务，并选3000名湖南旧部，主要是营哨官，以便将来在陕西带队。同时，根据捻军多马队、飘忽难制的特点，左宗棠提出"西征大局，非增马队、讲求车营，别无胜算"的观点，但到了武昌后，他发现此计不妥。捻军在湖北、河南频繁活动，仅靠这6000人根本无法到达陕西，更何况到达陕西后，募练新兵缓不济急。于是，他急令刘典在湖南加募6000人，又奏调本不计划动用的高连升部4000人火速从广东北上。同时，他在奏折里向朝廷汇报说，原打算用以对付捻军的步队、马队、车营，都未能调遣自如，假若仓促出征，必然战败，需谨慎处之。

与筹募军队相比，筹措军粮、军饷、保障运输等是更重要的问题。他说，原计划在陕甘地区平定回民起义，如今还要肩负"剿捻"任务，兵力增加，粮饷也应随之增加，但除了甘肃原先的饷银外，只有福建、广东、浙江每月拨出10万两给予支持，且无法保证按期如数送达。捉襟见肘的经济状况，使左宗棠被迫建议朝廷向外国借款。

对于甘肃，他分析道：兰州虽是省会，但形势孑然孤立，必须以重兵把守。但因为自东各路分剿导致分兵而势单力薄，无法做到集中全力一举扫平兰州回民起义军，因此他计划将来入甘肃先分为两大支，由东路廓清各路，分别"剿抚"。大局已定后，再合兵入驻省城。

到了潼关后，左宗棠又根据陕甘地区捻军、回民军联合的实际情况，明确了"先捻后回"的作战方针。这样做，一是因为捻军强于回民军，平定捻军能够极大地震慑回民军；二是捻军在陕西仅是陕西之患，若进入河南将成为中原之患，两害相权，陕西为轻，故应先剿平捻军，以防其进入中原。

第二节 险酿大祸

同治六年（1867年）3月底，当左宗棠率军到达黄陂时，超过10万东捻军正在江西德安、湖北安陆之间活动，他们从河南入湖北，准备西上联合西捻军建立川陕根据地。湖北清军迎战失利，鲍超率霆军援鄂未至，东捻军进一步向黄陂、孝感、云梦一带发展，追剿东捻军的淮军和湘军曾国荃部均感吃紧。面对如此紧张的局势，左宗棠不能坐视不理，他认为进兵陕西，必先扫清关外的捻军，于是率军绕道前往孝感、云梦镇压东捻军，阻止东、西捻军会合。直到李鸿章的淮军和鲍超的霆军对东捻军形成包围之势后，左宗棠才率军前往陕甘。

在行军过程中，左宗棠实施了他的三路入陕计划：他自率主力7000人由樊城大路直进潼关，作为北路；刘典率5000人由樊城过荆紫关，出陕西商州龙驹寨（今丹凤县城）抵达蓝田，作为中路；高连升率4000余人从樊城溯汉水而西，作为南路。但这个计划执行得并不顺利。北路和中路于6月中旬从樊城出发，刘典的中路军于7月中旬顺利到达蓝田。左宗棠的北路军在7月中旬通过函谷关时突遇山洪，炮车、辎重漂失过半；到潼关后，兵士感染时疫，病死者数以千计。

左宗棠抵达潼关前夕，在上奏朝廷的奏折中对西捻军的去向进行了预测分析。他说，陇西异常荒瘠，北山屡遭蹂躏，这里不是捻军途经的地方。进入湖北的山路虽然狭窄，但骡马可以通行，捻军有可能铤而走险，应有所布防。因此，左宗棠派高连升率军到郧阳（今湖北十堰郧阳）后溯汉江而上，由郧阳赴旬阳以达西安，在他看来，在陕西剿平西捻军势在必得，随后剿平回民军也是轻而易举。然而，西捻军的行动大大出乎他的预料。

同治六年（1867年）7月，左宗棠到潼关后酝酿了"兜剿"西捻军的战役计划。当时西捻军正在西安以北的富平一带活动。富平南有渭河，东有洛水、黄河，西有泾水，北是北山，自成一个天然的封闭圈。左宗棠想利用这一地形，派兵四面封堵，将西捻军围困于狭长地带，然后一举歼灭。计划确定后，他马上调兵遣将：山西按察使陈湜负责封锁北自山西归绥（今内蒙古呼和浩特）、南至潼关、东至黄河垣曲段的防务；刘松山、郭宝昌二部从富平移师蒲城，以防堵捻军东渡洛水、黄河；杨贵华扼守华州，刘端冕和刘典驻守临潼，高连升屯驻咸阳，刘效忠则驻守泾水西岸。

从左宗棠的兵力部署来看，他的设防重点在黄河、洛水东线和渭水南线，泾水西线和北山北线是其防御的薄弱环节。他认为北山多为山地，又无粮草，按常理，骑兵不会北进；捻军虽有可能渡到泾水以西，但泾河水涨，难以西渡；只有向东或由南转东才是捻军的突围重点。

8月1日，西捻军在蒲城东北受到刘松山、郭宝昌、黄鼎三路夹击，后又于20日在渭南受到刘松山等军追剿，被迫西走临潼。8月29日，西捻军利用左宗棠兵力部署中的这个薄弱环节，轻松从泾阳渡过泾水，西进咸阳、兴平，然后北上乾州（今陕西咸阳乾县）、醴泉（今陕西咸阳礼泉县），后又回走，于9月3日渡泾水东行。

9月8日，左宗棠命各军在泾水西岸聚齐，然后向三原、富平分三路横排并进。但因水涨难渡，清军被迫延期，最终未能在渭河两岸围困西捻军。9月24日，西捻军由三原、富平南走高陵、临潼、渭南。

10月8日，左宗棠渡渭水亲赴泾水西岸，召集刘典、刘松山、郭宝昌、高连升、黄鼎等将领商讨进兵办法，决定以黄鼎率蜀军14个营防守泾水西岸；以刘效忠扼守耀州山口，防止捻军北上；刘典、高连升二军出高陵，刘松山、郭宝昌二军出富平，为进攻主力。左宗棠计划缩小包围圈，就地消灭西捻军，但这个计划仍然存在漏洞，即北山一线的防守兵力过于单薄。西捻军西走富平，于10月24日由蒲城过白水，突破左宗棠的包围圈进入北山。

11月上旬，西捻军的一支部队北过鄜州（今陕西延安富县），东折宜川；另一支部队西趋，联合陇东（今甘肃庆阳）回民军猛攻同官（今陕西铜川）、耀州。左宗棠的围歼计划再度失效，只得重新部署攻防：高连升、刘典、黄鼎三军分驻醴泉、乾州（今陕西咸阳乾县）、耀州、同官、三水（今陕西咸阳旬邑县），专防西线；刘松山、郭宝昌、刘厚基三军共计1.9万余人深入陕北，追击捻军。

对于西捻军的走向，左宗棠分析认为不外乎向北、向西两条路：向西必于三水、邠州（今陕西咸阳彬州）、泾州（今甘肃平凉泾川）一带折而南奔，其患在于四川和湖北；向北则必由延川、绥德、榆林一带折而东趋，其患在于山西。假如他们窥渡黄河，刘松山、郭宝昌将马上渡河入山西，助晋军截剿；刘厚基仍留在黄河西岸，巩固秦地防守。

11月中旬，刘松山、郭宝昌率军渡洛河行抵达洛川，但西捻军已经占领延川，北攻清涧、绥德了。左宗棠十分苦恼，不禁感慨，自己步步皆落于捻军后方。写信给陈湜说自己昼夜筹调军粮，须发皆白，但对大局却无能为力，愁恨怎消！11月24日，左宗棠收到朝廷谕令，要他就地歼除捻军，不可以将其驱逐出陕西境了事。如果西捻军东渡闯入山西境内，将唯他是问。

12月3日，他向朝廷诉苦，首先陈述了西捻军和回民军在陕甘两地的活动区域广泛，而清军数量有限，以不足山东剿捻军三分之一的兵力应对陕西境内的西捻军，首尾无法兼顾，力不能及；其次在追剿捻军之外，又要兼顾"甘肃之饷、剿甘肃之贼"，加上天灾、时疫的恶劣影响，让他深感力不从心，分身乏术，于是主动奏请朝廷："将臣交部严加议处，以示惩警。"

12月上旬，西捻军首领张宗禹在陕北接到东捻军首领赖文光的求援信，决定立刻离开陕北，援救战友。于是，他率部从绥德南下，于12月17日由宜川县东踏冰渡过黄河，进入山西，然后北上定州。

左宗棠得知西捻军东渡黄河后，忧愤交加。自领兵作战以来，他从未经历过如此挫折，不仅劳师糜饷，还让"瓮中之鳖"从旁溜走，实在是奇耻大辱。这位一向作战稳健的将军竟想到了自杀谢罪。

12月25日，他上奏朝廷，说自己已催促刘松山、郭宝昌两军兼程前进，不得在捻军后面尾追，还表示将马上亲率士卒入晋助剿，并请朝廷从重治罪。同治七年（1868年）1月，左宗棠把陕西军务委托给刘典、高连升，自己统兵5000人从临潼启程，赶往山西追剿西捻军。

西捻军用声东击西的办法，将左宗棠的追击部队甩开，然后快速翻越中条山，进入河南济源，再经修武、临漳，于1月底抵达直隶南部的磁州（今河北邯郸磁县）。这下左宗棠真的慌了，命刘松山、郭宝昌二军寻踪追击，但始终望尘莫及。待他们赶到磁州时，捻军早已渡过滹沱河，进至保定一带。

捻军突至，京师告急。华北各省军政大员纷纷举兵"勤王"，包括山东巡抚丁宝桢、河南巡抚李鹤年、直隶总督官文，还有李鸿章的淮军、安徽的皖军等，加上左宗棠、刘松山、郭宝昌的部队，总计10万人以上。清廷斥责了左宗棠后，却仍不得不倚重他，于2月16日发布谕令，将赶到直隶的各省官军归左宗棠统领。

左宗棠决定分兵三路，由北向南对西捻军实施攻击。西捻军并没有积极应战，而是南走献县（今属河北沧州）、饶阳等地。左宗棠尾追南下，并命淮军、皖军、豫军配合作战，企图将西捻军包围，就地歼灭。

2月28日，得知捻军在蠡县、高阳一带活动，左宗棠认为捻军妄图北犯，暂无南窜之意。为堵截捻军北上，他把涿州、固安视为西南和南路的总汇，派重兵驻扎，为近防军；以保定、河间、天津三地为屏障，且防且剿，随时听候调度。另外，他又组建一支专门进剿的军队，这样的部署似乎更为周全。他准备按此设想，将各地军队分别调拨，追剿西捻军。

这时，东捻军已在扬州被剿平，李鸿章率淮军北上，于3月10日到达直隶景州（今河北衡水景县）。此外，山东、河南、安徽各军云集。清廷命恭亲王奕䜣节制各军，加大对西捻军的围剿力度。

3月16日，淮军和皖军大败西捻军于饶阳东北。正当左宗棠准备采取新的作战行动时，3月18日，西捻军又出乎左宗棠的预料，由晋州（今属河北石家庄）西南涉浅水渡滹沱河，然后又渡漳河到河南彰德（今河南安阳），驰骋于新乡、延津、滑县一带。西捻军南下虽缓解了京畿的紧张局势，但清廷担心捻军蔓延四窜，忙命左宗棠和李鸿章速督各军进剿。

左宗棠不分昼夜地颠簸在马背上，风餐露宿，劳顿万分。而眼下战事棘手，朝廷斥责，舆论发难，又有同僚借机拆台，他的内心无比愧怍，内外交困的现状压得他喘不过气来。

此次清廷任命恭亲王奕䜣为大将军，总统剿捻各军，左宗棠、李鸿章都是其属下的参赞官。左宗棠的实际兵权被削，执掌的兵力仅剩下从陕西带出的1.6万余人。李鸿章则移驻大名。西捻军在河南稍事休整，将步兵全部改为骑兵。4月初，湘、淮各军于封丘、滑县被捻军打败。接着，西捻军由滑县进入直隶，并于4月17日到山东莘县渡运河到东昌（今山东聊城）。4月20日，西捻军又进入直隶吴桥，然后北上直达天津。

西捻军来势汹汹，令清廷深感不安，连忙谕令左宗棠和李鸿章督军围追，合力同心，认真剿办，限他们于一个月内将其全数歼灭，否则治以重罪。为了对付西捻军的运动战，李鸿章主张吸取镇压东捻军的经验，采用"设长围以困之"的"就地圈制"法。根据当时西捻军的活动情况，他提出西以运河为防线，北以减河为防线，南以黄河为防线，东则以大海为天然防线，将西捻军圈进这个狭长地带。左宗棠早先的多个计划都是"圈制"西捻军，但都以失败告终。如今李鸿章提出"圈制"之法，他也表示同意，且在上奏时分析了此次"圈制"比以往"圈制"的有利之处：一是参加这次"圈制"的清军人数多达十几万，还有大量的民团协防，比关中"圈制"西捻军时兵力雄厚多了；二是当时北方正值雨季，大雨过后，千里泥泽，西捻军的骑兵威力大打折扣。

5月17日，清廷以西捻军距李鸿章行营较近，将前敌诸军改由李鸿章统领，而左宗棠作为剿办西捻军统帅，仅在直隶统率5000名亲兵就近协助。从总督变为了偏将，左宗棠仍毫无怨言，一再向朝廷提出作战建议。他率亲兵扼守运河西部时曾上奏朝廷，认为捻军在南边得逞后势必北回，若等他们到了北边再防守，必然落后于捻军。他建议朝廷到时重用自己与刘松山、郭运昌等人的军队，变尾追为拦头阻截，使清军变被动为主动。7月20日，他在奏折里向朝廷建议对投降人员给予免死、遣返原籍，如果能够改过自新且别无违犯，地方官不得翻出旧案为难这些人；至于兵团的盘查应该从严，但要禁止擅自杀戮。8月14日，左宗棠在先后收抚的7000余人中挑选健壮者编入迎战部队，其余人员造册登记后后资送其返回原籍。他还刊印护照、路票，护照发给投降人员，路票则发给被裹带的老幼难民。在遣散时，他先资遣老弱疲乏者，健壮者则稍后资遣回籍。

在左宗棠遣散降抚人员时，李鸿章则统领清军积极围剿。由于兵力差距，西捻军左冲右突，但始终无法跳出包围圈。7月中旬，淮军在直隶吴桥击败西捻军，西捻军伤亡千余人，元气大伤。7月下旬，淮军又在山东商河、济阳等地接连大败西捻军。7月底，李鸿章督军将西捻军围困于茌平。8月1日，西捻军首领张宗禹投河后不知所终。剿捻战事至此结束。

镇压西捻军后，清廷论功行赏，李鸿章获镇压西捻军首功，赏加太子太保衔，授湖广总督、协办大学士；左宗棠名列第二，只赏加太子太保衔，与丁宝桢、英翰一起交部照一等军功议处。

9月1日，左宗棠上折向朝廷反省，让捻军由陕西进入山西境内，险些酿成大祸，是自己疏于筹虑，难辞其咎，自己尾追捻军到山西、河南交界一带，未能成功堵截，也没能在限期内剿灭捻寇。每次他对西捻军动向的估计都不够准确，始终处于尾随追赶的状态，正如他在《与李少荃宫保书》中说："均是一线紧凑，衔尾继进。故虽能及贼，而未能制贼。各军虽均与贼接仗，然在前者接仗，在后者仍不过随同行走。不及接仗，而贼已远扬。"

第七章 肃叛安民

镇压了捻军后,清廷又把重点锁定在陕甘地区的回民起义上。左宗棠奉旨前往陕甘镇压回民起义并处理善后安抚事务。经过深入了解和研究,他认识到回民起义的根本原因是长期的剥削压迫和朝廷制定的"以汉制回,护汉抑回"的政策,他本着"汉回番民,同属国人"的民族思想,遵循"不论汉回,只辨良匪"的原则,开始实施"剿抚兼施"的政策。

第一节 剿抚并用

陕甘回民起义是在太平天国运动、云南回民起义[①]的影响及推动下爆发的。它是清朝统治者的"以汉制回，护汉抑回"政策和对回民残酷压迫的必然结果。咸丰十一年（1861年）至同治元年（1862年），回民起义军在陕西、甘肃发起攻势，战火沿着渭河迅速蔓延，回民大起义随后爆发。起义军包围了西安，白彦虎等人成为起义军的首领，他们与太平军建立联系，整个西北的回民迅速响应。

当时陕甘各回民武装集团的领导权掌握在回族封建主和宗教头目的手中，他们并没有领导民众反抗压迫，不仅提不出明确的反封建主张，反而热衷于煽动民族仇恨，愚弄普通民众。为了维护他们自身的统治，他们利用了这些起义，想要达到割据一方的目的。

左宗棠于同治五年（1866年）受命担任陕甘总督后，将主要精力放在剿平西捻军上，他镇压回民起义的计划直到同治七年（1868年）9月才被批准。

9月25日，左宗棠奉诏抵达北京，自出仕以来，这是他首次进京上殿觐见。9月30日，隔着帘珠，慈安、慈禧两宫太后召见

---

① 云南回民起义：19世纪50—70年代，云南地区的回民在太平天国起义影响下掀起的大规模反清运动。咸丰六年（1856年），在清朝地方官的挑拨下，回、汉人民为争夺南安石羊银矿发生冲突，杜文秀率众起事。回民一度占领昆明、大理等地，同治十二年（1873年），清军统帅岑毓英率军兵临大理城下，杜文秀服毒后出城议和被杀，云南回民起义宣告失败。

了左宗棠。刚一照面,慈禧太后便询问了她最关心的西北回民起义事件,并叮嘱左宗棠要注意山西的防守,不要再让敌人逃窜。随后,她话锋一转,询问何时能平定陕甘。鉴于陕甘之事,筹饷难于筹兵,筹粮难于筹饷,筹转运尤难于筹粮的现实,左宗棠回复,以5年为期限。

翌日,左宗棠上奏折,请求朝廷拨付实饷,还请求将各省酌留的厘金移作西征军饷。他在奏疏中还提到自己立意开展屯田,且防且剿,且战且耕,不仅能节省转运费用,还有利于老百姓休养生息。清廷将他的意见下发讨论。户部决定从各海关六成洋税中,拨出陕甘军饷100万两。

10月4日,左宗棠离开北京,返回陕西。11月11日,他于孟津渡过黄河,26日抵达西安。随征的刘松山率领8000名湘军老兵在河南洛阳抓紧休整,准备西行。

左宗棠到达西安后,针对陕甘清军名目繁多、营制纷乱、缺额过多的情况,下令各路将领淘汰疲弱,一律按楚军编制对军队加以整顿,统归其指挥。同时,他还在陕甘当地招募新兵。在他看来,此次用兵不在多而在精,而且兵数少,消耗就少,军饷、军粮、运输等也容易解决。

对于陕甘回民军,历来有剿、抚两策。此前的几位陕甘总督,先是因为没有足够的兵力,主张安抚,安抚无效后,又转而主张剿杀;剿杀不成后,又重新安抚。如此反复,陕甘的回民起义问题愈演愈烈。左宗棠这次兵权在握,向朝廷保证要彻底解决这个问题。

同治六年（1867年）6月，他在前往陕西的途中，向同治皇帝上奏提出处理回汉纠纷的意见和策略，从现实与历史两个角度说明不宜"只剿不抚"。如果一味剿杀，将激起更大范围的民变，清廷永无宁日；再者，经过千百年的交流融合，回民与汉民早已是你中有我、我中有你，怎能因一时矛盾而生出灭种尽杀之心呢？为此，他明确自己的策略是"不论汉回，只辨良匪，以期解纷释怨，共乐升平"。他还在发布的告示中说，汉族和回民的仇杀事件源于细小之事，却引发出一系列仇杀，导致汉民境遇凄惨，回民也无法保全。现今皇帝圣明，下旨无论汉回，皆是清朝子民，那些聚众作乱、怀有异心的人必将伏法被诛，而那些无辜被牵涉的良民将获得宽恕。

但是，左宗棠"剿抚兼施"的策略很快就遭到了各方的反对。

一是陕西士绅和部分地方官员中的主"剿"派势力，他们认为朝廷派左宗棠率大军来陕甘征剿，就该帮助他们镇压回民，而左宗棠态度暧昧，令他们十分失望，经常加以阻挠。左宗棠对陕西士绅这种不辨是非的"民族仇恨"和畸变心理深为厌恶，坚决反对这种以偏概全的做法。

二是满族贵族高级官员中的主"抚"派，如甘肃布政使恩麟、宁夏将军庆瑞、西宁办事大臣玉通以及后来代理陕甘总督的穆图善等，他们都是满族贵族，既胆小怕事，又不懂用兵之道，加之甘肃本身是个穷省，无兵可用、无饷可筹，因此他们怀着苟且偷安的心理，接受回民军首领的贿赂，只主张安抚，但因为没有安抚的实力,从来没有安抚成功,使得局势越来越坏,他们反而从中获利。

三是朝廷内部有很大一部分人指责左宗棠穷尽东南数省的民脂民膏当作西征军饷,年复一年花费巨款,岂能长久支持下去?他们让左宗棠扪心自问,拿什么向朝廷交代。

面对三股势力的压迫,以及恶劣的自然条件、军饷军粮的不足,左宗棠没有退缩,坚持"贰则讨之,服则怀之"的"分别剿抚"策略。

第二节 分路出击

与捻军相比,回民军的战斗力要差得多,他们的武器多是自制的镰刀、柴刀、竹竿之类,尤其是他们战马不多,不可能像捻军那样发起运动战。当初在浙江、福建等地与太平军野战和攻坚的战法,可以再次发挥作用。左宗棠反复察看地图,多方搜集情报,根据回民军自成派系、各有地盘、互不统属的特点,决定在战略上执行各个击破的方针,确定以董福祥为此战的突破口。

董福祥出生于固原王朝山的一个贫苦家庭,他的父亲董世猷不务农,嗜赌,是当地哥老会[①]的首领。董福祥身体强壮、性情

[①] 哥老会:起源于湖南和湖北,是近代中国活跃于长江流域,声势和影响都很大的一个秘密结社组织。在四川和重庆的哥老会被称为"袍哥"。哥老会在川军和湘军中影响巨大,对清朝末年的革命有着巨大的影响。

粗暴，在青少年时期便经常跟随父亲混迹于帮会和赌场中，深受江湖蛮勇之气的浸染。咸丰十一年（1861年），太平天国运动在南方盛行，反清的捻军纵横于中原。同治初年，时年22岁的董福祥与父亲利用哥老会的关系，在地方暗自串联，鼓动民众与官府对抗。到同治五年（1866年），董福祥已拥有数万随众，武器装备也从刀矛棍棒升级成土炮洋枪，部队既有步队也有马队，实力强大。

同治七年（1868年）12月上旬，左宗棠在西安召开作战会议，计划将参战清军分为三路，由东向西，先北后南，从东北入手，先平土匪，然后合力剿除回民军，则大事可定。

同治八年（1869年）春，左宗棠命榆林、绥德、延川的清军严加防范，阻止董福祥东渡黄河；刘松山、成定康二军从绥德向西发起进攻，目标直指董福祥的根据地镇靖堡（在今陕西靖边东北80里）。

刘松山等首先攻克了小理川、大理川等武装据点，破垒100多座。1月下旬，大军行至安定，离镇靖堡还有200里，由于军粮不继，只得宰骡马充饥，且战且进。月底，刘松山一面向镇靖堡发起进攻，一面设法收买董福祥的父亲和弟弟，诱使董福祥投降。1月30日，董福祥的父亲和弟弟在镇靖堡投降。左宗棠为了感化董福祥及其部众，奏请免其死罪。果然，董福祥闻讯后，也投降了刘松山。刘松山收其部众10万人，从中挑选精壮之士组编成营，这支部队后来成为赫赫有名的"甘军"。董福祥的投降，不仅使回民军失去了重要同盟，还直接威胁到金积堡和董志塬的安全。

顺利平定榆林、绥德后，左宗棠令北路刘松山等部进行休整，南路黄鼎等则开始进攻董志塬的陕西回民军。董志塬位于陇东马莲河西岸，北通灵州，南达陕疆，自古便是战略重地。这一片土地广阔肥沃，可耕可牧，当地有民谚称赞它"八百里的秦川，还不敌董志塬的边边"。同治三年（1864年）以后，陕西回民军便以董志塬为根据地，按原来的村寨或教坊关系择地而居，一个大的居住区即是一营，"营"既是生产单位，又是作战组织，每营人数为几千到数万不等。陕西回民军在董志塬共有18个营，曾攻克陇东、宁州（今甘肃宁县）、镇原、平凉等城和500余座堡寨。

就在左宗棠采取行动的同时，同治八年（1869年）春，董志塬的回民军数万人分道出击，北面抵达定边，东北面抵达甘泉和延川，东线则袭击宜君、洛川、韩城与澄城，西南面则突进汧阳（今陕西宝鸡千阳）与陇州（今陕西宝鸡陇县）。各地驻防清军分路驰击，每天都与回民军交战。

3月中旬，回民军屯踞于正宁，准备南攻陕西邠州，然后直下秦川。左宗棠命黄鼎等部迎击。黄鼎派总兵徐占彪率领2000人扼守牛家堡，自己率领全军跟踪回民军。3月19日，回民军前锋开到牛家堡，遇到埋伏后惊慌撤退。当晚，黄鼎率部渡过泾河，进军上世店。回民军的几千名骑兵骤然杀到，黄鼎部稍整队形迎战，回民军反身逃走。黄鼎部追到白吉原（今陕西彬州北极镇），回民军首领余彦禄、马正和等人率主力迎击，黄鼎令部队分头接战，从四面会合，结为方阵，向前推进，枪炮齐发。回民军遭到重创,失势溃逃,退回董志塬。清军乘势追击,回民军将18个营并为4个大营,边战边退,准备撤往陇东北的金积堡。左宗棠又令南路各军备足粮草,分三路追击回民军,连占董志塬、镇原、庆阳等地。此次作战,回民军战死、饿死以及坠崖而死者达3万余人。

第三节 围点打援

攻占董志塬为左宗棠下一步进攻金积堡打开了通路,创造了条件。此后,他开始全力对付甘肃境内的几个回民军集团。4月,他将大本营移到乾州,以便指挥各军西进,准备展开以攻取金积堡为主要目标的行动。

金积堡背倚黄河,面临吴忠、灵武,秦渠、汉渠环其东,青铜峡扼其南,西南以中卫、中宁为后卫,东、北以横城堡、阳和堡为屏障,有回民堡寨数百处,鳞次错落,环堡而居,形势雄伟,为宁夏各城堡之冠。

占据金积堡的马化龙是个实力强劲的对手,但左宗棠认为,西征战事的关键在于金积堡,甚至可以说成败在此一举。经过一番深思熟虑,他决定进攻金积堡。

6月,左宗棠同时向三路大军发出进攻命令:北路刘松山率军自镇靖堡西进,以进攻花马池(今宁夏回族自治区吴忠盐池)为名,实际上指向金积堡;南路李耀南、吴士迈分别由陇州、宝鸡西趋秦州；中路左宗棠、刘典率军自乾州经邠州、长武赴甘肃泾州。三路之中，以北路为主要进攻方向；南路暂取守势，旨在牵制河州（今甘肃临夏）、狄道（今甘肃临洮）的回民军，切断其与金积堡的联系，并为下一步的河州之战做准备；中路以协助北路进攻为主，照顾南路行动为辅。

马化龙见势不妙，一面上书左宗棠，代逃至宁夏的陕西回民军"乞抚"；一面掘秦渠之水以自固。同时，他还部署回民军攻占灵州，再次打出反清旗号。左宗棠对马化龙这种反复的手段心知肚明，为此迅速调整部署，加强进攻力量，命中路清军由固原、平凉北进，又命金顺、张曜两部清军由北而南，直趋石嘴山，对金积堡形成大包围态势。他也率军由泾州进驻平凉，接过陕甘总督大印。回民军见金积堡危在旦夕，均奋起抗击，刘松山部被阻于吴忠堡（位于今宁夏吴忠）一带。

马化龙佯装受抚而后又公开反清，为一部分满族官员攻讦左宗棠提供了口实。绥远城将军定安急奏朝廷，认为灵州城陷乃刘松山轻进滥杀所致；陕甘总督穆图善也就此事上奏，说马化龙深明大义，实际上已经受抚从良，只因刘松山激化事端，才使马化龙铤而走险，而甘肃的兵祸也因此连绵不绝。他认为左宗棠的"剿而后抚"策略未必能坚定回民的信心。

对于这种攻讦，左宗棠十分恼火。他看清了马化龙的狡诈面目，知道其阳奉阴违的面具之下实际上是狼子野心。彼时，马占鳌、马桂源等都明面受抚，暗地里却扩张地盘。董志塬的回民军早先与马化龙通商，马化龙帮助他们攻进陕西，换取他们掠夺而来的财物，又暗中命手下劫掠蒙古。

穆图善代理陕甘总督时，马化龙公开输送银米，表示归诚，穆图善便委派他从事招抚工作。于是，马化龙借这一身份增修堡寨、购买马匹、制造武器，与陕西的回民军遥相呼应。陕西回民军被清军打败时，他又资助粮食、武器和战马，被左宗棠部下察觉。左宗棠将此事告知穆图善，但穆图善始终信任马化龙，甚至多次奏请朝廷加赏。左宗棠的部队攻克董志塬后，马化龙又暗中招募兵丁，同时上书代陕西回民军请求招抚，以探察左宗棠的态度。

左宗棠不为所动，他指示刘松山到花马池后，察看马化龙虚实，再定进止。7月4日，左宗棠自长武进驻泾州城。8月19日，刘松山率军由陕北清涧进驻镇靖堡，于8月下旬进入花马池，逼近金积堡。

马化龙本以为金积堡固若金汤，不会遭到清军攻击，但眼看左宗棠来势汹汹，丝毫没有停下的意思，忙向清廷及穆图善等满族官员求救。左宗棠据理力争，向朝廷揭露马化龙的真实面目，但穆图善等人力保马化龙，反对左宗棠。在这种情形下，清廷只能命左宗棠节制刘松山，并派穆图善查明禀奏。

11月，刘松山发动新的攻势，再占灵州城和蔡家桥一带庄寨30余处。中路清军在预望城遭到回民军的猛烈阻击。经过一番激战，清军攻克预望城、黑城子，打开了金积堡的南面门户。

11月中旬，中路清军进至金积堡西南秦渠一带，距金积堡仅10余里。这样一来，清军便完成了对金积堡的包围。

11月29日,刘松山攻破马家寨等堡,搜获马化龙于10月17日写给参领马重山、吴天德等人抗击清军的信札。马化龙在信中自称"统理宁郡两河等处地方军机事务大总戎",并刻有钤印。至此,其狡诈阴谋终于败露。清廷谕令左宗棠:"迅图扫荡……万不可为甘言所诱,轻率收抚,转遂奸谋。"

12月,南北各路清军会攻金积堡,与回民军展开激战。清军步步为营,相继占领了吴忠堡周围和金积堡北面的寨堡。回民军在清军的炮火攻击下伤亡惨重,只能收缩战线,步兵依托秦、汉二渠进行坚固的防御,骑兵则寻机出击,忽东忽西,使清军难以应付。

金积堡有两个险要之处:一是西面的峡口,它既是黄河青铜峡口,又是秦、汉二渠的渠口;二是东面的永宁洞,秦、汉二渠在此会合,向北流入黄河。峡口控制着进水口,永宁洞则控制出水口,两口都关系到金积堡的安危。清军一到金积堡,便抢占了这两个要地。

同治九年(1870年)2月,回民军夺回峡口,左宗棠深知此地重要,急令黄鼎率部支援,但被回民军击败。与此同时,回民军在永宁洞一带也与清军展开了争夺战。刘松山率部往战,未能取胜,随后前往回民军首领马五的营寨与回民军议抚,结果被愤怒的回民军打成重伤,不久去世。刘松山部下将士异常愤怒,冒着炮火拔掉其寨,擒回马五。

刘松山是北路军统帅,他的去世对战局影响很大,对左宗棠来说,如失一臂。而对马化龙来说,最有力的对手不复存在,这给他提供了喘息之机。他抓紧时机向东猛攻，将清军北路左军截为两段。马朝元、马正刚分别攻入陕西，韩城、郃阳（今陕西渭南合阳）告急。与马化龙有联系的河州、狄道回民军也攻占渭源，直逼巩昌（治今甘肃定西陇西），战局顿时发生了变化。

鉴于不利局势，左宗棠正式奏请朝廷由刘松山之侄刘锦棠接任老湘军统帅，并给予三品卿衔，以黄万友为副帅；又指示刘锦棠收缩兵力，集中各营于吴忠堡，先图自固，并严扼下桥、永宁洞等要地。同时，他又命刘端冕、李耀武两军回援陕西。情势紧急，左宗棠已经做好了全面撤退的最坏打算。他在书信中指示刘锦棠，假如支撑不下去，不得不退军，必须做通盘筹划，分先后、分去留，不可慌乱行事。

但回民军因为缺乏统一的领导和指挥，各自为战，没有有力配合，给了左宗棠稳住局面的机会。3月，回民军反攻吴忠堡，袭击灵州城，均未得手；入陕的回民军也无功而返。马化龙见形势于己不利，再次卑辞求抚，但左宗棠坚持必须悉缴其马、械，才能受降。5月，金积堡的回民军出击抢粮，没有成功。7月，左宗棠派黄鼎率中路军设法夺取峡口。马化龙立即派手下守住峡口南面的屏障张恩堡，并从金积堡派出援兵。6月，刘锦棠等人攻破东关，从东、南两面直逼金积堡。

10月，清军再次完成了对金积堡的合围。左宗棠学习当年曾国荃围攻太平天国安庆城的办法，令清军在金积堡周围掘长壕两道，内壕防金积堡内的回民军突围，外壕防堡外的回民军来援。他一面让清军分段守壕，死死围住金积堡；一面命部下严密监视河州等地的回民军，防止他们前来支援。10月28日，南路清军攻下了汉伯堡。此时，金积堡外的570多座堡寨只剩5座尚未被清军攻破。11月，马家滩、王洪寨回民军投降清军。左宗棠围城打援的战法获得了成功。

同治十年（1871年）1月，马化龙感到力竭势穷，无法再战，便上书刘锦棠，愿以一人之死换得堡中将士与百姓的生命安全。他反绑自己，只身出堡到清军大营请罪。面对这个顽固的敌人，清军将士皆欲除之而后快。刘锦棠令他速缴马、械，数日后，他的儿子马耀邦亲赴刘锦棠大营请降，并交出大量枪炮。

左宗棠知道，除了老湘军将士与马化龙不共戴天外，清廷也不会宽恕马化龙。但考虑到甘肃的局势仍应以抚为重，河州马占鳌也有受抚之意，西宁马桂源也可能受抚，现在杀马化龙简单，但会对随后的招抚产生不利影响。于是，他密奏朝廷，请求暂缓处死马化龙及其党羽，待收复所有据点后再行处置。清廷同意了他的请求，但同时也指出，以后即使马化龙在招抚方面立了功，也不许左宗棠代为乞恩减罪。

战乱中，许多陕甘回民投降，接受招抚。左宗棠必须照顾这些降众，但又无法判断他们会不会再次起事，会不会再次发生仇杀的恶性事件。他只能尝试将他们与汉民隔离，而甘肃此时因战乱有许多荒废的土地，他便在村庄里安置回民，此举取得了成功。安排受抚的回民垦荒耕种、畜牧养殖，不仅是响应清廷剿抚兼施的策略，更是稳定一方的有效措施。

早在同治八年（1869年），陕西回民军退出董志塬后，北上的回民军陈林、阎兴春等人就一再向左宗棠求抚。同治九年（1870年）底，陈林、阎兴春等人率8000多名老弱妇女在金积堡向清军求抚，河西亦有1000多名回民前来求抚，左宗棠将这万余人分三批安插在平凉。由于当时平凉已有数千名陕西回民，左宗棠便将目的地选在化平川（今甘肃化平），那里有窑洞，有破屋，土沃水甘，人迹断绝，可安插万余丁口。他事先安排身强体壮的回民前去修整房屋，等到受抚的回民抵达后，又给以赈粮、种子、牲畜、农器，督其耕垦。此外，他还在固原等地安插受抚回民。

同治十年（1871年）3月22日，清廷发布谕旨，对左宗棠所部将士论功行赏，称左宗棠运筹决胜、调度有方，着赏加一骑都尉世职。左宗棠上疏，请求用自己的封赏追封刘松山，但没有得到同意。

第四节　打通门户

金积堡战役结束前后，左宗棠将下一步的作战目标锁定为河州。

陕甘总督驻地兰州与河州相连，河州回民军对甘肃省城的威胁很大。同治元年（1862年），河州回民响应陕西回民发动起义，于次年9月攻占狄道城。同治三年（1864年），回民军在马占鳌的领导下占领河州城，使之逐渐成为甘肃回民起义的重要基地之一。

在进攻马化龙的起义军时,左宗棠已为河州之战做了多方面的准备。同治八年(1869年)夏,他派遣李耀南、吴士迈的南路军由陕西前往甘肃秦州,指向狄道、河州。同年底,他又派周开锡统领南路清军,派兵进占巩昌,败回民军于宁远、礼县之间,乘胜占领渭源。

同治十年(1871年)3月,河州回民军1000多人趁清军攻打马化龙叛军之际,从安定出兵,袭击通渭、秦安、清水等地,结果被清军杨世俊、张仲春部击败。

此时固原东西两山的绿林军与回民军残部暗中联系,伺机袭击清军。魏光焘、周绍濂各部日夜追赶,屡有斩获。但楚军合兵攻击时,他们便分散隐匿到山谷中;待楚军回营,他们又出来袭扰。这些游击部队还与河州的回民军会合,袭击南路清军,于4月袭扰徽县和秦安等地,另一支部队则奔向宁远和伏羌(今甘肃甘谷)。李辉武、杨世俊和田连考率军分路拦击,回民军从通渭溃退到会宁(今甘肃白银会宁)。5月,金顺、张曜率军攻破纳家寨,周开锡派兵击败阶州(今甘肃陇南武都)的游击部队。

7月底,左宗棠在备足三个月的粮草后,调集各军向河州发起总攻。其中,中路以凉州镇总兵傅先宗率鄂军由狄道进军,一半西渡洮河修建壁垒,一半驻洮河东岸;左路由记名提督杨世俊、提督张仲春及他部清军,取道南关坪进峡城(今甘肃定西渭源峡城);右路以刘明镫从马盘监进红土窑,再入安定县,扼守康家岩,以徐文秀率楚军从静宁州取道会宁向前推进。待中路军建成洮河西岸的壁垒后，左、右两路渡洮河前进。另外，左宗棠还将黄鼎所率步兵分为8个营并副将桂锡桢的3个营马队交徐占彪率领，由中卫南下靖远，平定会宁、安定两地的游击部队，以防回民军骚扰兰州。

8月，各军分道而进。左宗棠于9月中旬抵达安定，察看地形后，他认为河州形势"以太子寺、大东乡为总汇，以三甲集为门户"，随即与徐文秀、刘明镫等商议，决定先攻取洮河东岸的康家岩，作为攻取河州的前沿。

右路清军于9月中旬攻占康家岩，迫使河州回民军全部退守洮河以西的三甲集等地。10月上旬，左宗棠下达渡河作战命令。中、左两路清军搭造浮桥，6000名官兵过河抢占有利地形，构筑营垒工事，在洮河西岸取得了立足点。随后，在中、左两路清军的掩护下，右路清军在康家岩强渡洮河，回民军凭借事先构筑的壕垒顽强抗击，清军几次强渡都未成功。

11月中旬，前福建布政使王德榜等人率军渡过浮桥，配合中、左两路过河的清军猛攻回民军的黑山头阵地，右路清军也趁机在康家岩等地渡过洮河。渡河成功后，清军于11月下旬分路进攻河州第一重门户——三甲集。回民军损失几千人，退守太子寺。太子寺位于河州东50余里，是河州的重要关隘。回民军在此重点设防，掘有一道长壕，并在险要处设置了许多垒卡。

同治十一年（1872年）1月，清军从东、北两面进攻太子寺，但几次进攻均未奏效，损失惨重。后来，清军转而从南面进攻，40余个营密布于太子寺南20余里的新路坡。2月12日，回民军利用夜色潜入新路坡，切断了清军的运粮线路。次日，傅先宗部反攻回民军，未能攻克，随后又会同杨世俊部分三路进击，回民军枪炮并发，击伤大批清军。傅先宗一马当先，被炮击中阵亡。回民军乘势反攻，杨世俊率军拼死抵抗，撤出战场。2月15日，徐文秀率部驰援，击退回民军。傅先宗部因失去大将，被安排后撤守卫粮道，仅剩杨世俊率部驻扎石梁坡，势单力孤。回民军乘机加紧攻势，杨世俊难以支撑，只好率军撤退扎营。

2月16日，大风扬沙，回民军乘势攻打傅先宗余部，被徐文秀击败。黄昏，回民军主力抵达，清军溃败，徐文秀独自率300人拼死抵抗，身上多处负伤，直到战死。左宗棠接到败报后大为震惊，飞马传令沈玉遂接收徐文秀的指挥权、王德榜统领傅先宗余部，并斩杀傅先宗部队中最先溃退的9名将官，令各部推进扎营。

在与清军的激战中，回民军也伤亡惨重。马占鳌听说左宗棠痛失数名爱将后异常悲愤，正调动军队络绎赶来，加上西宁等地的回民起义军都已归顺，他自知不敌，而去路已绝，于是派人到三甲集向清军求降。

左宗棠接到奏报后，结合当时清军艰难进剿的战局状况，作出指示：办回之道，不外剿抚兼施，如果回民军诚意投降，应网开一面；但如果反复无常，就要细细查问。他派出已就抚的陕西回民首领陈林、马桂源等人前往查探，直到确定马占鳌诚心归降后，才命人收缴马占鳌部队的兵马、枪械。马占鳌还派出自己的子弟前往安定向左宗棠献马，实际上是送去人质以表示投降的决心，左宗棠自然明白其用意，他认为借马占鳌投降缴兵械之机，正好开展回民的安抚工作，但一定不能重蹈金积堡的覆辙。因此，他只是让他们回去搜缴河州回民军的马械，将马占鳌投降的部队隔离安插，及时送到屯垦之地耕种生产。就安抚一事，他认为若想数十年乃至百年之内相安无事，就不能求速，应从容应对、循序渐进。他先派人到乡民间查验兵械是否已完全上缴，后发门牌立十家、百家长，小范围内允许回民自治，但大的掌控权仍由清军执掌。

通过"散其党，收其权"的方式，左宗棠谋划的管理西北回民的久远之策初步实现，西北地区向着便于朝廷管制的方向转变。

第五节 重创叛军

河州之战结束后，左宗棠于8月中旬进驻甘肃省城兰州，开始准备剿平盘踞在西宁的回民军。

西宁在兰州西面，是甘肃省的一个府治。咸丰十年（1860年），马文义因不堪忍受地方官府的压迫和地主团练的欺凌，率领回民起义，切断了兰州至西宁的交通。后来，马桂源成为这支起义军的首领。同治二年（1863年），马文义率回民围攻西宁府城等处，西宁办事大臣玉通无力镇压，与马文义、马桂源达成"抚议"，解散团练，保举马桂源为循化厅同知。同治四年（1865年），官府借口回民起事，调集兵勇团练大肆杀捕城内回民，马文义组织反攻，起义声势扩大，西宁府属地区大部分被起义军控制。玉通被迫再作出让步，报请朝廷分别任命马桂源、马本源兄弟为西宁知府和中营游击，马氏兄弟实际上掌握了西宁的军政大权。

在马桂源的保护下，马文义率回民军开始攻打各处。同治八年（1869年），回民军进攻威远堡（今青海互助威远）等地，占据平戎驿（今青海海东平安），又派数千骑支援马化龙领导的回民起义，与河州、肃州（今甘肃酒泉肃州）起义军互相支援。同治十年（1871年），马化龙率领的回民起义军投降后，陕西回民军首领白彦虎率众西进至西宁，驻扎在大、小南川一带，与西宁回民军联合。

左宗棠在金积堡战结束后，指示刘锦棠裁遣部分老湘军，在湖南重新募补数营。新募之勇个个身强力壮，诚朴耐战，战斗力强。同治十一年（1872年）7月，刘锦棠率新募湘军回到甘肃，左宗棠立即令他到兰州面商军机。6月初，刘锦棠受命率军进至碾伯（今青海海东乐都），西宁之战正式拉开帷幕。

碾伯和西宁同在黄河上游的支流湟水之上，相距80余里，湟水两岸高山耸峙，中间仅有一条数尺宽的小道通行。回民军在该处山上筑有坚垒，并派兵防守。清军自碾伯进攻西宁，必须先攻克该险要。此次刘锦棠出碾伯，左宗棠嘱咐他以"在此路过"的理由作为掩护，等待时机再行动，不可操之过急。不料刘锦棠刚出碾伯不远，便遭到回民军的迎头痛击。马桂源以"官军激变"为由，调遣各路回民军抵抗。

左宗棠警告马桂源：如果因为清军进剿而煽动回民，那就是自取灭亡，之前的求降也并非发自真心，当地回民军一旦与陕西回民军联合，自己将坚决采取武力行动，决不姑息！

11月，双方再次发生激烈战斗，伤亡惨重。刘锦棠在湟水北岸增建堡垒，并在交战中乘势抢占高处的回民营垒，打死回民军2000余人。左宗棠调兵增援，命刘明镫率骑兵驻扎碾伯西南，保护粮路，使刘锦棠在前线能专心作战；杨世俊等率11个马步营听候刘锦棠指挥，以加强进攻力量。刘锦棠得此保障后，指挥部下用大炮猛轰回民军的堡垒。回民军力不能支，分两路迅速撤退，峡内的回民军顿时瓦解，丢弃的马匹和军械堆积成山，峡谷南北的关隘逐渐失守。

11月19日，刘锦棠进至西宁，回民军首领纷纷投降，部众大部瓦解。次日，西宁城内的数万名难民迎接刘锦棠大军入城。当时城内尚存1000多名回民，刘锦棠令他们全部在原地安居。追随马桂源的回民也陆续逃回，接受安抚。

不肯投降的白彦虎、马桂源则各率一队人马，分别往大通、巴燕戎格（今青海化隆巴燕镇）逃去。左宗棠闻讯，一面命刘锦棠全力北进大通，追击白彦虎；一面调陈湜、沈玉遂从河州率清军西进巴燕戎格，堵截马桂源。同治十二年（1873年）2月初，刘锦棠率军围攻大通，城内回民将与马桂源勾结的马寿等人捆绑献给清军。清军与白彦虎在大通南面的向阳堡激战，清军数十名提督、总兵、副将战死，伤亡惨重，以巨大的代价攻占了大通。白彦虎拒不投降，率领2000人投奔肃州回民军。巴燕戎格方面，陈湜、沈玉遂等人配合刘锦棠包围巴燕戎格，并擒住马桂源等人的妻子，引诱其出降。清军软硬兼施，既派人劝降，又陈兵示威。最后，马桂源率部降清，被押往兰州。陈湜连占巴燕戎格、循化二城，西宁之战胜利结束。

第六节　名扬陕甘

西宁回民军被击败后，肃州成为陕甘回民军的最后一个据点。肃州位于河西走廊西段，是内地连接新疆通道上的一座重镇。同治四年（1865年），马文禄领导肃州回民起义，占据肃州城和嘉峪关，后来虽然受抚，但仍保留了很大程度的独立性。

同治十年（1871年）7月，沙俄出兵侵占新疆伊犁地区，声言要"代收"乌鲁木齐，新疆形势危急。清廷在急令乌鲁木齐提督成禄西出嘉峪关的同时，又命左宗棠派兵驻防肃州。左宗棠听到沙俄入侵的消息，大为惊讶，立即调派原驻靖远的徐占彪率6000人向肃州进发，扼守嘉峪关。

12月中旬，徐占彪经过艰难跋涉，行抵凉州（今甘肃武威），进入河西走廊。同治十一年（1872年）初，徐占彪行抵高台，离肃州300里。马文禄听说大队清军前来，决定率回民军进行抵抗。

3月，徐占彪率军抵达肃州城南30里的红水坝，与马文禄的回民军交战，击退了几千名据险防守的回民军。4月底，肃州的回民军埋伏在城壕内，并派兵抵抗。徐占彪率军在距城10里处迎战，佯装战败，回民军出动全部兵力追杀。半路上清军伏兵杀出，拦截马文禄，但失手未将其擒获。此后马文禄避战不出，只是下令加强守备。

6月11日，关外3000名回民军入关增援肃州，他们在城西南塔尔湾增修壁垒，以阻挡清军。徐占彪得知后，率部攻打塔尔湾，攻破十几座堡垒，并多次打击增援的回民军，斩杀其首领。不过，清军依旧无法攻入肃州城。

7月11日，城内回民军出动几千兵力，从南门排列阵式，向清军步步逼压推进。徐占彪令各营戒备，不得擅自出战，准备待回民军气尽力竭后挥兵还击。回民军推进的速度很快，但在他们到达距清军兵营几丈处时，西边忽然飘来大片黑云，回民军阵列上空雷雹交加，其火器全部被淋湿。在徐占彪的指挥下，清军一鼓作气，奋勇杀出，回民军全线溃退。7月22日，徐占彪率部乘胜将肃州城东北的回民军堡垒全部扫平。接着，清军又围攻朱家堡，攻克堡垒。至此，回民军环城修筑的防御堡垒大部分被拔除。马文禄见肃州回民军节节败退，忙向陕西回民军和白彦虎等部求援，但白彦虎自身难保，只能持观望态度，未派兵支持。而左宗棠则派刘锦棠率兵驰援徐占彪，清军实力大增。

8月，马文禄出城求降，徐占彪认为他并非诚心归降，予以拒绝，并分兵环城驻扎，但因兵力不够，无法合围。徐占彪只得向左宗棠请求增援，左宗棠苦于西宁之战正值关键时刻，不敢轻易抽兵。直到12月，西宁之战已近尾声，左宗棠才令陶生林等率3000人前往援助。

同治十二年（1873年）2月，金顺、陶生林率军抵达肃州城外，帮助徐占彪完成了对肃州城的合围。清军在肃州城外挖壕筑墙，墙外复置木栅，又在几个要点上修建炮台，完全控制了肃州城的出入通道。4月，从西宁败走的白彦虎率回民军抵达肃州外围，计划与肃州城内的回民军夹击清军。清军凭垒而战，防守严密，使回民军无法接触，白彦虎再次出逃，西入新疆。肃州回民军被隔绝在城内，成为一支孤军。

然而，面对固若金汤的坚城，清军一筹莫展。左宗棠不禁感慨，自古攻坚无善策，只得不断增兵，试图将其拖垮。6月25日，清军开始用大炮攻城，徐占彪率军越壕登城，攻占东关。8月初，左宗棠派人携新式大炮前往肃州。此时，清军围攻肃州多日，但始终劳师无功。而关外局势又日趋紧张，急需援军，于是清廷发出上谕，限令左宗棠尽快铲除障碍。

9月10日，左宗棠由兰州出发，亲往肃州督师。抵达肃州后，他巡视城外各军，调整布防，约期会攻。10月5日，马文禄再次派人出城"乞降"，左宗棠判断他并不真诚，依然予以拒绝，只是让他张贴告示晓谕城内的百姓，老幼妇女可免死，诚心投降者可赴营听遣。马文禄的诡计被识破。

10月6日，清军开始攻城，城内回民军顽强抵抗，清军束手无策，骁将杨世俊在此次攻城战中阵亡。左宗棠认为，马文禄如今只剩一座孤城，即使负隅顽抗也坚持不了多少时日；但清军应调整进攻策略，避免造成更多的人员伤亡，可以在城外架设大炮对准城中轰击，并增挖地道。他还使用心理战术，命人每天在肃州城下向城内喊话：告诉马文禄，他的死期将至，好自为之。

10月30日，刘锦棠率湘军5个营的兵力及部分收编的回民军赶至肃州。马文禄自知生路已绝，于11月4日亲自到左宗棠大营投降。11月12日，左宗棠将马文禄等回民军首领诛杀，而后入城，肃州之战结束。

平定河州后，左宗棠在给朝廷的奏章中写到自己的安抚思路及善后工作："以抚局论，分起安置，涣其群，孤其势……觅水草不乏、川原相间、荒绝无主、各地自成片段者，以便安置。"同时，他还根据时令发给种子，令民众耕种，"所需农器及各器具必不可少者，一律酌给"。

他的这些做法得到了渴望和平的百姓的一致拥戴。除此以外，他还在奏章中提到了当时在办理的善后事务，如清厘地亩、编审保甲、分给门牌、安设驿站、修葺城垣与关隘等事宜。被安插的回民得到耕地后，温饱问题基本得到解决，加上西北地区当年降水充沛，粮食收成颇丰，回民在安居乐业之下，反乱之心也逐渐平息。

左宗棠与回民军作战花了整整5年时间，恰好与他当初对慈禧太后的承诺吻合。奔波操劳的戎马生涯本已使花甲之年的他深感力不从心，加上这一时期他家中频遭变故，至亲相继离世，使他悲痛欲绝。

同治九年（1870年）正月，左宗棠年仅33岁的小女左孝瑸殉夫离世。10天后，他的夫人周诒端在湖南家中病逝。左宗棠与夫人相濡以沫，感情至深，他在给友人的信中述说了自己丧妻后的悲恸心情:"春间复抱亡妻之戚,忍哀割痛,以就王事,形未瘁而神已伤。计西事粗定,亦将辞尘界而同归大暮矣。"爱女、爱妻的亡故,让他生出厌世之感,但王命在身,只能强忍悲痛,继续领兵作战。唯一能做的只是写一篇饱含深情的墓志铭寄回老家,以表自己对亡妻的一片深情。他曾在家书中详细询问周夫人的墓穴情况,并感慨自己"未知何日事定还山,一践同穴夙约",其铭文如下:

珍禽双飞失其俪,绕树悲鸣凄以厉。人不如鸟翔空际,侧身南望徒侘傺。往事重寻泪盈袂,不获凭棺俯幽窀。人生尘界无百岁,百岁过半非早逝,况有名德垂世世。玉池山旁汨之澨,冈陵膴膴堪久憩。敕儿卜壤容双椁,虚穴迟我他年瘗。

同治十年(1871年)11月,左宗棠迎来了自己的60岁生辰。清廷降旨赏赐,同治皇帝亲手御书"旂常懋绩"的赞语,并赐尚方宝剑,而左宗棠此时正忙于指挥平定西宁回民起义,还要兼顾军饷、善后等事宜,十分忙碌,而且上年他痛失爱女贤妻,又长期遭受腹泻困扰,来自多方面的打击使他的六十寿辰过得颇为冷清。同治十一年(1872年)夏初,左宗棠正忙于应对肃州的回民起义时,仲兄左宗植在家中去世。收到家书的左宗棠痛不欲生,在回信中说自己与兄长自汉口一别,今生竟再无会面之日。他想起曾经兄友弟恭的天伦之乐,如今怎能不悲伤?为了缅怀兄长，他嘱咐家人将左宗植的遗文稿件誊录副本寄来，他将亲自编次。

接连失去亲人的左宗棠不能在悲痛中沉浸太久，西北还未平定，他必须打起十二分精神。他明白仅靠军队的镇压，是不可能彻底解决问题的，就秦陇大局而言，最终必归于安抚。而安抚的前提是解决流离难民的生存困境，因而他采取适宜的户籍政策、土地安置措施，并创立近代企业，以提升陕甘地区的经济发展水平，既减轻朝廷的压力，也能促进当地经济的发展。

第八章 深谋远虑

就在陕甘地区日渐稳定之时,中国的边疆地区烽烟四起,沙俄出兵侵占新疆伊犁地区,并欲东侵,新疆形势危急。此时的左宗棠已是花甲老人,本该解甲归田、颐养天年,但为了从叛军和沙俄手中收复新疆,他不顾自己年老体弱,毅然投入到收复新疆的战斗中。

第一节 西域狼烟

新疆古称西域,分为南北两部:北部在天山以北,又名北疆,清朝初期为蒙古部落所占,称准噶尔部;南部在天山以南,也称南疆,居民以回民为主。乾隆二十年(1755年)和乾隆二十四年(1759年),乾隆皇帝在维吾尔等少数民族的支持下,先后平定了准噶尔贵族和大小和卓的叛乱,并宣示中外,将西域改称新疆,设立伊犁将军管理此地。此后新疆完全归入中国版图,但因政治不良,官吏贪暴,人心未能稳定。

新疆是多民族聚居的地区,维吾尔族、哈萨克族和汉族等各族群众聚居于此。外有沙俄、英国和浩罕汗国,内有各族王公,新疆各族民众饱受无尽压榨与剥削之苦。两次鸦片战争给中国社会带来的深重灾难,也波及新疆地区,尤其是太平天国运动,不仅波及江宁至武昌的长江流域,也波及新疆地区。

同治三年(1864年),新疆库车、伊犁等地的维吾尔族、回族民众起义,他们打出"官逼民反"的旗帜,声言要伸"百万种冤屈",以求生存。这次起义遍及天山南北,之后新疆出现了伊犁、库车、乌鲁木齐、喀什噶尔(今新疆喀什)、和阗(今新疆和田)五个政权并存的割据局面,这不仅没给各族群众带来丝毫益处,反而为入侵者提供了可乘之机。

同治三年(1864年),喀什噶尔封建主出于战争需要,派人到中亚浩罕汗国请求援助。浩罕自成立汗国以来，便不时向新疆边境骚扰扩张。如今机会来了，浩罕统治者果断派出在政治斗争中反复无常、投机善变的阿古柏及藏匿浩罕的新疆和卓后裔张格尔①之子布素鲁克入侵新疆。浩罕任命布素鲁克为喀什噶尔汗，一切行政权力均由阿古柏执掌，他人不得干预。

同治四年（1865年）1月，阿古柏打着民族和宗教的旗号，率军侵入新疆境内。同年春夏之际，沙俄攻陷浩罕重镇塔什干，浩罕岌岌可危，后来沦为沙俄的附庸，阿古柏便想霸占新疆，建立政权。

同治六年（1867年），阿古柏悍然宣布成立"哲德沙尔汗国"，自封为"洪福之王"。此后，阿古柏用两年多的时间镇压了被侵占地区的群众反抗，将布素鲁克逐出新疆，同时不断向北疆扩展势力。同治九年（1870年）9月，阿古柏攻占吐鲁番，11月又越过天山侵占乌鲁木齐地区。同治十二年（1873年），拒不受抚的陕西回民军首领白彦虎率部逃至新疆，投靠阿古柏，为虎作伥，阿古柏因此更加猖狂。

侵占喀什噶尔等地后，阿古柏安插亲信，掌握军政大权，对新疆各族人民进行极端野蛮残暴的压榨与统治。他每侵占一地，就大肆屠杀群众。侵占和阗后，在该地抢劫、屠杀了五天五夜，5万多人丧生。第二次侵占乌鲁木齐时，更有20多万回民死于

---

① 张格尔（1790—1828）：新疆伊斯兰教白山派首领，大和卓波罗尼都之孙，出生于浩罕汗国。素有政治野心，意图恢复祖先阿帕克和卓时代的神权统治。道光六年聚众叛乱，先后攻占喀什噶尔、英吉沙尔、叶尔羌、和阗等城。两年后兵败被擒，押解至北京处死。

"中亚屠夫"阿古柏的屠刀之下。他在各城征收地税，重用间谍特务，恢复奴隶买卖，横征暴敛，巧取豪夺。在阿古柏的一系列高压统治政策下，新疆如人间地狱，平民百姓愈加贫困，流离失所者遍地。

新疆地处中亚东部，与中亚地区及印度接壤，一直以来都是沙俄、英国争夺的重要目标。在阿古柏入侵新疆的同时，沙俄、英国也在积极推行殖民扩张政策。为了执行"南下"国策，抢占有利市场，沙俄早就想控制新疆，与英国争雄。

当时，英国竭力从印度和波斯湾北上，一方面向中亚渗透，一方面极力阻止沙俄通过中亚向南扩张。而且新疆的喀什噶尔等地是英国倾销商品和印度货物的潜在大市场，也是通向伊犁等市场的门路。因此，英国派使者向阿古柏赠送武器，与阿古柏进行军火贸易和商贸往来，双方狼狈为奸。而沙俄比英国更积极、更疯狂，一方面大肆吞并中亚土地，另一方面从中亚南下，直叩印度大门，将浩罕视为侵略新疆的重要过渡。沙俄也与阿古柏联系，企图利用他侵略新疆。

同治五年（1866年），沙俄边防司令与阿古柏达成互不干涉彼此行动的协议后，双方来往日益频繁。特别是在同治九年（1870年）后，沙俄资本主义迅速发展，资产阶级需要兼并更多的土地来扩展市场，于是把喀什噶尔视为沙俄纺织品天然的销售市场，甚至竭力想把新疆从中国版图中分裂出去，作为沙俄与英国的缓冲地。为了达到这一目的，沙俄在利用阿古柏侵略扩张的同时，又积极策划出兵侵占新疆伊犁，新疆岌岌可危。

伊犁是我国西北边疆重镇，战略地位十分重要。但就西域来说，英法两国都认为伊犁是中国镇守新疆的战略要地。正是因为伊犁具有如此重要的地理位置，使邻近的沙俄垂涎已久。早在19世纪20年代，沙俄就将侵略的魔爪伸向伊犁地区。鸦片战争后，沙俄于咸丰元年（1851年）强迫清廷签订不平等的《中俄伊犁塔尔巴哈台通商章程》，取得在伊犁、塔城设置领事的特权。第二次鸦片战争后，沙俄又通过《中俄北京条约》《中俄勘分西北界约记》强制割占了中国西北部巴尔喀什湖以东、以南44万多平方公里的领土。伊犁暴露在外国侵略者的魔爪之下。沙俄统治者认为，只要侵占了伊犁，将来吞并新疆，侵略中国西北乃至北京，便易如反掌。所以，沙俄在强迫清廷签订《中俄勘分西北界约记》后，便提出把俄国边界向东推移，深入中国准噶尔地区，使之全部纳入沙俄版图。为了达到这一目的，同治六年（1867年），沙俄借伊犁发生起义向清廷提出："西疆情形，本国急欲早就平定……绝无坐视之理。"可见沙俄早已对伊犁地区居心不良，只因受浩罕汗国及镇压多地群众反抗掣肘，才放缓了东侵伊犁的步伐。但速度变慢并不影响沙俄加紧准备入侵伊犁，沙俄政府制订了侵略伊犁的详细计划，并在伊犁沿线加派兵力，寻衅滋事，以期挑起事端。

而这时阿古柏的举动让沙俄如坐针毡：首先，沙俄一直想拉拢阿古柏，让他臣服，阿古柏虽忌惮沙俄，但他贪恋权位，并不想当傀儡，他表面上对沙俄恭恭敬敬，实则处处设防，并羞辱沙俄商团；其次，阿古柏与英国暗自勾结，英国为了商业利益和印度的安全，提供了非常丰厚的军事物资给阿古柏，阿古柏更亲近英国，给予英国的商业利益比给沙俄的多得多；最后，阿古柏攻占乌鲁木齐后，野心膨胀，想要侵占伊犁，这将直接影响到沙俄的利益。

同治九年（1870年），沙俄不顾伊犁为中国领土的事实，竟然逐步侵占伊犁。8月，沙俄派兵侵占了木扎尔特山口，这是伊犁和喀什噶尔之间的唯一通道。11月，沙俄派少数精兵潜入伊犁，窥测地形，刺探军政情报。

同治十年（1871年）春，沙俄增派军队，在靠近伊犁的地区蠢蠢欲动，借口新疆局势混乱，妨碍其边境安全，直接出兵侵占了伊犁。随后，沙俄对伊犁进行了残酷的殖民统治，并以此为据点向东扩张，甚至大放厥词"将代取乌鲁木齐"。侵占伊犁两个月后，即1871年9月，沙俄政府授意其驻华公使倭良戞里向清朝总理衙门上报沙俄军队于7月"克复"伊犁城池，请定如何处置，并以"本国愿将所得伊犁地面交还贵国"来掩盖其久欲窃据伊犁的侵略野心。

在伊犁被占领之前，清廷甚至不知道阿古柏究竟是中国人还是外国人。而在伊犁被侵占后，清廷才开始高度重视新疆问题。外交上，除与沙俄公使交涉外，还派荣全署理伊犁将军，与入侵伊犁的科尔帕科夫斯基谈判收回伊犁。军事上，清廷令乌鲁木齐都统景廉带兵相机收复伊犁，并敦促在甘肃高台的乌鲁木齐提督成禄立即统兵出关，与景廉会合，共同进兵收复伊犁。此外，清廷还谕令淮军刘铭传向西行军，绕兰州北面，由甘肃、凉州、肃州一带出关前进,力图收复新疆各城。

对于左宗棠,清廷除了命他全力平定肃州回民之乱,还根据陕甘总督的职责命他统筹全局,兼治新疆之乱。因形势紧迫,清廷对左宗棠寄予厚望,在谕令中称:"当此事机紧迫,谅该大臣(左宗棠)必能力任其难,以纾朝廷廑系。"面对慌张的朝廷,左宗棠客观分析当时陕甘局势后上奏说,他原计划先设法夺取河湟地区,然后专心西进;现在他认为外国势力狼子野心,形势于国家安全十分不利,应随机应变而不必拘泥、固执。随后,他将原来一先一后的计划改为同时进行,调徐占彪率12个营的蜀军奔赴肃州,提前打通清军西进的通道。

除了军事上的建议外,左宗棠还上书总理衙门,就荣全与沙俄交涉一事提出自己的看法:荣全此去与俄国人交涉,对方必定以巨额军费相要挟。如果他们所求不多,彼此可以明确地界,承诺永不相犯,不妨变通一下,答应下来,使其再无侵扰边境的借口。如果俄国人想久踞新疆,索要巨额兵费,故意为难朝廷,便要多加思虑。因为如果此时委屈自己答应下来,之后若反悔,无异于授人以柄,让对方有借口发兵开战。他认为,国家战乱不断,国外列强环伺,面对如此不利的环境,应与俄国人和平了结伊犁之事,其后应调整边境人员布置,安排精兵驻守。假如俄国人一心想要东侵,朝廷则应收敛锋芒,速战速决,不能持久消耗。

在清廷筹措战备期间,沙俄对新疆地区的侵略更向纵深发展。同治十一年(1872年)3月,索思诺夫斯基带200多人携带武器,假扮商人在中国布伦托海收集情报,随后又在科布多地区绘地图、立标杆，为随后的武装入侵引路。同年11月，沙俄派军伪装成商队偷袭乌鲁木齐，在石河子遭到徐学功率领的当地民团的痛击。

沙俄见军事行动受到阻击，入侵他国领土又落人口实，外交上非常不利，于是便重新打阿古柏的主意。此时的阿古柏见识到沙俄的厉害，已经愿意为俄国人服务。于是，沙俄决定利用阿古柏侵略新疆，一来保证沙俄在新疆的经济利益，二来能通过扶植代理人拿下新疆。同治十一年（1872年）6月，沙俄派参与侵占伊犁的悍将考尔巴尔斯率领使团到喀什噶尔，与阿古柏订立了《通商条约》，一方面承认阿古柏心心念念的政权合法性，一方面则利用阿古柏攫取在新疆南部通商、建立牙行、设置商务专员等权益，使南疆变为沙俄向邻近地区扩大侵略的跳板。沙俄代表在与署理伊犁将军荣全谈判时，不仅避而不谈伊犁交还的问题，反而叫嚣"新疆各处地方，中原若不取，俄国能取"。鉴于此，荣全知其虎狼之心，并将之公告朝廷："逆探其志，不止在要求重币，亦不仅窃踞伊犁，将尽新疆之地皆为己有而后已！"

同治十二年（1873年）1月，清廷在与沙俄谈判的过程中，看到俄国人玩弄手段、拒不交还伊犁并想进一步扩大侵略，认为收回伊犁不能仅靠谈判，必须以兵力威慑，先发制人。此后，清廷决定以武力收复新疆被侵占的领土。

左宗棠对朝廷的态度大力支持，他在上书总理衙门时，表示俄国人长期强占伊犁，清朝官员义正词严地讲明事实，可以打击俄国人的嚣张气焰。另外，他还根据"在理而亦在势"的思想，着重论述了收复新疆的注意事项。

首先,他提出武力出征的必要性。俄国人贪心不足、奸诈狡黠,因此收复新疆必须诉诸武力。但是,当时的钦差大臣景廉兵力单薄,清廷虽在新疆布有重兵,但战斗力不强,诸军并无斗志,无法有效阻止俄国人的入侵,无法倚靠其冲锋陷阵、克复失地。

其次,他谋划了收复失地的思路,认为"欲杜俄人狡谋,必先定回部;欲收伊犁,必先克乌鲁木齐"。即由东向西稳步推进,先稳定陕甘回民,然后以武力收复阿古柏侵占的乌鲁木齐。收复乌鲁木齐后,向侵占伊犁的沙俄侵略者明确宣示"我之疆索,尺寸不可让人",随后遣使与沙俄定约收回,甚至可以支付酬资,尽量不发生直接冲突。如果俄国人奸谋不尽,一心要挑起战争,主客劳逸之势立见分晓,朝廷无论在舆论上还是在战局上都将掌握主动。

再次,就如何巩固形势、加强武力,左宗棠主张"兴屯政以为持久之谋","整齐队伍,严明纪律,精求枪炮",再任命有才能的将领。兵丁团结、士气高涨、粮草方面没有后顾之忧,势必能够转弱为强,制服劳师远袭的沙俄侵略者。

最后,左宗棠说当务之急不在于筹划对付俄国人的方法,而在于精心挑选出关的将领;不在于先索要伊犁,而在于急取乌鲁木齐。精选出关之将,关系到收复新疆的大局,但朝廷当时任用的边疆要员多是满族权贵,左宗棠认为这些人贪图安逸,都不是合适的人选。因此,清廷与左宗棠在选择主将上出现了一些分歧。

同治十二年（1873年），荣全自奉命前往伊犁，因治军不得要领，对局势毫无建树，所以清廷又派金顺出关，诏令左宗棠筹措粮饷运输。当时正是青黄不接之时，若出兵关外恐怕无法保证军粮供应，加上驼队运输的问题也未解决，所以左宗棠建议金顺推迟出兵。恰逢哈密一带被侵扰，清廷再次催促金顺出关驰援，命左宗棠在玉门关筹办粮饷。左宗棠无奈，但还是提出金顺所率部队在陕甘地区作战日久，士卒疲乏，战斗力下降，建议让湖南提督张曜的嵩武军和额尔庆额的马队先行。

　　同年11月，肃州的回民起义平息。清廷认为应趁势分兵西征，于是命金顺带兵速至古城（今新疆奇台），进图乌鲁木齐；额尔庆额率马队随金顺西进；张曜则驻扎哈密，以防外侵；穆图善率马队前往敦煌、玉门关一带驻扎；左宗棠仍负责统筹粮饷、军火等。

　　彼时正值冬季，关内缺粮草、关外缺骆驼，左宗棠将粮草与运输两大难题如实向朝廷呈报，并说明粮草只能运到哈密。

　　同治十三年（1874年），清廷派钦差大臣景廉、帮办大臣金顺在古城会师。此时古城的驻兵仅金顺前锋各营和额尔庆额统领的马队，其余军队则在哈密、肃州等地观望不前。清廷催促左宗棠督办粮运，并派袁保恒以户部侍郎身份帮办，将西安的征粮移至肃州。袁保恒在未与左宗棠商议的情况下，采办了大量驮马车队，准备由肃州向关外供应粮草。左宗棠认为粮台不应设在肃州，清军驻扎在关外，由关内向关外运粮，不仅路途遥远、风险增大，而且劳资重、费时长。加上关外遍布沙漠，驮马车队无法长途跋涉运粮。最佳方案应是雇用驼队，军队就近采运粮草。

这一方案不仅袁保恒不赞成，就连关外的景廉等人也反对，他们纷纷催促左宗棠由肃州运粮。清廷派袁保恒移驻肃州、帮办粮饷转运，实际上是将左宗棠悬置，这一部署人为地为收复新疆增加了困难。当时，沙俄已侵占伊犁长达三年，清廷天天催促进攻，而部队战力问题、粮饷运输问题始终未能解决。

而力求解决这些问题的左宗棠受到各方面的掣肘，他对朝廷委派景廉、成禄等人负责收复乌鲁木齐表示疑虑。在他看来，景廉尽管为人正派，亦有学问，但拘泥于传统，无应变能力，而且景廉倚信之人，多"阿谀取巧，少所匡助，而倚势欺人，时所不免"。

他在写给刘锦棠的信里说，沙俄对侵占伊犁蓄谋已久，景廉、成禄在新疆屯兵数年，却无法收复乌鲁木齐，实在难以让人相信他们能有所作为。在给沈葆桢的信里，他更明确地指出朝廷派出关的将领大都是些愚钝无能之辈，其单薄的兵力早已为俄国人窥破，沙俄将来很有可能再次滋事。

左宗棠看待沙俄侵略者的态度倒与清廷众臣相反，他毫不怀疑清军可以战胜沙俄侵略者。他在写给刘锦棠的信中分析了当时的形势：尽管沙俄窥视西部边疆已久，行动迅速，局势日益紧急，但俄国人不是不可战胜的，因为侵占伊犁的俄军离其国界千余里，假如继续长驱深入，一旦遇到善战的军队，势必无法全身而退。而左宗棠也一再表示自己要与外敌战斗到底，即使年逾六旬、体弱多病，"衰疾日增，恐无生出玉门之望"，他仍以国家和民族利益为重,誓要赶走沙俄侵略者。

沙俄侵占伊犁后,英国更是不甘落后。英国原本认为新疆地形复杂,难以大规模调动军队,但是经过考察后发现,新疆有适合大部队通行的道路,于是英国出于防御沙俄和侵占新疆的考虑,非常慷慨大方地支持阿古柏。

阿古柏自然给予厚报,在阿古柏和沙俄签订《俄阿条约》后,同治十三年(1874年),英国也与阿古柏签订不平等条约《英阿条约》,攫取了更多新疆地区的特权,如英国人可以"购买、出售或租用土地、房屋或货仓",以及拥有领事裁判权等。这样一来,由于阿古柏的入侵和英俄两国的侵略,不仅伊犁地区、乌鲁木齐地区和吐鲁番以西的大片领土被武装侵占,整个新疆都面临着被侵占的严重威胁。新疆危急,将直接影响相邻的陕、甘、蒙古乃至内陆腹地的安宁。因此,新疆民众与外国侵略者之间的矛盾,不仅是新疆地区的主要矛盾,也是当时摆在清廷乃至中国全社会面前的主要问题。

同治十二年(1873年),左宗棠再次经历了失去至亲的痛楚。这年春天,他的次女左孝琪去世。5个月后,长子左孝威也在家中去世。61岁的左宗棠不胜悲痛。上一年左孝威才从老家远道而来,到军营中探望父亲,尽管他当时身体微恙,但回家后尽心调养,有兄弟照拂,身体已经渐有起色。左宗棠万万没有料到,白发人送黑发人的人生大悲竟会接连落在自己身上。悲痛之外,他在家书中嘱咐孝勋、孝宽等子尽心处理孝威的后事,自己则继续奉谕旨督办新疆军务。

第二节　海塞并重

在沙俄、英国对新疆虎视眈眈之际，同治十三年（1874年）5月，日本在美国的支持下入侵台湾，清廷的海防陷入了重重危机之中。

日本侵占台湾，向清廷发起侵略战争，是从处心积虑地逐步侵吞琉球群岛开始的。琉球群岛位于太平洋和东海之间，是西太平洋岛链中连接日本九州和中国台湾的重要群岛。琉球自明洪武五年（1372年）起就开始向中国称臣纳贡，500余年从未间断。从明洪武十六年（1383年）至清同治五年（1866年），共有24位国王接受中国皇帝册封。明万历三十七年（1609年），日本萨摩藩①背着中国，将琉球北部诸岛置于自己的直接控制之下，南部诸岛仍由琉球国王治理。诡计多端的日本人既要琉球向自己纳贡，又不允许其显露出任何日本势力存在的迹象。这一现象一直持续至清朝晚期。当时清廷因为自顾不暇，根本没有余力处理琉球事务。日本乘机强改琉球国王为琉球藩王，将其对外事务收归日本外务省处理，并争取美国承认琉球是日本领土。

同治十年（1871年）年底，两艘琉球贡船遭遇台风漂至台湾，其中"八重山"号获救，45名船员被地方官府和当地居民护

---

① 萨摩藩：正式名称为鹿儿岛藩，为日本江户时代的藩属地。

送到台湾府城;"太平山"号则在台湾南部北瑶湾触礁沉没,3人身亡,66人凫水上岸,其中54人被少数民族居民杀死,另有12人被营救至府城。随后,清朝官员将两船船员由福州转送回国。日本借口琉球船员被杀,向清廷提出抗议,扬言要出兵讨伐台湾。同治十二年(1873年)2月,日本政府派外务大臣副岛种臣为"特命全权大使"赴华,以换约的名义讹诈清廷。

当日本正式禁止琉球向清王朝朝贡时,总理衙门派何如璋前往日本与日本政府进行交涉。直隶总督李鸿章认为,琉球乃弹丸之地,孤悬海外,远离中国而靠近日本,仅为了一个小国的区区贡品而以武力相争,不仅浪费时间,而且毫无价值。在这一主导思想的影响下,清廷任凭日本把琉球群岛划入其版图。清廷本以为这种息事宁人的态度能让日本不再滋事,但历来觊觎中国的日本怎么可能善罢甘休?同治十三年(1874年)4月,日本正式成立了侵台机构——台湾都督府,任命西乡从道为"台湾藩地事务都督"、大隈重信为"台湾藩地事务局长官"。同时准备出动"日进"号、"孟春"号、"有功"号军舰和"三邦丸"号运输船,在台湾布置3900名兵将。后迫于西方势力,日本政府下令军舰延迟出发。但西乡从道抗命不遵,与大隈重信乘"有功"号连夜起航,借道厦门,于5月初在台湾南部登陆,遭到当地民众的顽强抵抗。6月,日军以龟山为基地,建立起"都督府",准备长期侵占台湾。

清廷得知此事后,任命福州船政局船政大臣沈葆桢为钦差大臣,率军赴台湾抵抗日军。左宗棠写信给沈葆桢说,侵略者要想完全占领台湾，必先上岸建立码头。清军可采用水陆并进的方式，两面压制。此外，他还向朝廷建议，除尽快增调步兵劲旅外，各路所调步兵应均归沈葆桢节制调遣，壮其志气，杜绝避祸就福的私心。在他看来，以日本无理侵占台湾和台湾当时的防务而论，清廷处于优势，若清军出兵抗击，必能取胜。

但恭亲王奕䜣、李鸿章等人却依然选择妥协投降，在英、美、法等国软硬兼施的调停下，他们决定与日本签约和谈。左宗棠得知日本在谈判中欲索巨款且久踞台湾后，力主应战，打消日本的无理要求。他坚持认为，在福建备齐兵勇船械后，从水、陆防剿，中方自有战胜的把握，可以一战。但最后清廷还是采取了退让政策，于同治十三年（1874年）10月31日在北京与日本签订《中日北京专约》，赔款50万两，并承认原是中国属地的琉球由日本"保护"。

左宗棠满怀悲愤，在他的认知里，为人臣者应坚守"祖宗疆土，当以死守，不可以尺寸与人"的底线，否则家国沦丧，还有何颜面上对天地社稷、下对黎民苍生？

在日本悍然派兵侵占台湾后，清廷才意识到这个长期被自己忽视的近邻对自己觊觎已久，朝野震动，终于达成了日本是中国最危险的敌人的共识。东南沿海的局势顿时紧张起来，福建、广东、浙江等省因加强防务，经费开支增加，纷纷要求朝廷停缓对西北的协饷，这给西征造成了很大影响。11月，总理衙门为应对紧张的局势，提出加强海防的六条应变措施，即练兵、简器、造船、筹饷、用人、持久，并谕旨各督抚、将军等详细筹议，限一个月内复奏。这次筹议表面上讨论的是如何加强东南海防,实际上凸显了东南海防与西北塞防的矛盾,进而成为清廷对是否出兵收复新疆的意见收集。

到光绪元年(1875年)4月,清廷收到了各地督抚的复奏,意见主要分为三派:一派是以直隶总督李鸿章为首的一批大员,他们主张停西征之饷,撤西征之兵,全力加强东南沿海防务建设。李鸿章甚至上奏朝廷放弃收复新疆,主抓东南富庶之地的安危。他根据新疆与沙俄、土耳其、印度等接壤邻近的地理位置,想当然地认为"今昔异势,即勉图恢复,将来断不能守",并提出了"经久之道"的解决方案,即招抚伊犁、乌鲁木齐、喀什噶尔等地的回民首领,准其自为部落,淡化朝廷对新疆的管辖,即使沙俄、英国各怀鬼胎,将来要兼并新疆土地,朝廷也不必再大兴兵戈。李鸿章认为"新疆不复,于肢体之元气无伤;海疆不防,则腹心之大患愈棘",故而力劝朝廷明辨轻重,撤停新疆兵事,将西征的军饷用于海防。李鸿章放弃塞防的主张在朝廷内有一定影响。光绪皇帝的父亲醇亲王奕譞称赞"李鸿章之请暂罢西征为最上之策"。

另一派以湖南巡抚王文韶为首,认为塞防重于海防,提出要暂缓海防,全力西征。王文韶认为,俄国人侵吞西北,形势十分危急。西北安危与东南局势息息相关,只要俄国人无法在西北得逞,各国就不至于在东南挑起事端,他把重视西北视为加强海防的关键,又提出"我师迟一步,则俄人进一步;我师迟一日,则俄人进一日"。

两派之外的左宗棠既不赞成李鸿章，也不同意王文韶，他认为塞防和海防"二者并重"。当时持这种观点的督抚占大多数。左宗棠在复奏中，陈述了西征部队没有多余粮饷可用于建设海防，还就收复新疆及剿抚政策的实施做了详细说明。他在奏章中首先肯定了所有参与筹议的官员都有公心，为国谋划，然后就形势详加分析。他认为，英法等国"其志专在通商取利"，所以它们每征服一个国家，都"以占埠头、争海口为事，而不利其土地、人民"，因为占得土地后要建城镇、聚百姓、设司法等，耗费过多，英法等国以商贾之头脑在中国取利，必然希望利益最大化，侵占土地的举措在他们看来获利慢且少，因而更为审慎。

对比之下，沙俄对中国领土的侵占企图则明显得多。俄国人窃据伊犁，自饰为"代守"，实际上是垂涎伊犁地区土地肥沃、物产丰饶，欲取之作为其向南、向东侵略的跳板。左宗棠看透了俄国人的虎狼之心后，向朝廷恳切陈词：一旦因建设海防撤停关外防守，白彦虎等流窜的回民军及阿古柏等别有用心之徒，必然骚扰进犯，到那时，关外一片混乱，朝廷也无法自保。与其到时面对更严重的问题，不如现在采取雷霆手段收复乌鲁木齐。

对于海防建设，左宗棠认为"海防之应筹者，水陆练军，最为急务"。实际上，左宗棠一向重视海防，他在闽浙总督任内建议朝廷仿制轮船以自强，便是他重视海防的实际行动，而且福州船政局此时已初具规模。

4月12日，左宗棠再次上《复陈海防塞防及关外剿抚粮运情形折》，其中提到了新疆的重要战略地位。北京外有蒙古和新疆蔽卫，而蒙古与新疆唇齿相依。重视新疆是为了保护蒙古，保护蒙古则是为了捍卫京师。反之，若新疆有失，则蒙古不安，不仅陕西、甘肃、山西数省将直接面临外来威胁，直隶、京畿等地也将永无安宁之日。国家的政治中心不稳，海防再坚固又有何用！他建议朝廷在处理新疆问题时要考虑周全，为社稷、子孙着想。

除左宗棠外，一些地方督抚也指出西北局势的危险性与西北地区的重要性。山东巡抚丁宝桢认为："各国之患，四肢之病，患远而轻；俄人之患，心腹之疾，患近而重。"江苏巡抚吴元炳也把沙俄视为心腹大患，他说俄国人久占伊犁不还，又肆意蚕食黑龙江边地，可谓欲壑难填，大有日益逼近之势。因此，他认为眼下最应该担心的莫过于沙俄。

左宗棠在奏章中，针对撤停塞防、增加海防用饷等观点逐一进行了分析。对于海防应筹之饷，左宗棠认为应充分依靠福州船政局，减少对外国船只的依赖。对于停撤塞防之饷匀作海防之饷，左宗棠认为，如果海防的形势比塞防更加紧迫，且西北军之饷比海防更充裕的话，尚可如此。但当时西北军开支日增而各省协饷日减，积欠数额巨大，因而官兵的饷银每年只能发三个月便入不敷出。同时，若此时停兵节饷、自撤藩篱，则我退寸而寇进尺，不仅陇右局势堪忧，中国北部边境恐怕也不能安宁。可见停兵节饷对海防未必有益，对边塞则大有妨碍。

他劝朝廷明辨利害，深思熟虑后再审慎处理。对于当时朝中议论的"新疆无用""得不偿失"及喀什噶尔"将来恢复后能否久守"等问题，左宗棠认为，乌鲁木齐和阿克苏以西土地肥沃，水源充足，物产丰富，是新疆的富裕地区，是所谓的"富八城"；乌鲁木齐和阿克苏以东虽然地势高寒，多山川戈壁，但也绝非无用。因为新疆南、北两路，北部地区可以控制南部地区，一旦收复天山北路，就可以收复天山南路。收复新疆后，如果妥善取用那里的资源，足可供养在新疆分屯列戍的军队；还可以兴办兵屯和民屯，从内地移民充实西部边疆，逐渐改穷变富，稳定新疆一带。至于喀什噶尔能否久守，要等收复乌鲁木齐后察看情形，详为筹划，才能定议，不能先将已经出塞及尚未出塞的各军一概停撤。左宗棠坚信，无论此时兵势强弱，只要调度有方，剿抚兼施，粮运并筹，西征就一定能够取得胜利。

在清朝大臣为海防和塞防争得面红耳赤之际，列强也通过各种手段干涉清朝的重大决策。英国人为了自己的利益，宣扬新疆无用论，制造各种舆论，影响朝廷决策。比如，游说李鸿章等海防论者，说塞防无关紧要，海防最重要，如果西征，海防建设将无钱可用。此外，他们秘密获取了清廷有关塞防和海防争论的全部奏折，经过研究发现，清廷西征最大的困难是缺钱，于是英国鼓动各方列强不许借钱给清廷西征……

在是否收复新疆的问题上，左宗棠与李鸿章两人意见相左。鉴于他们二人地位相当，清廷不能不重视他们之间的争论。加上同治皇帝刚去世不久，新登基的光绪皇帝受慈禧太后控制，并无主见，只能听凭摆布。

军机大臣文祥在大臣中威信很高，在新疆问题上，他站在左宗棠这边，在军机处会议上力排众议，主张对新疆用兵。他认为，如果西寇数年不剿，任由其发展壮大，破关而入，不仅陕甘内地震动，就是蒙古诸部落也有可能叩关内徙，京师必然朝不保夕。如果海防进一步危急，陆海两面受敌，大清危矣！因此，他主张先解新疆燃眉之急，等塞防基本稳定后再认真从事海防建设。况且左宗棠手下的陕甘诸路军都是身经百战之师，如果乘锐出关，向未经大战的侵略者展开进攻，收复乌鲁木齐指日可待。文祥的明确表态，使左宗棠的主张在朝廷内占据了上风。左宗棠的个人主张也随之变成清廷的官方意志。

左宗棠上奏20天后，清廷发出600里加急谕旨，称左宗棠奏折所见甚是，命他以钦差大臣身份督办新疆军务，全权筹兵筹饷、指挥军队。同时，根据左宗棠的意愿，清廷仍命金顺帮办新疆军务，将毫无应变之才的原乌鲁木齐都统景廉及西征粮台督办袁保恒调回京城。

海防与塞防的大辩论虽然是以防务为内容，但实际上关系到反对侵略、维护国家领土主权完整和民族尊严的根本问题，这一中国近代史上的重大事件，对中国近代历史的发展有着深远的影响。在这次辩论中，左宗棠据理力争，充分阐释了自己塞防与海防并重的主张，不仅表明了加强海防的重要性，更论述了塞防的迫切性。清廷最终以左宗棠为西征统帅，也为西征的胜利打下了基础。

第九章 跃马天山

年过六旬的左宗棠被清廷任命为西征统帅,这使他内心生出无限感慨。令他欣喜的是,朝廷终于做出了收复新疆的正确决策,而不是一再退让、任人宰割。让他陷入深思的是,朝廷将这一重任托付给他,他能否胜任?他知道,此后新疆乃至大清的命运将取决于他个人的决策,体弱垂暮的他必须义无反顾地以实际行动去争取成功。

第一节　整军备战

收复新疆不但直接关系到中国的领土完整、国家统一,而且影响清王朝在政治、军事、经济、外交等多方面的长远利益。鉴于新疆地处边陲、交通不便、人烟稀少、产粮不多等客观现实,左宗棠决定前期投入更多精力用于战前准备。从光绪元年(1875年)5月起,他在将近一年的时间里日夜操劳,为西征新疆筹措兵员、装备和军饷,并积极组织粮运工作。

在组调西征军时,他尤其注意精选能将,筹调军队。他认为,带兵打仗要先择将后募勇,先有将领后有营官,先有营官后有百长、什长、散勇等。因而,他提出"兵之用在精,兵之精在将"的观点,把选用能将作为重中之重。

他认为:将领用兵前应先察看地势,对比双方情况,而后扬长避短,这样才能有所把握;战后对待功过时,"过则归己,功则归人,以策后效,以励将来,可常胜而不败";将领之间应和衷共济,以诚相待,彼此有话直说、有事实干,如此才能拧成一股绳,齐心协力共赴西征战事。正是基于这一考虑,左宗棠最后组成了以他本人为主帅,以金顺、刘锦棠、张曜、金运昌、徐占彪等为得力干将的西征军。

左宗棠早先在给朝廷的奏章中曾评价金顺不稳重,但依然能看到他身上无嫉妒之心、顾全大局的优点,因此仍建议朝廷由他帮办新疆事务。

刘锦棠是左宗棠最器重的人物。同治十年（1871年），刘锦棠在湖南湘乡休假期间，左宗棠写信给他说："阁下假期将满，希望你马上挑募数千兵勇，于9月率部西行，此事至关重要……我本打算等收复黄河、湟水后便乞病还湘，现在西边战事正酣，实在无法舍家国大业而去，当与俄国周旋，向朝廷推举可接替之人，为以后谋划，想必你能明白我的用心。"

左宗棠当时的意图是想让刘锦棠提前筹划，甚至在将来接替自己率军西征。光绪元年（1875年）4月，左宗棠向朝廷陈述自己年衰久病，对西征心有余而力不足。他推荐刘锦棠率老湘军从征，并总理行营事务，作为中军与金顺会合，承担收复新疆的主要任务，并称赞他"英锐果敏，才气无双，近察其志虑忠纯"。

左宗棠手下的另一员爱将是张曜。张曜在河南固始办团练起家，咸丰初年因智退捻军有功而受到钦差大臣僧格林沁[①]赏识，后又以御捻护城有功被咸丰皇帝赐号"霍钦巴图鲁"。加入清军后，他担任固始知县，因抵御李秀成围城立功，在咸丰十年（1860年）晋升为知府，此后晋升为道员。次年，他在汝宁（今河南汝南）大败捻军，因功晋升为河南布政使。此后，他长期率军转战于河南、河北、山东。尽管战功赫赫，但他还是被御史刘毓楠以"目不识丁"为理由弹劾，降为总兵，仍归僧格林沁节制。自此，他发愤读书，并镌刻"目不识丁"四字印，时刻佩

---

① 僧格林沁：晚清名将，贵族出身，善骑射，被清廷称为"国之柱石"。参与镇压太平天国、反击英法联军等战争，军功卓著，后被捻军击杀。

戴在身以自勉。

同治年间，张曜督师抵抗捻军及太平军，多次获胜，所部被人称为继湘军、淮军之后的又一支劲旅。左宗棠也认为他文武兼备，所部嵩武军"踊跃用命"，于陕甘等地作战，功劳颇多，于是派他为前军赴哈密驻扎，后又让他随刘锦棠出战，以壮军威。

金运昌也是左宗棠倚重之将。他少时因遭匪乱与家人离散，被凤阳总兵郭宝昌之母曹氏收为养子，成年后入伍为守备，跟随郭宝昌征讨捻军，因屡立战功，由游击、总兵晋升为提督。同治年间，郭宝昌选派金运昌代为率领部下调防绥德，与刘锦棠部围攻金积堡回民军，金运昌奋不顾身，几番苦战后，终于将回民军击溃，回民军首领马化龙等率众投降，清廷论功赏赐其黄马褂。左宗棠说他西征志坚，部下皖军"好勇尚气"，吃苦耐劳，因此专门上折奏请将他调到关外，负责乌鲁木齐的后路，以便刘锦棠部无后顾之忧。此外，左宗棠选拔的得力干将还有徐占彪、易开俊等，皆是能独当一面的名将。

基本完成新疆西征军的人员调派后，左宗棠又奏请刘典帮办陕甘军务。左宗棠说自己督办新疆军务后已感觉不堪重负，对于最重要的粮饷之事已分身乏术，向朝廷请派与他长期共事的刘典赴兰州帮办陕甘军务，以保障后勤供应，保证军心稳定。

在选定得力干将的同时，左宗棠还着手精选壮丁，裁汰冗杂。精兵除了能提高作战效率，还能节饷减粮。当时关内外诸军冗杂疲弱已极，对西进新疆作战十分不利，左宗棠决定对西征军进行整顿。

原乌鲁木齐提督成禄违抗将令,消极应战,长期在甘肃境内滞留,部下的17个营两三千士兵在当地作威作福;原署理陕甘总督穆图善部下的4个营虚额众多,而且纪律废弛,战守尚且不足依赖;钦差大臣景廉所率34个营实际上只有半数,师无纪律,士无斗志;原乌里雅苏台将军金顺所率21个营实际上也不过半数,而且人员混杂,有很多是在沿途收补的散兵游勇;哈密办事大臣文麟的4个营中,虚额高达1400名。靠这样的部队与俄军作战,是绝对不可能取胜的。

为了确保西征成功,左宗棠不惜得罪满族贵族,他大胆上奏,劾罢成禄,调走穆图善、景廉,并将各部士兵大加裁汰。其中,成禄部只剩3个营,穆图善部、文麟部全部遣撤,金顺、景廉二部合并剩40个营,以后又裁去20个营。这些部队精简后,只剩23个营。在裁汰属下军士营制的同时,左宗棠对自己所统各部也进行了裁减,所部180余个营共裁去40多个营。经过裁汰,西征军最终达到了他所提出的"兵贵精实之义"的目标。

在裁整部队的过程中,左宗棠很尊重官兵个人的去留意愿。由于入疆作战十分艰苦,他不愿强迫部下勉强出关,以防将来作战中畏苦生变,所以规定凡是不愿出关西征的,一律遣资回籍。经过官兵们的自主抉择后,左宗棠的部队基本定型。裁剩的官兵都自愿西进,士气高涨,对他们进行纪律约束也比较容易。最后,经过严格裁汰后的西征军总共121个营,将士、夫役共8万多人。

军队战斗力的强弱,除了有好的将领外,还必须练士卒、严纪律、精枪炮。左宗棠认为,兵之能战不能战,主要看其训练是否精细。要想提高军队的战斗力,只有平时加强训练。他曾在家书中把带兵打仗比喻为应科举,说:"在家读书、作诗文、习字,是平时治军要紧功夫,而接仗不过如入场就试耳。得失虽在一日,而本领长短却在平时。"他在日常文件中也说:"训练二字不可偏废,练其技艺,一可当十,到临阵时自然所向无前。"

练兵的要领,首先在练心,其次在练胆,而力气与技巧在这两者之后。因此,左宗棠练兵重在练心养气,主张用忠信孝悌、礼义廉耻的伦理观对兵丁进行道德教育,使人人知道理、有志气。同时,他又把练心养气与培养勇气结合起来,久战沙场的他对于勇气在战场上的重要性深有体会,认为训练有素的士兵不如久战之兵,原因就在于没有练胆。

军队纪律也直接影响军队的战斗力,而军队纪律的养成在于平时的训练和严格要求。为了加强纪律,左宗棠极力倡导勤劳俭朴,以保持和发扬士兵吃苦耐劳的本色,戒除不良恶习。

在西征军驻地,他与部下营哨各官每天巡行省视,对士卒进行慰问、劝勉,并带领士卒在没有战事时放下刀枪,耕作务农,种植五谷及蔬菜。农事的闲余时间则广开沟渠、兴修水利以求永利,建筑堡寨使劫后余生的人民安居乐业,给予耕具、种子以救济贫苦百姓,官道两旁种植垂柳、榆杨以荫蔽行人。

左宗棠本人出身农家,也自称"湘上农人",其亲军也都是农民子弟,他以身作则,"出队则整旃荷戈,收队则挥锄负耒",数年如一日,并视之为理所当然。

此外，左宗棠还颁发《行军必禁》，要求部下严格遵守。如犯奸掳烧杀者，查明后立即斩首，决无宽宥；严格禁止聚赌、酗酒、私出营盘、聚众盟会、妄造谣言、强买民货等行为。

西征军出关作战的对象主要是阿古柏匪帮，但也有可能要与沙俄军队作战。阿古柏匪帮的武器装备主要来自英国，比较先进；沙俄军队更装备了一流的近代枪炮。为了尽量缩小双方在武器装备上的差距，甚至争取一定的优势，左宗棠对出关作战部队的轻重武器进行了调整。

当时西征军配备的新式武器参差不齐。此时的清朝正处于冷兵器和热兵器、新式武器和旧武器在战场上混合交替使用的时期。左宗棠一方面委托买办胡雪岩在上海向洋行采买军械枪炮；另一方面，又命令兰州机器局加紧为西征军赶制枪炮，制造弹药。他调派精通兵器制造的总兵赖长总理局务，从广东、浙江招聘技术工人。该局具有制造多种炮弹、枪弹，改制劈山炮、抬枪，仿制部分德式后膛枪炮的能力，所造枪炮弹药在西征中发挥了一定作用。

经过左宗棠的一番整改，西征军已经具备了较强的战斗力，在西方人眼中接近一个欧洲强国的军队。但支撑这样一支精良部队入疆作战，必须有充足的军饷保障，否则必受掣肘。所以，左宗棠在组建西征军时，特别注意筹饷。

西征部队8万余人，每年需饷银600万两，加上西征粮运每年又需200多万两，共需800多万两白银。当时，西征军饷由各地每年协饷820余万两，但各地并没有照额解送，到同治十二年

（1873年）11月肃州之战结束、西征开始时，各地积欠陕甘军费高达1796万两。

左宗棠在"饷源日绌，待用甚急，大局难支"的情况下，找来胡雪岩，向他问策。

胡雪岩对左宗棠说道："左帅，前些日子已经向朝廷要过饷银，而国库的情况想必您也知道，这银子最终还是要靠我们自己想办法啊。"

左宗棠自然知道所谓"国库"已形同虚设，常年的战争和满族贵族的挥霍，早已掏空了大清的国库，于是他说："我自然知道。前些日子各省商人尤其是晋商还向西征军捐款，又提供了不少借款，只是还是不够啊！"

胡雪岩也有些为难，因为他知道左宗棠心中其实已经有了对策，于是他挑明了说："当今之计，只有向英法等国借款了。"

左宗棠眉头一皱说："这也是唯一的办法了。可是英国已言明，不会帮助朝廷西征，又已知会了其他几国不可参与，为之奈何？"

这难不倒胡雪岩，他向左宗棠建议，可以动员一批商户，在上海大肆发布消息说，英国人不借，德国人、美国人、法国人可以借，只要利息给足，必然能借来银子。

左宗棠叹了口气，只能采用胡雪岩的办法。果然，胡雪岩在上海的造势，让其他几国蠢蠢欲动。英国人见清朝西征已成定局，也不可能为了阿古柏与清朝彻底决裂，因此英国人最终高利息借钱给清朝，两国的关系也有所缓和。胡雪岩又向华商、洋商筹借100万两（后期借了将近2000万两），又让湖北后路粮台道员王嘉敏向汉口各商筹借10万两，以资接济，待将来收到各地的军饷后陆续抵偿。

这时，由于日本侵占台湾，沿海各省以海防告急纷纷向朝廷上书暂缓西北军饷，西征大军的收入减少，每年实际只有200多万两饷银。这些钱仅够为西征军运输粮草，官兵的饷银没了着落。

作为主帅，左宗棠为此焦虑不安。同治十三年（1874年）11月，他从全局出发，奏请朝廷允许胡雪岩向洋人借款300万两，由江苏、广东、浙江三省分三年偿还。光绪元年（1875年）9月下旬，左宗棠又奏请朝廷，恳请让户部和各省拨140余万两作为出关粮运专款，恳请朝廷谕令各地不要再延误协饷。

之后，左宗棠还提出了增辟饷源的具体措施：一是盐斤加价。针对这一特殊时期的特殊举措，他说，除福建省需加强海防、直隶已准备加价外，江苏、浙江、四川、广东应照办，若每斤盐加价两文，由各省代收并作为饷银解送，或许可以稍作弥补。等到海防戒备解除，各省协饷不缺后，由各省自请停止，恢复原价。二是改革茶引，疏通商务，增加收入。三是发行为期两月的三联银票。四是屯田，收入归己，以减轻缺饷压力。

在左宗棠如此绞尽脑汁，据理力争又近乎乞求的情况下，同年11月，清廷谕令浙江、四川、湖北、山西各提银7万两，福建、广东、河南各提银6万两，江苏提银5万两，安徽提银4万两，湖南提银3万两，山东提银2万两，凑足60万两。对于以前拖欠的协饷，清廷要求各省、关一年内先清偿一半，其余一半饷银按月设法措解,俾资接济。

左宗棠如火烧眉毛,心中不免迁怒于李鸿章、沈葆桢等东南督抚,认为他们从中作梗,故意让自己难堪。他不惜与李鸿章唇枪舌剑,与昔日好友沈葆桢撕破脸。双方针锋相对,言语尖刻,朝中一时舆论再起。最后,左宗棠终于想出了制服拖欠协饷的绝招。

光绪二年(1876年)1月,在西征军整装待发之际,左宗棠上奏朝廷说"饷源涸竭,局势难支",既然决定不撤西征军队,必须增加出塞之师,筹措塞外的粮运、屯垦。眼见经费较之以前日益增多,而各省、关应协西饷却逐日减少。甘肃之地的贫瘠困苦可谓天下第一,当地无处筹饷,所以专盼各省接济,而各省的大部分厘金又被海防尽数占去。因此,他奏请朝廷允许他照沈葆桢之前筹办台防借款1000万两,年息8厘,分作10年筹还的办法,允许借洋款1000万两,仍归各省、关应协西征军饷分10年划扣拨还,以济急需。他在奏章中进一步指出,目前西征的军火、弹药、粮食、柴草虽略有储存,但行饷无法保障,如果后路无饷接济,后果不堪设想;另外,出塞作战的成败不可预知,即使事机顺利,也要以新疆2万里辽阔之地进行长远规划,比起7000余里的海防线,任务更重,时间、速度都无法预计。他表示自己打算暂时筹借洋商巨款,实在万不得已。

左宗棠的要求一经传出,立马遭到两江总督沈葆桢的强烈反对,最后清廷只得折中处理,同意左宗棠向洋人借款500万两,户部拨给200万两,各省、关提前拨出西征协饷300万两,共凑足1000万两。

接到这道上谕后,左宗棠跪诵再三,大喜过望,不禁老泪纵横。

清廷破例采取这些措施,对西征产生了重大影响。在左宗棠看来,国家的重大政策逐渐明朗,清廷此举表明它是重视塞防的,并在行动上有所表现。这些措施也鼓舞了西征军将士的士气。西征军将士得知朝廷的这一谕令后,欢声雷动,士气高涨。

然而,由于各省、关入不敷出的窘况有增无减,靠各省、关协款的西征军饷再度变得困难起来。8月中旬,左宗棠上奏陈述军中困境:如果各省仍置之不顾,到9、10月,部队又将悬釜待炊,不胜焦灼!他让上海、湖北、陕西各台以高息借华商110万两暂资接济,要胡雪岩订借洋款,同时请朝廷催各省、关迅速提解饷银。但是,直到光绪三年(1877年)5月,各省、关协款不足30万两。此时正值西征军连克吐鲁番三城后准备向西挺进,左宗棠上奏朝廷,新疆南路战局顺利,盼饷正切,自己筹措无方,除暂请部库存银,实无更好办法,请朝廷再次破例拨库存银。但清廷这次没有同意。左宗棠除向各省、关催解协款及向各地华商按洋款办法息借外,不得不忍痛借用洋款。

从同治十三年(1874年)至光绪七年(1881年)的7年多时间里,左宗棠共向华商借款846万两,向洋商借款1375万两,总计借款2221万两。①

---

① 统计数据见《刘崐与晚清著名历史人物》,第183页。

多年来，为筹措西征军饷，左宗棠饱尝艰难，事后尤为心寒。刘锦棠后来统筹新疆军务，谈到筹饷时也感慨地说："不虑兵机之迟钝，而忧饷事之艰难。"而除了军饷，粮草也是身为西征军主帅的左宗棠要面对的另一个难题。

第二节 疏通粮道

兵马未动，粮草先行，这是历来行军打仗的重要原则。西征军出关，战线长达数千里，部队要经过沙漠戈壁，翻越天山峻岭，军粮采集和转运的困难远非中原作战所能比。因此，左宗棠一再指出，及时解决西征军的粮运问题，是西征制胜的关键所在。

同治十二年（1873年）年初，清廷在命金顺率军出关时，就要求左宗棠筹集粮草军火，毋令缺乏。年末，清廷要求左宗棠乘肃州战后之势催促各军出关，令左宗棠统筹全局军事，同时负责西进所有出关官兵粮饷转输及采买事宜。

西征的目的地是新疆，如果能沿途就地采办粮食，不仅省时省力，还能节省大笔开销。但当时新疆绝大部分地区都在俄国人和阿古柏的控制之下，清廷仅控制着哈密、巴里坤到古城一线，而且由于兵乱频繁，这一带民生凋敝、田地荒芜，流民住户仅数百户，所产粮食甚至无法满足自身需要。而西征军有121个营，共计8万多人，每月仅食粮就要390多万斤，全年平均4680余万斤。① 加上大批骡马的饲料，所需粮草数量之大可想而知。采办如此多的粮草，无疑是一项艰巨而繁重的任务。清廷敕令左宗棠从关内筹划。

但是，这个"筹划"同样不易。甘肃作为新疆的后方，在甘肃筹粮面临的困难也很多：

一是自然地理条件差，这里海拔高、温度低、降水少，暑少寒多，物产稀缺。

二是战事连年不息，民众饱受摧残。靠近新疆的河西走廊向来被称为"塞外江南"，可战乱后人少地荒，这一现象在关外的安西（今甘肃酒泉瓜州县）、玉门、敦煌尤其严重。自回民军起义以来，普通百姓困于战乱扰掠，又苦于军队的长期捐摊。战乱后人口流失严重，仅存十分之三四的劳力，原先肥沃的土地大半荒废，无人耕种。

三是驻军云集，需求已远远超出当地的供应能力。当时有人主张加价收购，但被左宗棠阻止了。他说此地本就民力凋敝，只能在保证民食的前提下订买粮食。将所有民粮都用作兵粮，无异于杀鸡取卵，后继的军粮也就无从谈起了。他主张"要筹军食，必先筹民食，乃为不竭之源"，因此他宁可舍近求远，也不准部下贪图近便，过度收购河西走廊的粮食。

与此同时，他还向沙俄购买了500万斤粮食（后期又买了1000万斤）。光绪元年（1875年）6月，沙俄军官索思诺夫斯

---

① 所引数字皆出自《左文襄公全集·奏稿》。

基一伙到达兰州，向左宗棠提出如果中国需用粮食，可代为办理，送至古城交收。经过一番交涉，双方订立了合同。按合同要求，沙俄从斋桑湖（在哈萨克斯坦东北部）等地购买粮食，雇骆驼运到古城，每百斤的粮价和运输费用共计7两5钱；光绪二年（1876年）1月和5月各运交一半；粮银在粮食运到古城后两三个月内交清。索思诺夫斯基还向左宗棠承诺，若当地粮价不高，沙俄将尽力降低每百斤粮食的定价。对于这些合同约定，俄方明确了"言不失信"的态度。当时西征军急需的就是粮食，所以当索思诺夫斯基兜售粮食并主动承诺愿驮运至古城交货时，左宗棠将此视为意外收获。

然而，索思诺夫斯基回国后就变卦了。他写信给左宗棠说粮食收成不好，又说骆驼数量不够，想借机抬高价格。他不仅将所谓"言不失信"的减价允诺抛诸脑后，还无法按照约定时间交粮。

后来，这批粮食如数运到古城，价格虽比从关内运去低，但比古城当地粮价高出三倍之多，索思诺夫斯基从中诈取了巨额利润。不仅如此，索思诺夫斯基一行还包藏祸心，想借卖粮之机考察从西伯利亚到中国西南最便捷的道路上的自然、商业和政治情况，为沙俄制定侵略扩张政策提供第一手资料。他向左宗棠卖粮时，提出湖南茶叶由湖北经甘肃径直抵达沙俄的新通商路线，不再经过天津、张家口等地。他还想借卖粮之事向左宗棠施加压力，使其同意发给俄商执照，同意俄商到古城、巴里坤、哈密等处买卖货物，造成通商事实，便于以后强迫清廷订约。俄国人甚至想要通过驮运粮食,详细探查沿额尔齐斯河谷经布伦托海到古城一带的情况,以便将来使清廷接受将这一地区划出,调整双方的边界线,在事实上占领额尔齐斯河河谷地带。

索思诺夫斯基在卖粮背后隐藏着如此多的不轨图谋,所幸左宗棠没有因买粮而陷入俄国人的圈套,而是让俄国人的利己政策为我所用。当索思诺夫斯基借口驼只不够抬高运价时,左宗棠去信叮嘱金顺,不必一定要俄粮接济,可自己设法采运。他在识破俄国人背后的企图后,回绝了索思诺夫斯基的办粮请求。不久,他在给沙俄政府的信件中更明确宣称:一到秋天,我方自可就近采买转运,以供军食,贵国的粮运可以停了。对于沙俄让俄商到古城等处售卖货物的请求,左宗棠一方面向索思诺夫斯基明确指出此事难以实行,希望俄商不要轻率行事、徒劳往返,另一方面严告张曜,俄国人想趁机通商互市,如果俄商不等回复便到达哈密,应予驱押出境。由此可见,左宗棠虽然需要向俄国人买粮来缓解西征粮运的困难,但他在涉及国家利益的原则问题上仍寸步不让,有礼有节地打消俄国人借机渗透的企图,维护了国家利益和民族尊严。

除了加紧采购筹办粮运外,左宗棠还积极实施屯田,解决粮食问题。根据历代行军打仗的经验,左宗棠认为"历代之论边防,莫不以开屯为首务",军屯可以使军队粮食部分自给,民屯则可以促进农业生产的恢复,成为军粮的不竭之源。他总结历代屯田的经验后指出,屯田开荒或实施于用兵之时,以减少军粮运送;或实施于战事平定之后,以求长治久安。在新疆用兵屯田,是自古以来的传统,其出发点在于节省粮运成本。

同治十三年(1874年),左宗棠命张曜率嵩武军在哈密驻扎。他让张曜率将士开垦该处荒芜田地,以增补军粮。随后,他又派军队在巴里坤、古城等地屯田。他指出,屯田要想得到实效,首先,要有好的领导,并且要有相应可行的措施。比如每日出队耕垦,在耕过的土地上插旗帜,以便区分勤惰;每个哨可雇用1~2名本地农民,以便咨询土地适合耕种的作物及种植方法;种子须就近采买,或用粮食去换;至于畜力,如果牛的数量不够,可以用骡驴代替,骡驴也没有的话,则用人力代替,三人一犁,每日也可犁地数亩。其次,屯田要"照粮给价,令勇丁均分",这样一来,勇丁有利可图,自然尽力耕种,"营哨官出力者,存记功次优奖,否则记过"。

左宗棠将以上措施视为"兵屯要策",在总结其积极意义时,他指出这样做有四个好处:其一,各营的兵勇吃官粮、种私粮,于正饷外又能卖粮获得一定收入,于个人有利;其二,官府节省了军粮转运费用;其三,将来流亡在外的百姓返回恢复生产后,可免开荒之劳;其四,屯田能锻炼士兵吃苦耐劳的品格,使之打仗更有力气、体格更加健壮,同时避免他们闲久了生出事端。为了提高屯田的效益,左宗棠还特别重视水利建设,因为"开屯之要,首在水利"。他考察了西北的土壤环境后,认为此地多沙渗水,应用毡条铺底设渠。张曜在哈密屯田修水渠时,左宗棠命宁夏河湟各郡并力购造万条毡条备用。100多年后的今天,在石城子水渠还可以看到当年用毡条铺底的痕迹,这是左宗棠有益当时、造福后代的历史功绩的见证。

在左宗棠的倡导和支持下，哈密屯田取得了很好的成绩，仅张曜一军就垦田1.9万多亩，次年（即1875年）就收毛粮5166石，可满足张曜嵩武军四五个月的粮草需求。

左宗棠在屯田筹措军粮的同时，也很重视为民粮筹划，且将其视为筹军粮的前提。在他看来，二者关系密切。为了筹民粮，他采取了一系列措施：一是兵屯带动民耕，兵屯在保证不侵犯当地百姓利益的前提下，或发给种子、划出地亩，或雇用当地农民当值，随同兵屯耕种，使之自食其力。二是任用廉洁能干、吃苦耐劳的人分地督察，避免兵勇扰害当地农户，划清军粮与民粮的界限，尤其是在银粮出纳方面。

左宗棠认为，只要认真施行这些帮助、保护当地农户基本利益的政策，闻风而至者一定会多起来，政策也就容易推行下去。对于这些措施的积极影响，他在写给张曜的信中说："年丰谷贵，则人获务农之利；地辟民聚，而军食可充，就近可采，所省脚价无算，则亦国家之利也。"

光绪元年（1875年）9月，左宗棠拟在哈密军民屯田里照市价购粮3000石。次年5月，西征军大举出关时，由甘肃和归化、包头、宁夏三路运粮已达4000余万斤。10月，左宗棠上奏朝廷，以"上年古城、巴里坤办理屯垦，商农云集"，加上当年雨水充足，幸运地获得了中等收成；官兵连下数城，缴获了不少敌人储存的秋粮，暂时可以解决前线军粮问题，奏请归化、包头、宁夏三局停止采买，并表示"阜康之后的军粮，自可就近采办"。这表明西征的军粮筹措已经取得了重大成果，并已由关内采购逐渐转为在关外就地采购。

左宗棠之所以重视屯田和就近采买军粮，就是因为从关内运粮，运输极为困难。首先是关内到新疆路途遥远。由甘肃凉州经甘州（今甘肃张掖）、肃州（今甘肃酒泉）到安西有1460里路程，再由安西越哈密到巴里坤、古城途经26站，总计约1987里。也就是说，粮草由凉州到古城全程近3500里。

其次是道路难行。由凉州到肃州，再由肃州到古城，路途遥远，又多戈壁，车队、驼马都要有足够的水草柴薪保障以便进食休息，但沿途台站少，无水无草，还要翻越天山，来回要耗费80余天。如果遇上酷暑寒冬等恶劣天气，道路之难行可想而知。这也导致运费极为昂贵。

为了切实解决粮食运输过程中的种种困难，左宗棠采取了一系列卓有成效的措施：

一是广设粮运台站。除将原设的上海采办转运局、汉口后路粮台和西安军需粮台转为西征军饷粮运外，左宗棠还在肃州设立总局，又在哈密设督催粮运总局和军装制造总局，在古城设立屯采总局，在安西、玉门、敦煌、巴里坤、古城、济木萨（今新疆吉木萨尔县）、吐鲁番等地设置采运局和柴草局站，负责采办粮草、转运军需、建房设站、修路凿井、积草储薪、提供食宿水草和工具维修，解决行路困难。

二是积极寻找新的运输路线。从安西到哈密，沿途多戈壁荒滩，缺水少草，人畜难行，造成转运困难。据记载，光绪初年左宗棠进军新疆时，因水草不便，故绕开安西、哈密之间的戈壁，从三道沟（今甘肃酒泉瓜州三道沟镇）、桥湾营出边关，经内蒙古草地入黄芦岗（位于今新疆哈密），进剿省城，这一路线最为得当。否则，一旦大军经过水草俱无的戈壁，即使没有敌人阻挠，人马也必饥渴而死。

三是主张多用商运。当时的转运方式有商运、官运，而官运又有官车、官骡、官驼。左宗棠并不主张朝廷出资购买驼力，他提出购驼不如雇驼、办官车不如用民车。因为官运是以官物运官粮，护送人员不知爱惜，而且他们在粮料之外又难免夹带私货，中饱私囊。而商运只需关注价格，不必问对方用的是车是驼，只要把粮如数运到哈密，按斤两支付运输费用。商运的效率和性价比明显更高。

四是采用节节转运的办法，变长运为短运。左宗棠认为，长运既容易使牲畜疲劳，时间也过久，不能迅速稽核，因此以短运为宜。从安西到哈密千里迢迢，沿途多戈壁、无台站、无水草、沙砾纵横，人马容易疲劳，根据这些情况，他在肃州与诸军讨论分次第行走、节节转运的办法。首先将甘州、凉州采买的粮料运到肃州，再从肃州出关运到玉门，然后军队和粮料队伍一起开拔至玉门，又用私驼转运玉门的存粮到安西，腾出官驮、官车转运第二批军粮，而后第三批跟进。其余地方仿照此法运送。如此层递衔接，就像接力赛一样，人畜均可以暂时得到休息。

左宗棠在粮运方面积极采取了多种行之有效的措施，西征军在甘肃的凉州、甘州、肃州、安西等地采购了大批粮食，为之后的行军做好了粮食储备。

功夫不负有心人，左宗棠在军饷、粮运等方面所做的充分准备，为随后的西征奠定了胜利的基础。

第三节　剑指乌城

在积极筹办西征军饷粮运的同时，左宗棠也没有放松向新疆进军的筹划。早在同治十二年（1873年）1月，他就上书总理衙门陈述了对新疆用兵的战略部署，把扫除沙俄侵略与收复伊犁作为战争的出发点，决定先讨伐阿古柏，首攻乌鲁木齐。这样一方面既避免了一个拳头同时指向两个敌人，造成兵力分散，又通过比较俄国人、阿古柏的实力，制订先攻弱敌、再图进取的作战策略，达到剪其羽翼、杜其狡谋的目的；另一方面，首先收复乌鲁木齐，不仅在政治上打击俄国人借阿古柏盘踞乌鲁木齐而推诿归还伊犁的险恶用心，也是为下一步收复伊犁扫清前进的障碍。

光绪元年（1875年）夏，左宗棠在兰州陕甘总督署内召开军事会议，商讨进军新疆的办法。他向众人说明了自己对西征的基本想法，让刘锦棠挑选20余营官兵执行出关作战任务，作为出关西征的主力军。9月，他又奏请以刘锦棠总理行营营务处，充当前敌总指挥；并奏请起用刘典帮办陕甘军务，充当自己的副手。

光绪二年（1876年）年初，左宗棠召刘锦棠来到兰州，与其反复商量，最后确定了"先北后南"的作战方针。此前乌鲁木齐都统景廉曾提出对天山南北两路同时发起攻击的"三路并进"作战方案，清廷也指示左宗棠要南北分兵并取。但左宗棠结合当时的情况，认为清军出关作战的第一期目标是阿古柏及其附庸白彦虎，而不是伊犁地区的沙俄军队。阿古柏的主力在南疆而不是北疆，就地理形势来看，北疆可以控制南疆，而南疆却不能控制北疆，所以他依旧主张先北后南，充分利用清军仍然控制的哈密、巴里坤、古城、济木萨等北疆要点，作为西征军的进攻出发地和补给地，一举攻占乌鲁木齐，扼住新疆咽喉，然后南攻阿古柏主力，西阻伊犁的俄军。左宗棠还特意嘱咐刘锦棠，一定要遵守"先北后南"的作战方针。

之后，左宗棠将出关作战的各营集中到凉州加紧训练，让刘锦棠所部各营从光绪二年（1876年）2月起，分四批由凉州开到肃州待命。

3月3日，帮办陕甘军务大臣刘典抵达兰州，左宗棠将陕甘总督的大印及善后事务一并托付给他。3月16日，左宗棠率亲兵、练丁、马队等离开兰州动身西行，他们日夜兼程，于4月7日到达肃州。左宗棠在城南设置西征军大本营，就近处理西征事宜。

这时，阿古柏除侵占天山北路的乌鲁木齐地区外，还侵占了天山南路吐鲁番以西的地区。阿古柏的兵力约有6万人，除了他的长子伯克胡里率重兵驻守喀什噶尔外，派驻前沿阵地的兵力有4.5万人。阿古柏在这些地区的兵力部署特点是南比北强。乌鲁木齐虽然是他的一个重要防区，但派驻人马并不多。阿古柏侵占乌鲁木齐后，搜刮民间的财物，转送南路，充实自己的府库，并驱使壮丁据守乌垣（在今新疆乌鲁木齐市）以作屏障。白彦虎从陕甘逃来后，过着寄人篱下的生活，也丝毫不敢违抗阿古柏。

阿古柏将重心放在达坂城、吐鲁番、托克逊一线。他在吐鲁番部署了5000名步兵、3500名骑兵、1万名本地回族兵员以及各种型号的炮20门，并派得力亲信艾克木汗驻守此地。

达坂城是天山南北的要冲，阿古柏在这里加修城堡，除原有配备枪炮的900人外，又增派5000名骑兵和2门大炮。托克逊是吐鲁番和达坂城的支撑点，阿古柏派次子海古拉率4000名骑兵、2000名步兵驻守此处，并配有5门后膛炮。阿古柏自己坐镇的库尔勒也有骑兵4000人、步兵2000人、后膛炮5门。

左宗棠分析探报后认为，驻守吐鲁番的阿古柏军是为了抵御驻守哈密的官军，守达坂城的阿古柏军是为了抵御乌垣方向的官军，阿古柏之所以向这两地派军，其实是为了护卫托克逊这座坚城。达坂城、托克逊两地的悍贼尤其多，防御也较为坚固，清军如果贸然出动，很可能无功而返。

4月27日，刘锦棠与左宗棠再一次商讨进兵机宜。左宗棠嘱咐他"缓进速战"。所谓"缓进"，就是每次战役开始前都要做好充分准备，不要急于求战；所谓"速战"，是指作战条件成熟时就坚决行动，速战速决，避免持久作战。随后，刘锦棠率领大军穿过嘉峪关、玉门关，顺着河西走廊官道一路向西进发。

除了携带军械粮食外，左宗棠还要求西征军多带柳条筐、扁担，用来清理安西城外的积沙。这种既是战斗队又兼工程队、运输队的西征军，负担之重、行军之难可想而知。7月，大军行抵新疆巴里坤和古城，西去嘉峪关已经2500余里，距乌鲁木齐尚有400余里。

乌鲁木齐是左宗棠确定的西征军入疆第一战的主要目标。它位于东西天山接合部的北麓，三面环山，北部及西北部较为开阔，但有古牧地（今新疆乌鲁木齐米东区古牧地镇）为其外卫，形势险要。清军欲取乌鲁木齐，必先破古牧地。

刘锦棠率部到达古城后，遵循左宗棠的意见，于7月12日前往济木萨与金顺商谈军务，同时引军西进。7月28日，他和金顺一起到古牧地东北面的阜康察看地势，部署进攻。由阜康至古牧地有两条路，一条大路，一条小路。小路崎岖，大路沿途一片沙砾，饮水困难。刘锦棠一边派马队、步队列阵甘泉堡，故意挖掘枯井，误导敌人；一边以重兵潜师急进，于8月10日夜袭黄田，一举成功。刘锦棠随即率大军围攻古牧地，经过几天激战，于8月17日借助开花大炮轰开古牧地的城墙，全歼守敌6000人。

古牧地是乌鲁木齐外围的重要据点。左宗棠此前做战略部署时就认为，此关一开，乌垣、乌鲁木齐的敌人再不能久守，白彦虎必窜往吐鲁番以寻去路。事情的发展正如左宗棠所料。当古牧地向乌鲁木齐告急求援时，驻守乌鲁木齐的白彦虎等人回信说乌鲁木齐的精兵已全部出动，现在南疆的军队不能迅速赶来，古牧地可守则守，不能守则退回乌鲁木齐固守。实际上，白彦虎等人已经商议好，在西征军攻城之前，先将妇女、辎重等向南撤退，只留精兵驻守。因此，当刘锦棠得知乌鲁木齐空虚后，率兵于8月18日径抵乌鲁木齐时，白彦虎等人便仓皇出城，向南逃奔。刘锦棠轻而易举地收复了乌鲁木齐。金顺也乘势收复了昌吉、呼图壁等地。玛纳斯北城也被伊犁将军荣全派出的孔才、徐学功等民团收复。

西征军自8月9日由阜康发起进攻以来，8月17日收复古牧地，到8月22日，仅用6天时间便收复了除玛纳斯南城以外、阿古柏侵占达6年之久的乌鲁木齐地区，成功实现了西征军首攻乌鲁木齐的战略目标。

9月2日，金顺会同孔才、徐学功等攻打玛纳斯南城，刘锦棠派罗长祜率队前往支援，荣全率部前来，历时两个多月，大军于11月6日才攻入城内。至此，阿古柏在北疆的全部据点被西征军拔除。北疆的收复，使西征军巩固了在新疆的战略主动地位，不仅解除了敌军窜犯内地的后顾之忧，更为以后进军南疆创造了有利条件。对攻下的城池，左宗棠明确指示西征军禁止滥杀降众，要求刘锦棠采取"剿抚兼施"的政策，优抚城内投降的百姓。

可以说，北疆之战完全实践了左宗棠"缓进速战"的作战理念。左宗棠计划，首攻乌鲁木齐后，清军由北向南，乘胜收复阿古柏侵占的天山南路。光绪二年（1876年）9月20日，清廷发来上谕敦促左宗棠即刻发兵吐鲁番城，以扼贼咽喉。

但此时在清廷内部，依然存在进兵与否的争论。左宗棠干脆采取不睹不闻的态度，不讨论是否当用兵南疆，而是直接按照自己早已提出的既定方针和朝廷上谕，于11月2日提出"搜剿窜贼，布置后路，进取南路"的建议，趁着乌鲁木齐的新胜之势，"迫使"朝廷接受继续用兵的策略。

当时阿古柏在南疆惶惶不可终日，一面乞求英国出面调停，企图使清廷承认其政权，一面暗中加紧防御，以重兵防守达坂城、吐鲁番、托克逊三城，企图抵御清军由乌鲁木齐对吐鲁番方向的进攻。

左宗棠根据探得的阿古柏方面的情报，制订了三路并进、打开南疆门户的作战方案，具体部署为：刘锦棠率部由乌鲁木齐南下，进攻达坂城，为北路；张曜率部由哈密西进，为东路；徐占彪率部出木垒河，翻越天山南下，为东北路。张、徐二部在盐池会师，然后向吐鲁番和托克逊方向进攻。

为进军图取南路，左宗棠还特意做了一番安排：

一是将伊犁暂放一边，一心一意进取南路。沙俄占领伊犁后，虽然与清廷约定待清军占领乌垣、玛纳斯后便交回伊犁，但清廷此时兵力不足，饷银又不足，若与俄国人商议归还伊犁一事，很有可能被俄国人趁机要挟，反受其累。因此，左宗棠倾向于暂不提及此事，等肃清南路后再议。他也正式向朝廷提出了这一主张。因为北路缺少独当一面的军事人才，即使俄国人仍承认之前的说法，也必然会趁机要挟；而收回伊犁后，若发生意外，清军难以兼顾，很难保证伊犁不会再次落入他国之手。所以，不如姑且让俄国人暂时占领伊犁，使西征军能专心进取南路，假如南路战事顺利，伊犁之事也好解决。左宗棠对伊犁"暂置不论"的主张，既有利于集中力量讨伐阿古柏侵略军，又为收复伊犁创造了更有利的条件。

二是再次强调"缓进急战，慎以图之"。尽管兵贵神速，但从新疆的地理、气候、交通、粮运和防务等条件来看，"急战"前一定要"缓进"，要充分做好"急战"前的一切准备。刘锦棠在收复北疆后曾提出要立刻进攻南疆，左宗棠认为不可，几次写信向刘锦棠陈述其中利弊。他说，现在隆冬将至，大雪封堵天山，贸然进攻会有诸多不便；同时战线会越拉越长，兵力日渐分散，补给更加困难；加上部分官兵感染疫疾，必须慢慢调养。他主张利用严冬时节休整部队，加紧运贮军粮，等到来年春暖花开时再大举进攻。

光绪三年（1877年）初春，由于阿古柏的部队不断骚扰，巴里坤至古城的运道一度中断了20多天。为确保西征运输线畅通无阻，左宗棠调整了后路警戒兵力：派驻防包头的金运昌率10个营的淮军，分屯于古城至乌鲁木齐一线要隘；从甘肃安西等地抽调徐万福等5个营，进驻巴里坤；派新授哈密办事大臣明春所部4个营出驻哈密。一切准备就绪后，进军南疆的作战条件基本成熟，西征军各部开始行动起来。

左宗棠对刘锦棠一向赞誉有加，认为他"机神敏速，有谋能断，履险如夷"，此次更是认定刘锦棠是统兵进取南路的理想人选。在左宗棠看来，要想进取南路，只有刘锦棠能够胜任。

确定了刘锦棠在进取南路中的任务后，左宗棠又增调军队，加强前沿部队的兵力，如给徐占彪、张曜各加拨马队1个营，给刘锦棠加拨马队3个营，又给张曜、刘锦棠分别配置了炮队，使西征军的机动能力和攻坚能力大大提高。同时，左宗棠还屡次告诫各军要区分敌我，严格执行剿抚政策，不得侵犯无辜百姓，对降者一律宽待。

左宗棠充分体谅受阿古柏残酷统治的吐鲁番等地民众的处境,他们多年来饱受外国侵略者和阿古柏的欺压之苦,因此前来受降者大多数是真心归顺。正是在这样的认知基础上,左宗棠提出"只打真贼,不扰平民"的作战方略,他告知众将:"此次如能各遵行军五禁,严禁杀掠奸淫,则八城回民如去虎口而投慈母之怀,不但此时易以成功,即后此长治久安,亦基于此。"

对于阿古柏侵略集团,左宗棠首先采取分化瓦解的策略。他看破了阿古柏轻视白彦虎,但又想借其兵威的心理,赞成刘锦棠提出的建议,利用离间之计使阿古柏与白彦虎相互猜忌,为清军所用。但他并不认为此计为制胜之道,此战立足点还是在战。

光绪三年（1877年）4月中旬,刘锦棠率马步军从乌鲁木齐出发,日夜兼程,于三天后径抵达坂城。乘城内敌军不备,刘锦棠立即下令围城,用枪炮猛击猛轰,击败了阿古柏从托克逊派来的援兵,仅用两天时间就攻占了阿古柏重点设防的达坂城,缴获不少马匹枪炮,生擒包括阿古柏的大总管爱伊德尔呼里在内的1200余人。

大胜之后,刘锦棠谨遵左宗棠指示,安抚了被阿古柏从南疆胁迫而来的各族民众,均给以衣物粮食,让他们各归原部,等西征军前进后,或作为内应,或引导各酋长投奔清军。这些人惊喜过望,对官军感恩戴德,踊跃欢呼而去。爱伊德尔呼里及其属下的100余名大小头目都表示愿派人劝降阿古柏,逮捕清军一直在追拿的白彦虎,以表归顺诚意,同时归还南八城,再求宽恕。刘锦堂并未同意，将他们暂行羁押。

在托克逊，阿古柏让海古拉杀害了被清军遣返的大部分人，侥幸逃脱的民众再次回到清军控制的城池。这一放一杀、一逃一回，不仅反映出西征军和阿古柏对民众的不同态度，而且使各族群众转而支持西征军。事后，左宗棠对刘锦棠"暂留不杀，以观其变"的做法大加赞赏，认为刘锦棠出色地执行了自己定下的"剿抚兼施"政策，使民心归附。

西征军对民众的安抚政策，促使那些从达坂城回到托克逊的各族百姓自发地四处宣扬西征军的威德，托克逊的各族民众不再疑惧，而对西征军翘首以盼。良好的群众基础为刘锦棠攻克托克逊提供了有利条件。

4月24日，刘锦棠率部潜夜南下，于次日晚抵达托克逊城下并发起猛攻，海古拉、白彦虎等人已携带辎重仓皇西窜，西征军很快攻克了托克逊。

按照左宗棠三道并进吐鲁番的计划，当刘锦棠从乌鲁木齐率军攻取达坂城时，徐占彪也与嵩武军分统孙金彪会师盐池，于4月21日进攻吐鲁番东面的门户七克腾木（今新疆鄯善七克台镇），次日乘胜进攻辟展（今新疆鄯善），然后分两路一同进抵吐鲁番。

刘锦棠攻下托克逊后，派罗长祜率领6个马队营从北路驰抵吐鲁番，于4月26日与张曜、徐占彪两军会师，形成三军合击之势，城内的敌人惊慌失措。西征军越战越勇，敌人向西路狂奔，阿古柏派驻的军官艾克木汗早已潜逃，本地1万余名民众跪地求降。罗长祐对他们加以抚慰。吐鲁番全境就此收复。

西征军用一周时间，连下阿古柏重点设防的三座坚城，其攻势之猛、速度之快、打击之重、影响之大，被左宗棠称为"未有之事"。西征军破敌的效果、战事进展的速度、民众归降的数量，都印证了左宗棠采取的一系列策略的正确性。

西征军的胜利，击垮了阿古柏的防线，使天山南北两路重新沟通起来，打开了由吐鲁番进军南八城的大门，也促使貌合神离的阿古柏侵略集团分崩离析，此时的阿古柏已无力扭转败局。5月29日，四面楚歌的阿古柏收到了由272个上层人物签名向西征军求和的信件，他异常愤怒，气急败坏地打了身边的录事。随后，他喝下了由艾克木汗等人事先准备好的毒茶，不久便毒发身亡。

阿古柏死后，其侵略集团迅速分崩离析，为争权保命相互厮杀起来。阿古柏次子海古拉得知父亲的死讯后，立即赶到库尔勒封锁死讯，继而派艾克木汗留守库尔勒，自己则护送阿古柏灵柩前往喀什噶尔，以便在那里自立为王。但就在海古拉离开库尔勒的次日，艾克木汗便自立为汗，并率队追杀海古拉，以保护自己在阿克苏领地内的财富。

阿古柏的长子伯克胡里占据喀什噶尔地区，素与俄国人勾结，得知阿古柏去世的消息后，他命人在海古拉扶柩返回喀什噶尔的途中暗杀海古拉，并调军攻打艾克木汗，艾克木汗败走沙俄。伯克胡里通过镇压其他竞争对手，基本巩固了自己的地位，妄图借机窃取库尔勒以西的南疆八城。但在左宗棠看来，经过内讧的阿古柏侵略集团早已穷途末路，彻底瓦解是迟早的事情。

第四节 纵横东西

随着敌人内部的分崩离析,整体形势对西征军极为有利,不过,左宗棠并未立即对南疆八城发起进攻,而是又一次提出"缓进速战"的策略。他对刘锦棠说,西进南八城宁可迟,不可错。他认为此时军中粮食缺乏,部队必须裹粮而前,而吐鲁番地区存粮甚少,需要从哈密、巴里坤粮局转运,因此必须等新秋采运充足后,才能继续进军。进军前,他再次强调,严禁西征军残害无辜百姓,以减少战乱给普通民众造成的伤害。

南八城又分为东四城和西四城,东四城是指吐鲁番以西的喀喇沙尔(今新疆焉耆)、库车、阿克苏、乌什;西四城是指喀什噶尔、英吉沙尔(今新疆英吉沙)、叶尔羌(今新疆莎车)、和阗。东四城大致呈直线分布在托克逊以西,从吐鲁番经喀喇沙尔到乌什,东西约2300余里。喀什噶尔是南八城的中心,从阿克苏到喀什噶尔为700余里;从喀什噶尔南经英吉沙尔,再东南经叶尔羌到和阗约1400余里,城池之间路途遥远,地域辽阔。在此八城之外,白彦虎和阿古柏的残余势力还占据着拜城等地。因此,西征军转战于4000余里的漫长战线,交通极不方便,行军之艰难可想而知。

更重要的是,西征军攻克吐鲁番时正值盛夏。吐鲁番自古以来就是有名的"火炉",酷暑难耐。而且,当时新粮未收,粮运也更加困难。因此，左宗棠对张曜说，吐鲁番及喀喇沙尔，伏暑燥热异常，蚊虻最多，非秋后进军不可。

在粮运方面，吐鲁番是产粮之区，因此西征军收复吐鲁番后，粮运得到了改善。左宗棠认为吐鲁番土地肥沃，天气早暖，产粮多。若能约束各军，使百姓不受扰害，则粮运均可就近办理，不但节省人力、物力，且十分便捷。他要求张曜速设驿站，分立粮、料、柴各局，派人前往吐鲁番筹办抚辑、采运、善后等事宜，并严禁他们骚扰平民百姓，照买粮市价，若雇用维吾尔族、回族百姓，应照给运费。

左宗棠对于张曜和嵩武军也一直赞赏有加。他得知张曜有进取八城的雄略，不想留守吐鲁番后，写信向刘锦棠举荐张曜，说张曜心性明敏，不甘留守后方，可与刘锦棠并进，这样可以相得益彰。因此，在西进南八城时，张曜得以率嵩武军随刘锦棠的老湘军一同前进。

刘锦棠所率湘军作为西进南八城的主力，其所指挥部队加上随同前进的张曜率领所部、易开俊所部，总计54个营，约3.8万人。

光绪三年（1877年）8月，刘锦棠派西征马步各军从托克逊西进南八城。8月25日，他先派提督汤仁和率部队前往苏巴什、阿哈布拉作为头站。9月7日，刘锦棠继派总兵董福祥、张俊率部队由阿哈布拉经桑树园、库木什、乌什塔拉一带安扎哨垒，到曲惠安营；又派提督张春发由伊拉湖小道前往曲惠与张俊会师，并让他们都带上粮草，沿途挖掘泉井，按程预备，以接应大部队。

9月27日，刘锦棠按左宗棠的"先由间道绕袭贼后，正兵由大道扼贼之前"的指示，将大部队分为奇兵和正兵两路，分别由大道和小路出发，于10月2日齐抵曲惠。翌日，刘锦棠让奇兵沿着博斯腾湖西行出库尔勒后面，自己则率正兵由大路向喀喇沙尔进发，以形成前后夹击之势。

10月7日，刘锦棠率部来到喀喇沙尔，此时喀喇沙尔已经让白彦虎通过堵截河水而变成了一座空城，史载"水深数尺，官署民舍荡然无存"。刘锦棠又率军进入库尔勒，发现这里也是空城一座。这时，西征军所带粮草已经用尽，后路的接应粮草也被困在泥沼中。所幸通过悬赏寻粮，西征军一日之间得到数万斤粮食，可勉强支撑数日。

收复库尔勒后，刘锦棠为了救助被白彦虎胁迫西走的各族受害百姓，从步兵营中挑出1500名健卒，从马队中选出1000匹精骑作为头队，自己亲领急行，救出不少受害百姓，于10月18日光复库车。左宗棠得到奏报后，第一时间上报朝廷：西征军自库尔勒启程，追踪奋击，六天六夜驰驱900里，收复喀喇沙尔、库车两城及无数城堡、村庄，接下来将向阿克苏进军。他还指挥后续官员在西征军已收复的地区循序渐进地开展恢复与建设工作。

收复库车后，西征军主力没有停留，又收复拜城、阿克苏城、乌什。左宗棠对西征军长驱奋进的战果十分满意，上奏朝廷说："此次官军浩荡西征，一月驰驱三千余里，收复喀喇沙尔、库车、阿克苏、乌什四城，南疆八城已复其半。"他高度评价战事进展神速，称其为古今罕见的战绩。收复南疆的东四城后，左宗棠认为收复西四城可采用"分攻合剿"的办法，会攻喀什噶尔，这样平定新疆便指日可待了。

左宗棠起先根据阿克苏与西四城的地理关系，认为西征军行至此处应"分道并进，成事较易"。刘锦棠主张取西四城时先取叶尔羌，次取喀什噶尔。左宗棠也认为西四城中除和阗的回民头目早已归顺，英吉沙以弹丸之地无力从中作梗，只要攻下叶尔羌，清军马上会攻喀什噶尔，兵力足够部署调配，距大功告成为期不远。

就在西征军挺进时，阿古柏残余集团内部又内斗起来。和阗首领尼牙斯得知清军西进，与伯克胡里公开对抗，率部进图叶尔羌。伯克胡里将喀什噶尔交给党羽阿里达什，自率5000人赴援叶尔羌，打败尼牙斯，并乘势占据和阗。白彦虎率不足百人的队伍从乌什败退到喀什噶尔，被阿里达什拒于城外。最后，伯克胡里允许白彦虎进入喀什噶尔助其守城。

喀什噶尔的局面对西征军十分有利。左宗棠认为机不可失，比起叶尔羌，先攻喀什噶尔更合适，他指示刘锦棠待张曜率嵩武军抵达阿克苏后，按"分道并规，纵横扫荡"的方针部署兵力。根据左宗棠的指示，刘锦棠派出4个马步营由阿克苏取道巴楚为正兵，派出3个马步营由乌什取道布鲁特[①]边界取道为奇兵，两路齐抵喀什噶尔。刘锦棠则自率马步各营前驻巴

---

① 布鲁特：清朝对吉尔吉斯族的称谓，分布在今天的吉尔吉斯斯坦和毗邻的中亚地区。分为东、西两部，东布鲁特游牧于乌什、阿克苏西北，伊犁西南；西布鲁特游牧于喀什噶尔北部河西部、叶尔羌西南部。

楚,以扼守和阗、叶尔羌等要冲之地,同时策应前军,并由此插入叶尔羌。

对于刘锦棠这一安排,左宗棠自愧不如,认为刘锦棠指挥得宜,此时两道并进,一拊其背,一扼其喉,胜算已定。西四城的战局完全按左宗棠的预计发展。12月18日,刘锦棠先前派出的两支队伍一同抵达喀什噶尔城下,但见城内火光冲天,城外敌骑遍布,于是挥军奋击。城内敌人惊慌失措,打开西门,企图与城外之敌合并奔逃。伯克胡里、白彦虎带着家眷辎重,分头从正西和西北方向逃走。西征军分头追击。刘锦棠趁热打铁,于12月21日率军径趋叶尔羌。敌军在前一天已闻讯而逃,刘锦棠派罗长祜等人安抚百姓,自己则率队绕道收复英吉沙尔。

光绪四年(1878年)1月2日,刘锦棠在叶尔羌派董福祥率队驰抵和阗,城内敌人惊慌失措,纷纷作鸟兽散,董福祥乘势收复和阗。

西征军收复喀什噶尔后,又陆续擒获阿古柏族众,同时缴获大量炮械、弹药、战马。

从光绪二年(1876年)8月起,西征军仅用一年半的时间,就收复了被阿古柏侵占长达13年的领土,消灭阿古柏侵略集团。功成迅速,令左宗棠十分意外,他难掩自豪地评价此次出征:"至南疆八城,不满三月,一律肃清,自周秦以来实亦罕见之鸿烈。"

新疆地区连传捷报,使朝廷内部对左宗棠的质疑之声逐渐平息,他因收复新疆大片领土而广受赞誉。光绪四年(1878年)1月,清廷因左宗棠"筹兵筹饷,备历艰辛,卒能谋出万全,肤功迅奏,着加恩由一等伯晋为二等侯"。左宗棠两次上书辞谢。

第二次辞谢时,左宗棠在奏章中结合当时各省发生旱灾饥荒的现实,认为"正君臣交儆之时,不敢滥膺高爵",而清廷则在诏书中这样回复他:尽管多地发生旱灾、饥荒,但左宗棠在本职范围内殚精竭虑、为国尽忠,所以必须给予褒奖。清廷的表态直接明白地传递了一个信息:朝廷认可他的作战能力和忠心。这一年,左宗棠66岁。

第五节 抬棺向西

粉碎阿古柏侵略集团后,左宗棠在欣喜之余也保持着清醒的头脑,知道西征伟业至此只完成了一半,因为伊犁尚被俄国人霸占,而收复伊犁与收复南疆相比,形势更加复杂,更加困难,也更为重要。此后,他按照先前制订的"急规南八城,缓置伊犁"的战略,将主要精力投入收复伊犁的筹划中,并加紧思索新疆归复后如何处理的问题。

为加强对天山南北的统治,清朝于乾隆年间设置了总领伊犁等处的将军,下辖各地参赞、办事大臣、领队大臣等。但伊犁将军府实行的是军府制,只管军政,不理民事。民政事务仍由各地民族头目自理,因而存在明显的弊端。到了清代中晚期,清廷对边疆的管控力度逐渐减弱,地方势力日益膨胀,别有用心的外来势力乘虚而入,与地方势力勾结,出现分裂割据的局面。

早在张格尔事变时,道光皇帝就发动群臣寻求解决办法,有人提议设置郡县,后来又有学者龚自珍、魏源等人研究西北历史地理,主张在新疆建省,并列出若干具体建议,却因经费问题均未被采纳。

左宗棠在湖南老家时就对研究西域的书籍颇感兴趣,研读了龚自珍、魏源等人的著作,逐渐形成了对新疆问题的看法,并在《癸巳燕台杂感(八首)》第三首中抒发了自己的感受:

西域环兵不计年,当时立国重开边。
橐驼万里输官稻,沙碛千秋比石田。
置省尚烦他日策,兴屯宁费度支钱。
将军莫更纡愁眼,生计中原亦可怜。

西征新疆,正是左宗棠施展抱负的大好机会。无论是实行兴屯政策,还是推进建省,他都是在实现自己数十年前的愿望。

西征军平定天山北路后,有大臣向朝廷进言在天山南北安置兵马,吸引农商,与英俄商定划分疆界,避免发生摩擦。但左宗棠对此不以为然,他在西征军攻下吐鲁番后,向朝廷上《遵旨统筹全局折》,强调了新疆对清朝的重要性,他提到"重新疆者,所以保蒙古,保蒙古者,所以卫京师,西北臂指相连,形势完整,自无隙可乘",而英俄两国从中作梗阻挠,也是出师无名,只要清军奋力反击,其诡计必难得逞。

在详细阐述保持新疆完整的重要性后,左宗棠在奏章结尾提出自己的建议："为新疆画久安长治之策，纾朝廷西顾之忧，则设行省，改郡县……按照时势，斟酌损益，以便从长计议。"清廷对左宗棠这一建议十分赞同，认为其主张为一劳永逸之计，于是命他"督饬将士，勠力同心，克期进剿"。新疆设置行省，由此发端。

而沙俄一直不相信清廷有能力打败阿古柏、白彦虎，为此还一度虚伪地表示，只要清廷将关内外肃清，克复乌鲁木齐、玛纳斯各城，当即交还伊犁。随着西征军在新疆战场上的节节胜利，沙俄政府在感到意外之余，逐渐显现出其狰狞诡诈的面目。

光绪二年（1876年）11月，清廷同意凡与俄人交涉新疆事宜，均先知照左宗棠酌量办理。此后，左宗棠主动负责以收回伊犁为核心的对俄交涉事宜。光绪三年（1877年）夏秋，伊犁将军金顺想趁沙俄与土耳其爆发战争之际，乘虚袭取伊犁。左宗棠担心此举会影响进取南八城的预期目标，认为此时若急于索要伊犁，可能会受到俄国人变本加厉的要挟。他主张"申明纪律，整齐队伍，操练技艺，严为戒备，静以待之"，叮嘱进军新疆的将领及西征军不可挑衅生端，贻害大局。

后来，西征军收复喀什噶尔时，由于俄国人收留了伯克胡里和白彦虎，中俄之间的交涉除了伊犁问题外，又多了交还白彦虎等人的问题。左宗棠就此建议总理衙门，让俄驻华公使根据条约解送战犯，俄驻华公使却将此事推给俄土耳其斯坦总督会商办理。

光绪四年（1878年）2月，刘锦棠根据左宗棠的意见，致函俄土耳其斯坦总督，要求俄方解送白彦虎并商议如何处理伯克胡里，并提出建议：若俄方兵力不足，或不愿与逃窜逆贼周旋，清廷可派军到沙俄边境一带搜捕。俄方得知后，不仅拒不解送白彦虎，还以清军闯入沙俄属地擒敌是侵犯该国边界提出警告。

但面对傲慢的俄国人，左宗棠虽然坚决认为"与外人交涉，当强者不可示弱"，但此时他仍不赞成以武力解决。他与刘锦棠分析当时的形势说：俄国人贪图伊犁每年数十万的利益，企图长期占有；中方若率军压境，向其索还伊犁、索要白彦虎，即使如愿以偿，俄国人也会因为这两件事而到别处去寻衅滋事，到时清廷依然要处理。因此，就目前的形势而言，直接向俄国人提出要求，并非解决问题的办法，也不是长久之计。

为了妥善处理伊犁与白彦虎等问题，左宗棠主张派人与俄国人谈判。他在写给金顺的信中明确说：现在若出兵向俄国人索要白彦虎，必须先收回伊犁；如果不事先婉言向俄国人要回伊犁便出动大军，双方势必决裂，而白彦虎闻风逃匿更是在意料之中。因此，他命麾下将领严密防备，以静待动，不可给对方留任何把柄。

与此同时，左宗棠上奏朝廷，第二次提出设行省、置郡县的建议，并希望朝廷能就这项关系天下大局的提议进行认真讨论。不久清廷做出回复，认为"事关重大，非熟习该处地方情形，难以悬断"，仍未作出决策。

在收回伊犁的一些具体问题上，左宗棠也提出了自己的意见。比如边界领土问题，塔尔巴哈台（今新疆塔城地区）参赞大臣锡纶主张趁俄国人交还伊犁时，索回沙俄以往侵占的全部领土。左宗棠从当时的形势出发，倾向于以这些不平等条约所定边界来勘定界址，反对俄国人继续越界侵占，采取了较为务实的克制态度。他主张在收回伊犁后，明确两国边界，永除后患。他在上书总理衙门时，表达了自己的态度："窃以此时事势而言，只可按照同治三年、八年会勘界址地图立论，不必多有争执，致启论端。如能勘定界址，清理完结，已为差强人意；若逞其虚骄之气，动辄加以声色，非唯无益，而又害之。"

然而，俄国人并没有因左宗棠的克制而在交还伊犁问题上表现出丝毫诚意。光绪四年（1878年）7月，左宗棠奉命让金顺派人前往阿拉木图（今属哈萨克斯坦），与俄方商谈交还伊犁和白彦虎的问题。俄方官员一再推诿，表示交还伊犁事关重大，必须等候俄土耳其斯坦总督答复；至于白彦虎一事，俄方以不忍置白彦虎于死地为由，表明拒绝遣送。

这一谈判结果，使左宗棠意识到沙俄官员在伊犁、白彦虎两件事情上的态度。这使他主理收回伊犁等交涉事宜的进程变得艰难起来。恰巧清廷中支持左宗棠的重臣文祥去世，清廷对此事的态度有所改变。不久，清廷以左宗棠身为地方首领，不便承担外交职责为由，派吏部右侍郎、署理盛京将军崇厚出使沙俄，就收回伊犁的问题与俄方交涉。局势也由此变得复杂起来。

左宗棠对朝廷派崇厚出使沙俄的做法表示支持，并祝福崇厚"乘风破浪，迅速成行"。但崇厚圆滑、懦弱的行事风格，让许多大臣对他出使沙俄顾虑重重，左宗棠也不例外。他担心崇厚无法让恃强而不服理的俄国人交还伊犁，于是上书总理衙门，针对出使一事提出自己的建议——把握要领，刚柔并济。他建议崇厚坚持原则，能谈则谈，谈不成就回国寻求其他解决方式，重要的是保全气节、不落下风。此时西征军刚刚收复新疆大部，士气正盛，在左宗棠看来，谈不成就出兵收复伊犁，是水到渠成的做法，无须顾虑。左宗棠的对俄策略，是以武力为外交谈判的后盾。他既不轻易使用武力，也不放松战备，在当时是积极又稳妥的方法。

崇厚到达沙俄后感受到多方压力，心生退意，一心想尽快完成差事返回中国。俄国人抓住他这一心理，得寸进尺，胁迫他答应了许多过分的要求。光绪五年（1879年）7月以后，左宗棠从总理衙门处得知崇厚一味退让，内心十分不满。他评价崇厚"以柔道牵之，有求必应，不知已堕其度内"，可见左宗棠对崇厚落入俄国人圈套却不自知的表现非常失望。8月，左宗棠向总理衙门上书，陈述自己对崇厚在沙俄所议条款的看法。

关于界务，他认为：结合新疆边境有常设卡伦[①]、移设卡伦、添设卡伦的实际情况，同治三年（1864年）勘界定约以常设卡伦为界，将移设、添设之地全部划给俄国人，这种做法极不合理。现在虽然不能推翻这一约定，但也应设法补救，方法是将常驻卡伦外的移设、添设之地作为瓯脱地[②]，"我不索还移设、添设地段，彼亦不居移设、添设地段"，作为界外的空隙地带，

---

① 卡伦："台"或"站"的满语音译，是清代的哨所，对于清代边疆的社会治安、生产资源管理、边防建设及疆域形成起到了不可忽视的作用。

② 瓯脱地：两个国家交界的地方没有划定界限的区域。

为两国提供缓冲空间。

关于交还伊犁，他认为这是毋庸置疑的，沙俄必须交还全境。

关于商务，左宗棠认为应该在与俄国人商讨这一事项时，兼顾本国商人的利益，沙俄提出的连通嘉峪关以内兰州、秦州、汉中直达汉口，正是想拓宽俄商的贸易之路，如果贸然应允，不仅本国商人备受打击，国家税收也将受到重创。

随着谈判的深入，俄国人的贪婪企图逐渐暴露，左宗棠对归还伊犁的具体主张也更加明确完整。9月26日，他上书建议否决崇厚所议各款，并揭露了沙俄在归还伊犁一事上不讲信义、出尔反尔的侵占妄想。他愤怒地指责俄国人欲壑难填，假如朝廷此次全盘接受俄国人的无理要求，国家疆土、万民生计都将受害。而迅速击碎阿古柏侵略集团后，西征军意气风发，正是震慑内外的好时机。

但是，远在沙俄的崇厚懦弱畏缩，不敢据理力争，他在沙俄的威胁讹诈下，于10月2日与沙俄签订了《里瓦几亚条约》。依据条约内容，清廷虽索回伊犁九城，但却割让霍尔果斯河以西地区、特克斯河流域和穆素尔山口，从而割断了伊犁与南疆阿克苏等地的联系。此外，清廷还要支付500万卢布（约合白银280万两）的占领费，并允许沙俄在嘉峪关、哈密等7处设立领事馆，给予俄商在新疆、蒙古免税贸易的特权等。

清廷在收到左宗棠9月26日上奏的奏折前，就已获悉崇厚与沙俄订立的条约内容。总理衙门一时进退两难，举棋不定，要左宗棠、李鸿章、沈葆桢、金顺、锡纶等人就崇厚所订条约进行筹议，力图找到周全妥善的解决办法。在给左宗棠的谕令中，总理衙门更要求他"通筹全局，权其利害轻重，一并复议具奏"。

两江总督沈葆桢率先答复朝廷，认为俄国人的要挟太过分，使臣所议应一律不允。

直隶总督李鸿章在复奏中斥责俄国人借归还伊犁一事肆意要挟朝廷，贪得无厌，欲壑难填，也说崇厚只顾索回伊犁，未顾他务，未免失之轻率，但他仍主张接受条约，再设法补救。他在奏章中说："崇厚所订俄约，行之虽有后患，若不允行，后患更亟。中国必自度果能始终坚持，不致受人挤逼，且必自度边备完固，军饷充裕，足资控御，乃可毅然为之；否则，踌躇审顾，只能随宜设法，徐图补救。并宜稍示含容，免使他国闻之，长其效尤之计。"由此可见，李鸿章更倾向于采取息事宁人的方式，暂且忍耐，待边境的军饷、粮草供应充足，军队战斗力提升后再与俄国人细论短长。

左宗棠向朝廷上奏《复陈交收伊犁事宜折》，并致信总理衙门。他首先揭露了沙俄侵略对中国边防的严重影响，接着痛陈崇厚所订条约的危害，认为俄国人虽在名义上答应归还伊犁，但实际上归还的伊犁可能只是一片荒郊，北境、西南皆为俄国人所有。如果伊犁四面都是俄国人的势力范围，清军接收后势必陷入其包围圈，虽得必失。至于商务，俄国人企图占领中国西北市场，蚕食经济利益，在各地广设领事，通过贸易向中国渗透，此乃化中为俄，断不可许。至于李鸿章的论调，他依然予以驳斥，认为崇厚虽全权出使沙俄谈判，但所议条款均须皇帝御笔批准，故而无所谓"答应"一说；而且俄国人占据伊犁后，为所欲为，久借不归，甚至收留叛乱逆贼，纵容流寇扰乱边境，诸多证据表明是俄国人率先挑起事端的，本是沙俄理亏。

在左宗棠看来，与沙俄交涉一事，关键在于朝廷的态度，只要朝廷内外齐心协力，共同抵御沙俄，损失会尽可能减少。他还在奏章中进一步提出收回伊犁的对俄策略：首先，用委婉的方式与沙俄谈判，随机应变，巧妙周旋；其次，在战场上决一胜负，立场坚决，稳中求胜。在表明了谈战结合的对俄方针后，他向朝廷表达了自己收回伊犁的决心，愿"率驻肃亲军，增调马步各队，俟明春冻解，出屯哈密，就南、北两路适中之地驻扎，督饬诸军妥慎办理"。

在给总理衙门的书信中，左宗棠也明确提出"先之口舌，继以兵威，事无不济。当彼竭我盈之会，机有可乘"的建议。如果沙俄一再坚持崇厚所议条约，他可命南路大军分别由阿克苏、乌什兼程急进，直取伊犁，以武力手段击退俄国人，保护国家利益。

12月14日，左宗棠在《复陈李鸿章所奏各节折》中，重点强调了纵容沙俄侵略行为的恶果，建议朝廷果断制止沙俄乘机蚕食中国的举动。他在奏章中说，沙俄自窃据伊犁以来，没有一天不以损中益外为务，蓄机甚深。这次崇厚出使，沙俄才将图谋和盘托出。若朝廷仍对其模棱两可、含糊应答，"我退则彼益进，我俯则彼益仰"，祸患无穷，而且不仅限于西北地区。他再次斥责李鸿章的态度，批评李鸿章只顾眼前，就像庸医给人治病一样,"不敢用峻利之剂,则痞证与人相终始,无复望其有病除身壮之一日"。

左宗棠对于伊犁问题的主张和态度,对清廷的决策起了重要作用。12月17日,清廷发布上谕,肯定了左宗棠的意见,认为"此次与崇厚所议约章,流弊甚大",左宗棠的刚柔互用之策更为正确,故而将所有新疆南北两路边防事宜和其他与沙俄接壤地区的交涉事务一并委派左宗棠处理。

光绪六年(1880年)1月2日,清廷将崇厚革职议处,并按左宗棠的建议,将崇厚所订条约交各部议奏。2月19日,清廷向沙俄发出国书,说崇厚议订条约时多有越权之处,因此再派大理寺少卿曾纪泽为出使沙俄钦差大臣,希望对方拿出诚意再次谈判。这样一来,收回伊犁的谈判职责由曾纪泽接替,左宗棠也表示愿意以武力支持曾纪泽赴俄谈判。

沙俄见清廷更换和议人员,担心与崇厚议定的条件作废,便采取了一系列手段。除了政治讹诈外,还在中国东北边境增调兵力,调遣军舰到中国海域内游弋,又在上海邀各国在华兵船进行武力示威,在西北更是不断制造紧张气氛。

光绪六年(1880年)上半年,俄国人在伊犁地区安排步骑78个连,兵员过万。此外,俄国人还准备从西西伯利亚征调9000多名步骑前往新疆,从费尔干纳(乌兹别克斯坦东部城市)向喀什噶尔边境派出兵力4600多人。驻扎在伊犁城内的沙俄侵略军开始进行战争准备,有的部队甚至开始越界屯驻。不仅如此,沙俄还接纳了窜入沙俄的伯克胡里一伙,让他们纠集匪徒，反攻喀什噶尔。

外部形势愈发严峻，左宗棠再次向朝廷上奏在新疆设立行省，并简派总督巡抚，将乌鲁木齐设为新疆总督治所，阿克苏作为新疆巡抚治所，将军率旗营驻扎伊犁，塔尔巴哈台改设都统。以下再设伊犁、吐鲁番、阿克苏、喀什噶尔、镇迪5个道，迪化（今新疆乌鲁木齐）、库车等15个府，镇西、广安等6个州及21个县。全省设总督、巡抚、知府、同知、知县和将军、都统、兵备道等各级军政官员，摒弃原先由民族头目管理民政的做法。

左宗棠这一方案可谓完整详细，但清廷以"伊犁尚未收复，布置一切不无窒碍"为由搁置此事。此时沙俄的逼迫虽有黑云压城之势，但中国各族军民毫不畏惧，也决不示弱。沈葆桢建议加强东北防务，"愿以犬马微躯一登俄人之堂"，虽万死亦不足所惜；驻扎内地的提督雷正绾要求与左宗棠"并辔出关"；吉林、黑龙江等地民众团结一心，准备与俄国人奋战到底。驻扎在新疆的西征军将士更是严阵以待。

作为这次反侵略斗争的中坚力量，左宗棠于4月初在给朝廷的奏折中说，朝廷改派曾纪泽再与俄国人谈判，若义正词严，自可拆穿俄国人的奸谋。倘若俄国人始终狡诈固执，使谈判破裂，挑起战端，西征军必将南、北两路之兵，全力以赴。他计划仍按三路布防：北路扼守精河，由伊犁将军金顺统领，兵力除金顺所部20个马步营的1万余人外，再调金运昌的卓胜军马队500人、步队1500人前往；中路屯驻阿克苏，由广东陆路提督张曜统领，兵力除张曜原有嵩武军2个马队营、9个步队营，共计5000余人外，加拨1个马队营、4个步队营，共2250人，并挑选原土尔扈特马队数百骑归其节制；西路驻守喀什噶尔，由刘锦棠统领，兵力除刘锦棠原有湘军25个马步营的1万余人外，加拨5个步队营和换防步队2000人。

综合这三路布防，左宗棠说，就现在的局势而言，沙俄官商、兵力距精河一带较近，金顺只需坚守要隘，阻止俄军四处逃窜，不必以深入为功。中路阿克苏之军直指伊犁，以截断俄军归路。刘锦棠如果由乌什、冰岭（今木扎尔特达坂）西路直指伊犁，便切断了俄军支援伊犁的来路；如果此路难以进军，则屯兵喀什噶尔外卡，制造假象让俄国人以为清军欲深入其国境，不得不时时提防。

这一年左宗棠已经68岁，体弱多病。十年征战，他不曾有片刻懈怠，家庭生活的闲情逸趣更是无从谈起，尽管他心里也怀念"湘上农人"的自在生活，但在国家利益面前，他毅然收起"小我"，为民族大义鞍前马后地奔波劳顿。这次收复伊犁，事关国家领土完整及民族尊严，他为了就近部署伊犁战事，决定亲自出关。

光绪六年（1880年）5月16日，左宗棠坐上加套快车，离开肃州启程西行。在他的车后，一队威武的士兵抬着一口黑漆棺材，左宗棠此举意在表示要与俄国人决一死战，他已做好有去无回、马革裹尸的心理准备。6月15日，他们到达新疆哈密，受到当地父老欢迎。随后，左宗棠在离城3里的凤凰台建立大营。

清廷此番与沙俄的交锋备受外国重视，很多人都很想了解一下这位年届古稀的统帅，德国人福克便是其中之一。福克曾在左宗棠的新疆行营中居住一月有余，与左宗棠朝夕相处，不仅观察他的饮食起居，在交往中感受到了左宗棠的高风亮节。福克记录左宗棠"身在沙漠之地，起居饮食，简省异常。内无姬妾，外鲜应酬之人，其眷属家人多未带至任上，唯一人在塞"，他评价左宗棠"年已古稀，心尤少壮，经纶盖世，无非为国为民，忠正丹心，中西恐无其匹"。

这时，英法等国也在利用自己的外交影响力向清廷施加压力，使之做出让步，减免崇厚罪行，避免发生战争，保证沙俄能与清廷谈判。迫于压力，李鸿章、总理衙门都主张接受英法的劝解，以和议为重。

6月26日，清廷权衡英法调停的利弊及国内外形势后，被迫把重心由备战转到以谈判为中心的求和上。左宗棠针对此事向总理衙门发表了自己的看法："主战固以自强为急，即主和亦不可示弱以取侮。"他提醒总理衙门提防狡诈的英、法、俄等外国势力，不要被对方的危言耸听所挟持，而掉入其早已设好的陷阱中。在英法的调停下，俄国人也同意与曾纪泽谈判，中俄伊犁谈判初步打破僵局。

8月4日，曾纪泽来到沙俄外交部，对方依然盛气凌人，强词夺理，声称必须按与崇厚议定的条约照办，无可商议。清廷得知后，深感形势险恶，唯恐重蹈20年前英法联军进犯北京的覆辙，再受城下之辱。朝中多名大臣建议召左宗棠进京总领此事。8月11日，清廷发布上谕，以时势危急，令左宗棠"来京陛见"。

左宗棠在哈密接到召自己入京陛见的谕令后，遵旨举荐刘锦棠督办关外一切事宜，并邀其到哈密筹商一切要务，以便接替自己的工作。他还对时局与和战问题提出了自己的建议，希望刘锦棠采纳，继续为收复伊犁贡献智慧。

11月8日，刘锦棠由喀什噶尔到达哈密，左宗棠见这位年仅36岁的大将体态健硕，胡须清疏，言辞公正，身担重任而仍能保持谦恭自下之心，不禁深感欣慰。11月14日，左宗棠离开哈密东行赴京。12月5日，清廷正式任命刘锦棠为代理钦差大臣，督办新疆军务；张曜改驻喀什噶尔，代理帮办新疆军务。

从哈密起程前，左宗棠再次向朝廷上奏，希望朝廷能谨慎对待和谈事宜，"非熟审彼此强弱情形，冒昧从事，则言战或以损威，而言和翻以启侮，诚不可以不慎也"。

左宗棠被召入京，对曾纪泽与俄国人的谈判产生了重要影响。俄国人解读左宗棠入京的背后之意是清廷有意出兵。俄方首席谈判代表、代理外交大臣吉尔斯和俄国驻华使节布策，希望赶在左宗棠这样的主战派入京前"及早定议，免生枝节"。

曾纪泽在前往沙俄谈判前是驻英法大臣，颇有外交才干，并熟悉世界政治。当俄国人以清廷拖延时间，不如打仗合算而进行威胁时，他在左宗棠等人的支持下不卑不亢地回答说：中国不愿有打仗之事，倘不幸有此事，中国百姓未必不愿与俄一战。中国人坚忍耐劳,即使一战未必取胜,但中国地大物博,哪怕战争长达数十年也能支持,想必贵国不能保证自己毫发无损。

面对清廷的果决态度,沙俄只能答应重新谈判,并于光绪七年(1881年)2月24日在圣彼得堡与曾纪泽订立了《中俄伊犁条约》。这个条约虽然仍是不平等条约,但它收回了伊犁南部的特克斯河谷地、哈巴河(位于阿勒泰地区)等处领土和一些权力。

左宗棠在2月25日到达北京后得知结果,心痛不已,失而复得的伊犁变成一块荒土,窜逃入俄的逆贼依然逍遥法外,为俄国人所庇护……这一切都与他的设想相去甚远。

这次伊犁交涉的结果,从客观上说,得益于左宗棠坚持主战。至于新疆建省一事,截至左宗棠离疆赴京,清廷都未下定决心。光绪八年(1882年)10月,左宗棠在两江总督任上,仍心系新疆建省一事,又一次上奏朝廷,认为"现在伊犁已复",极应迅速建省。他条理清晰地罗列出建省的益处:一是可杜绝外人觊觎;二是设督抚治外治内,可以防患未然;三是壮军威而固边防;四是有利于实施教化;五是可使"人知自奋"。

正因为他屡次进言,声明利弊,加上刘锦棠等人从旁声援,清廷最终于光绪十年(1884年)11月17日正式发布了新疆建省的谕令。左宗棠的功劳不言而喻。他曾说"天下无不办之事,所难者,中外一心耳",新疆能在晚清诸国列强蚕食的情况下保持完整,左宗棠厥功至伟。新疆建省后的较长时间里,外来侵略多未得逞,内部也没有发生大的动乱,这既得益于左宗棠对当地流民的多项安置举措及推动新疆经济发展的政策,也归功于他重视文教、疏导民众的诸多举措。

收复新疆，左宗棠是当之无愧的英雄。在收复新疆的过程中，各族人民的支持也是不容忽视的。纵然清廷腐败，新疆各族民众生活于水深火热之中，但是在外敌入侵，傀儡政权横行霸道之际，他们坚决地抵御外侮、保家卫国，配合左宗棠西征，为维护祖国领土完整作出了不可磨灭的贡献。

左宗棠收复新疆符合国家利益，也顺应了民心，军民团结一心，列强、叛军难成对手！左宗棠、西征军将士以及新疆各族民众捍卫国家利益、维护民族尊严的丰功伟绩必将名垂史册。

第十章 春风度玉关

左宗棠在担任陕甘总督期间,除了平定西北回民起义、收复新疆外,还采取了很多措施用于恢复和发展西北地区。在这个过程中,他始终以恢复兵燹地区的生产力为中心,以大力兴修水利为重点,为这些地区的战后重建和社会稳定作出了重大贡献,其影响一直绵延至今。

第一节 师夷长技

左宗棠对西北经济的开发是与西征同时进行的。他不仅重视将近代先进的科学技术带入西北,还立足民生,修浚河道,保证农业的稳步发展,从而巩固战争成果,降低各地发生民变的概率。

同治七年(1868年),左宗棠率军进驻甘肃,也把洋务运动带到了甘肃,先后创办了西安机器局、兰州制造局和甘肃织呢局等军用、民用企业。这些企业在一定程度上减少了当时国人对外国先进技术的依赖,也减少了从上海等地运输军械的耗费。

同治八年(1869年)3月,左宗棠上奏朝廷,因楚军所需军火全由上海洋行采办,价格昂贵,花费甚巨,因此他计划招募浙江工匠,在陕西装备机器、制造洋枪等,以节省购造资金。同治九年(1870年),西安机器局正式开工生产,主要制造新式枪炮所需要的子弹和火药。机器局的工人以宁波人为主,他们曾在上海、金陵两地的制造局受过专业训练。由于机器设备较好,工匠技术熟练,西安机器局生产的枪炮弹药都达到了一定水平。

同治十一年(1872年)8月,左宗棠来到兰州,又在这里创办了兰州制造局。兰州制造局以生产枪炮为主,兼制开河、凿井、织呢等机器,生产制造军民两用的机器。兰州制造局设在兰州南关,由总兵赖长主持。赖长是广东人,是左宗棠在福建时的旧部，也是一位精通近代枪炮和机器制造的专家。左宗棠在福州设立船政局时，赖长主持仿造的枪炮，质量不亚于西洋枪炮，所以左宗棠向朝廷上奏将他调到兰州。赖长带来的宁波、福建、广东工匠，能自造铜引、铜冒、大小开花子，甚至能仿造英国螺丝及后膛七响枪。左宗棠还让他改造中国旧有的劈山炮、广东无壳抬枪，经过改造，劈山炮改用更加灵便的鸡脚架，而且由过去需13人施放精简为5人，无壳抬枪也由过去的3人放两杆改为一人放一杆。

兰州制造局以制造枪炮为主，制造时参用中西之法而兼采其长，精益求精，不仅能自造新枪炮，而且制造技术达到了较高水平。光绪元年（1875年）6月，原本只推崇英国、法国与德国枪炮制造的俄国人索思诺夫斯基看到兰州制造局仿制的法、德枪炮后，惊叹其精巧程度竟与原产相同，而其自行研发的大洋枪、小车轮炮、三脚劈山炮等也是绝无仅有的，不禁连声赞服。

兰州制造局生产的枪炮，起初被运往肃州镇压陕甘回民起义，后又用于攻占新疆的古牧地、达坂城、喀什噶尔、伊犁等地。

光绪元年（1875年），左宗棠又在兰州创办火药局。为了提高火药的质量，他要求增加对硝、磺等原料的提炼次数，使火药的品质和洋火药一样。这样做虽然增加了成本，但火药质量大大提升，清廷不必再向海外采购，受他国牵制，而且还能省下巨额运费。

左宗棠主办的这些机构，不仅为西征提供了枪炮弹药，还开创西北近代工业的先河。其中，甘肃织呢局就是兰州制造局的最大成就之一，是左宗棠从事洋务运动由军用工业转向民用企业的重要标志，也是近代中国最先创办的毛纺企业。

当时左宗棠看到西北地区适宜畜牧，尤其以羊产品的获利最大。"羊之毛，尤宜为织料"，而且这里的羊每年剪毛两次，这些羊毛正可投放到织呢局作为原料。当时，兰州制造局总办赖长根据自己的想法新造水机，试造洋绒初步成功，于是向左宗棠建议购办全副织呢织布火机到兰州仿制。左宗棠对赖长试制洋呢的举动大加赞赏，说试制的洋呢竟与洋绒相似，质薄而细，十分耐穿，比起本地所织褐子①美观得多。尽管自行研制费时、费力，但鉴于兰州当地的羊毛、驼绒、煤等原料很多，左宗棠还是同意了赖长的请求，并让胡雪岩留意访购赖长所需的织呢织布火机。

左宗棠虽对织呢局的前景持谨慎态度，但并未放松筹备工作。甘肃织呢局在选址设厂、建造厂房时，左宗棠还表示厂房要坚实，不图美观。秉承这一宗旨，赖长改造旧房作为织呢局的厂房，既避免了另外购地，又可以作为营地的堡垒，而且围墙是现成的，房子可以陆续添盖。改造厂房时，赖长以暂时能容纳机器，并足够工匠居住为标准，试办成功后，再扩建。对于机器采购，左宗棠建议先初步仿制机器，待将来生产稳定后再逐步添置。于是，赖长向德国泰来洋行购买了60多台机器，并聘用德国

---

① 褐子：现代工业布匹出现前北方游牧民族用来缝制衣物、褡裢、帐篷的手工粗布，防水、避风、隔潮、耐晒、保温，其原材料是用手工捻制成的羊毛线。

技师、总监工和翻译，如石德洛末、李德、满德、福克等13人。

甘肃织呢局从开始筹建、选址建厂到购买机器、雇聘洋匠、运输机器，前后花了三四年时间，光绪六年（1880年）9月16日正式开工生产。织呢局由赖长任总办，石德洛末任洋总办，李德、满德任总监工。织呢局的职工一部分是从制造局调入的师匠，一部分是从甘肃兵营里选拔出来的学徒，实行雇佣劳动制，每月为职工发放工资。

12月，左宗棠上奏朝廷，汇报甘肃织呢局自生产以来的生产情况：如今织呢已织成多匹，虽然不如外国产品那么精致，但总体上还看得过去。若日益精进，不难追上外国产品。英国海关也有相关报告，认为甘肃织呢局生产的织呢品质好，比洋呢便宜。

甘肃织呢局生产的呢绒并非完全供应军队，也面向市场，以盈利为目的。左宗棠在创办织呢局时就说，以中国所产的羊毛在中国织成呢绒，普遍销往内地，甘肃人民将自享其利。他预计数年后，甘肃织呢局不仅可以收回成本，还能为西部边疆增加经济收入，推动地方发展。但左宗棠当时忙于新疆军务，分身乏术，甘肃织呢局产品质量未再进一步提高，导致销路差，效益不佳。甘肃织呢局于光绪十年（1884年）被正式裁撤停办，但它作为"中国第一所机制国货工厂"，在中国以西洋机器制造日用货物的历史中有着深远意义。

左宗棠在创办兰州制造局时，为解决原料问题，还采金、开矿，推动民用企业由工业向矿业发展，为西北地区工业近代化奠定了基础。

甘肃河西地区矿藏丰富,过去曾用土法开采,但效果不佳。光绪五年(1879年),左宗棠采纳胡雪岩的建议,由其购买机器,雇聘德国技师米海里到肃州探勘。

米海里到肃州后,先到南山。他报告说,南山矿藏丰富,内有上好之煤,还有五金各物。米海里后来又到嘉峪关各地查看,发现铁、银各矿,矿藏之丰富与美国旧金山相似。米海里在寻找金矿时,还在玉门发现了一处含油量丰富的石油矿。

左宗棠接到报告后,开始设法开采矿藏。对于淘掘金矿的方法,左宗棠斟酌了许久。起初,他认为应化私为官,由官府开办,但经过一段时间的试行,他发现这不仅不能获利,而且无法杜绝私采和官员中饱私囊的情况,应当转向耗费少而获利多的"包商开办"。于是,他提出了"官办开其先,而商办承其后"的主张。这样一来,官府的抽成有了着落,利权也不至于旁落。官府可以酌情增雇、裁减民夫,以期弊绝利生,不至于有名无实。

左宗棠这种由官办改为"官办开其先,而商办承其后"的主张是切合实际的,这种理念后来在新疆得到了贯彻。当时,新疆精河一带也有丰富的沙金资源,左宗棠说:从前未设厂,应当任由百姓自采,官府从中抽成即可。当他发现乌鲁木齐旧有铁厂规模不小,可每个月仅能生产少量农具时,他提出招商的办法,提高效率,并说:一经官办,则利少弊多,铸造的铁器不精,费用完全没有节省,不如适时停止这种操办方法。

收复新疆后,左宗棠调查了解到新疆地区产桑树,但当地民众仅食用桑葚充饥，或用之为药材。专事养蚕缫丝的作坊寥寥无几，产品也多是将蚕丝与羊毛掺杂，品质不佳。加上新疆与关内交通不便，这些织物的销路并不好，而俄国人在新疆购买的丝织品多半产自四川。于是，左宗棠开始派人调查新疆境内的桑树及蚕丝品质，发现当地有80余万株桑树，且"叶大质厚，确宜于蚕"；而所产蚕丝，洁白坚韧，品质不逊于中原产区的。

考虑到当地人还没有掌握桑树栽培与育蚕缫织的技术，左宗棠特意从浙江雇用有经验的养蚕缫丝工人，命其携带桑秧、蚕种以及缫织的机器入疆，在阿克苏设立蚕织总局，并在哈密、吐鲁番、库尔勒、喀什噶尔、和阗、叶尔羌等地设立蚕织分局。据史料记载，"当时制成线绉绸缎，颇与浙产差同，献之官府，皆诧为奇"。后来蚕织局被迫停办，但"新疆蚕丝之业，究由是而始兴"。除了新疆，左宗棠在甘肃、陕西等地也提倡蚕桑。

从规模和重要性来说，西安机器局、兰州制造局、阿克苏制造局、兰州火药局、库车火药局、甘肃织呢局以及乌鲁木齐铁厂等一系列企业，虽然远不如左宗棠在福建创办的福州船政局，但仍有不少新的特点和发展变化，主要体现在三个方面：一是由军用向民用转化；二是制造枪炮、火药、机器，开矿等，多元化发展经营；三是由官办向官商协办转化，提高了商品的经济程度，促进了经济发展。

第二节 兴屯重农

除了兴办企业，左宗棠还很重视西北农牧业的发展。发展农牧业的关键在于水利，左宗棠认为"治西北者宜先水利，兴水利者宜先沟洫"，而且他提出了具体的操作办法——"修浚沟洫宜分次第，先干而后支，先总而后散，然后条理秩如，事不劳而利易见"。因此，他每到一个省，都非常关注当地的水利疏浚情况，尤其是河流干道的修浚。

治理泾河是左宗棠在西北最先兴办的水利事业。同治九年（1870年），他在计划修复早已荒废的郑白渠时，就准备从上游源头处着手，为关陇地区解决难题。

根据泾水在泾州水势渐大的情况，他认为若在此处开渠灌田，可获得数百万顷沃土良田。同时，他以湖南湘水、资水为例，提出在治理泾水时要节节做闸蓄水，使之可通小筏，避免河道干涸。随后，他依此浚导泾水，并让胡雪岩置办开河、掘井的机器。

在治理泾河的同时，左宗棠还支持宁夏道陶斯咏修复汉渠。同治九年（1870年），陶斯咏要求拨款万两修复汉、唐、清旧渠，当时左宗棠正艰难地筹措军饷，但他认为陶斯咏所奏关乎水利农田，是利国利民的事情，于是想方设法筹备了3000两湘银，指示陶斯咏按引水灌田的户数计亩摊捐，将官办改为官助民办，算出各户应摊金额，悬榜于大道上，限日呈缴。

同治十二年（1873年），左宗棠让部将王德榜在狄道引抹邦河（今甘肃定西漫坝河）水灌田。这项工程历时近一年，灌田数十万亩，成效显著；同治十三年（1874年）8月，左宗棠派巩昌知府验收工程，巩昌知府认为这项工程筹划完善，办理得法。随后，左宗棠对王德榜创制水车、牛车、筒车等举措进行表彰，并嘱咐他治理甘肃以均赋役、兴水利为首要任务，若能做到事事讲求实际，地方必有起色。

左宗棠对新疆的水利工程也很重视。在东疆地区，他在准备向新疆进军时，让张曜在哈密屯垦，为修复石城子渠拨10万条毡条用来铺垫渠底。继后，张曜又修榆树沟渠。在北疆地区，左宗棠明确向当地官员指出"水利为屯政要务"，对多渠渠口被水冲塌的情况非常关心，要求金运昌在秋后农闲时派拨各营屯丁进行修筑。在左宗棠的领导下，乌鲁木齐除建有工兴渠外，还有永丰、太平二渠，玛纳斯有大顺渠等。在南疆地区，喀喇沙尔的官员积极响应左宗棠修浚水利的号召，设法筹款，调拨勇丁并雇用民夫，修复4道官渠。左宗棠对此大加赞扬，并命该县县令待春天雪融后设法修理疏通其他官渠。库尔勒原有官渠、民渠各一条，但荒废已久，该地防营派兵协同民夫修理疏通，恢复旧有渠道，这一做法受到了左宗棠的称赞。新疆多个地方踊跃疏通河渠，为灌溉提供便利。吐鲁番除兴修水渠外，还特别重视坎儿井引水这一新疆地区特有的灌溉方式。

在西北地区，有水即有田，但时遇战乱，有田并非就有人耕种。因此，在兴修水利的同时，如何组织生产也十分重要。在这方面，左宗棠主要采用了三种形式：

一是民屯。左宗棠十分清楚，饱受战乱之苦的农民想要在颠沛流离中安定下来，恢复农业生产，但开始时他们一定是两手空空、没有头绪的。因此，他下令把口粮、种子、农具、耕牛等生产资料无偿分发给那些有意愿恢复农业生产的农民。为避免农民把生产资料挪作他用，左宗棠规定只发实物不发现银；为避免农民把种子吃掉，他规定必须到播种时节才发放种子。当时耕牛等牲畜大多在战乱中被杀被抢，左宗棠就挪出一部分军饷购买耕牛，然后分发给农民。耕牛不够就用驴、骡、骆驼代耕，还不够就把军队中老弱的军马淘汰下来支援农耕，再不够就几家人轮流使用一头牲口，即使用人力，也要恢复农业生产。

二是军屯。在西征的过程中，每收复一个地方，左宗棠都会命令军队利用作战间隙修整因战乱而荒废的土地，并适时种上庄稼。如果熟地不够种，就开垦荒地。如遇主人回来认领熟地，就归还原主；如无主人认领，军队在开往前线时将其转交地方官府。另外，左宗棠还开办了一些规模不小的军垦农场。同治十三年（1874年），他命令西征军前锋张曜率领嵩武军10余个营在哈密开荒种地，且耕且战。为了办好军垦农场，在军饷相当困难的情况下，他一次性拨给张曜3万两银子作为启动资金。张曜也没有辜负左宗棠的期望，在不到一年的时间里开荒2万多亩，当年收获粮食近百万斤。为了推广哈密的经验，左宗棠又相继在巴里坤、古城、吐鲁番、乌鲁木齐、喀喇沙尔等地开办军垦农场。

三是兵屯、民屯依情况变换。如喀喇沙尔县令向左宗棠报告该地兴办屯务，以前本是兵屯，后改为民屯，但仍为官府的产业，现在仅召集到300余户流民，开种田地不到十分之三。左宗棠对此批示：关外战乱后，田地荒芜，无论兵屯还是民屯，一律以开垦为要务。归来的百姓多，兵屯可改为民屯；归来的百姓少，民屯也可以改为兵屯。在西征的13年里，左宗棠屯田不拘形式，既发展军垦，又发展民垦，有的地方军民兼垦，共同经营。这种因地制宜、灵活运用的做法，使屯田取得了显著的成绩。

在大力兴屯的同时，左宗棠还很重视耕种的方法及栽种的作物品类。西北地区人少地多，耕种方法粗放，多是广种薄收。这样既费地、费水、费种子，又会造成单位面积产量不高。针对这一现状，左宗棠采取了三个改进措施：

一是提倡精耕细作，推广区种法。左宗棠早年在湖南家乡对两种耕种方法做过研究，并亲自试验区种法。他在陕甘地区推广区种，采取实事求是的态度，以土地情况为本。他在甘肃时便说，庆阳地区以开井、区种为宜，而平凉地区因川地较多，开井、区种的方法就行不通了，应多开引池，获利更大。

二是用石压沙，增强土壤抗灾能力。西北少雨易旱，多戈壁荒滩。光绪六年（1880年）5月，左宗棠西出玉门，见沿途戈壁缺乏水草，无法安置民众，于是努力寻求解决办法。他认为，沙石间杂，中含润气，虽然没有喷涌的源泉和雨露的滋润，但足以被荫五谷。兰州北山秦王川曾经五谷不生,后来却产粮最多,满足了省会人民的食粮供给。惠民堡迤西而北,沙滩上夹杂着石片;安西前后的沙滩上则石子相间,并有少量块片,其中的大小沙堆遍生野草,间有芦苇丛杂,也许可以仿效秦王川的做法,种植出嘉禾①。

他认为此地既然产草,一定也适合耕垦;至于沙滩戈壁,虽然罕有树木,但靠近水的地方随处可见榆树与柳树,因此地势低而潮湿的地方可以种植蔬菜瓜果。左宗棠平定西北后,开始实行自己的主张,他贷出部分库银,令百姓旱地铺砂,改良土地,这种"利用荒滩僻壤,铺砂耕种,化不毛之地为良田"的做法,减少了水分蒸发,保护了农作物生长。甘肃特有的砂田就是这样产生的。

三是种稻、植棉、栽桑,种植高产经济作物。左宗棠到西北后,见民间所种的粮食作物只有大麦、小麦、黄白粟、玉米几种,而且都是穗短苗单、颗粒细小,每亩地的收成不过百余斤,每年除留作自己食用外,能作为商品粮出售的并不多,因此,当地农户的生活非常拮据困难。

根据这一实际情况,左宗棠在同治九年(1870年)开始让平凉的军队试种能获利数倍的南方稻谷。他还要求各地察看所属地方,哪里适宜种植桑树,哪里适宜种植棉花。为了宣传种植棉花,他下令刊行《棉书》和《种棉十要》,向民间传授有关选

---

① 嘉禾:古代把一禾两穗、两苗共秀、三苗共穗等生长异常的禾苗称为"嘉禾"。人们一般将它看作政治清明、天下太平的征兆。

种、播种、分苗、灌耘、采实、拣晒、收子、轧核、弹花等一系列方法。宁州和正宁两地经宣传推广，民间种棉踊跃。同治十二年（1873年），左宗棠从兰州到肃州，路过山丹、抚彝（今甘肃临泽）等处，正值棉花成熟，喜获丰收。左宗棠在陕甘地区推广种稻、植棉，不仅解决了当地民众的温饱问题，还杜绝了民间种植罂粟获利的不良风气。

当时陕甘地区不少人种植罂粟，导致谷产锐减，吸食鸦片的人数增多。为了遏制这种恶习，左宗棠不仅发布《禁种罂粟四字谕》，还撤职查办禁毒不力的官员。对于那些偷种罂粟者，左宗棠严加处理，并没收土地，而且不宽容绅富，做到了一视同仁。当然，左宗棠并不是绝对无情，若"其人后能勤种棉谷，其地仍可发还"。此外，他对于输入陕甘境内的四川、云南产的鸦片一律焚毁。外国烟土则一概不准入境。这一做法尽管受到英国等外来势力的强烈反对，但有力滞碍了鸦片在中国的销路，维护了当地百姓的健康，并在客观上为清廷带来了不小的收益。

左宗棠还一贯注重植树。光绪二年（1876年），他指示延榆绥镇总兵刘厚基在兴修水利时，沿河广种榆树和柳树，这样不但能巩固堤岸，也可控制戎马。次年，他又命人在河堤两旁夹种榆树和杨树。西北自然环境恶劣，种树困难重重。刚开始种植时，游民偷拔、牲畜践踏，造成了不小的损失，左宗棠嘱咐办事官员要"谕禁之，守护之，灌溉之，补救之"。

经过左宗棠的提倡和各地军民的努力，西北种树取得了一定成果。光绪六年（1880年），左宗棠在一份奏折中统计：关内东路种树，共计会宁2.1万多株，安定10.6万余株，皋兰4500余株，环县种活的树1.8万余株，董志塬、镇原有1.2万余株，陕西长武至甘肃会宁600里沿途种树成活的有26.4万余株，平庆泾固道署内外种活的有1000余株，柳湖书院有1200余株；关内西南路种树，计狄道中300余株，狄道北1.3万余株，大通4.5万株；关内西路，永登种树7.8万余株。

至于哈密到兰州一带，官道旁所种的榆树业已成林，两手合抱之树接续不断，关陇数千里路上柳荫夹道，行旅十分方便。当时和后来的人们在西北看到陕甘至新疆沿途绿树盎然的景象，无不感念左宗棠的功德。人们把左宗棠倡导种的树称为"左公柳"，还写下了不少赞美之词流传至今。如光绪五年（1879年）杨昌濬应左宗棠之邀西行，见沿途绿树成荫，吟下了著名的《恭诵左公西行甘棠》：

大将筹边尚未还，湖湘子弟满天山。
新栽杨柳三千里，引得春风度玉关。

如今，"左公柳"已所剩无几，但人们对左宗棠的历史功绩仍津津乐道。左宗棠对陕甘地区的农业和近代工业的发展所作的贡献，一直为后人传颂。

第三节　利国利民

在恢复发展农业、兴办近代工业的基础上，左宗棠还采取多种举措刺激经济的发展、兴办文教事业。这些养民方法，不仅培养了陕甘地区的士子，为当地储备了人才，而且在一定程度上消除了信仰隔阂，拉近了陕甘地区的民族关系，维护了地区稳定，对后世影响深远。

赋税和贸易直接关系西北工、农、牧各业的发展，左宗棠在恢复和发展工、农、牧各业时，也十分注意改革赋税，发展贸易。

田赋是当时朝廷财政收入的主要来源。甘肃的田赋，因田有民田、屯田、更名田、盐牧地、番地等不同类别而使税额参差不齐，各种杂税名目繁多，富绅豪强也利用各种名目巧取豪夺，民众负担极重，百姓怨声载道。这种情况直接影响地方官府的财政收入。

光绪二年（1876年），左宗棠在甘肃拟订了改革赋税的章程。首先是清丈地亩。按地形、土质好坏将各类田分等评级。所有土地分为川地、原地和山地，即上、中、下三等，每等又根据土质分为上、中、下三级。在三等九级之外，增加最下下山地一级，共有十级。其次是整理赋税。按原来应承田赋总额，依据土地等级规定赋税数额。经此划分，百姓的赋额较以前减轻，而且比较合理。左宗棠认为通过实施"赋由地生，粮随户转"的田赋政策，富人不会有抗匿的弊端，穷人也不再有代纳的忧虑。尽管实施的情况与理想效果存在差距，但确实在一定程度上减轻了普通百姓的赋税压力，便于百姓休养生息。

与内地地丁合一、按亩出赋的制度不同，新疆是按丁索赋，这种带有农奴性质的田赋制度很不合理。更为严重的是，新疆的差徭过重，百姓疲于向军队提供劳役，加上衙门里的杂项差务及丁役催租、强行索取等，百姓只能通过行贿免于服役，苦不堪言。针对这一情况，左宗棠主张先革除州县衙署宅门内的弊累，而后免除乡约、里正等的弊累；至于徭役，则根据户民完整缴纳钱粮的多少而定。

对于赋粮，左宗棠仍按甘肃的做法，先清量地亩，然后按土地肥瘠、水分盈缺分等确定赋粮数量。由于新疆地域广阔，左宗棠转而改为按上、中、下三等征收，以简化程序。对于征收的税额，左宗棠与刘锦棠、张曜等人书信相商，决定让利于民，收取比内地轻的税额，并在一段时间内按定章实行，这对新疆的社会和经济发展有重大而深远的影响。

左宗棠在改革田赋时，还改革盐、茶和厘捐。甘肃盐务较为复杂，以前有井盐、池盐、青盐和土盐多种，各地盐的销路和税课各不相同，收取各种盐税也没有统一的法令章程。这种引盐无定量、引法无定章的做法，使盐户、商民和群众均受其害。同治十三年（1874年），左宗棠上奏朝廷，将甘肃以往积欠的盐税全部豁免，另立新章。按盐的成色高低、销路之广狭，酌情抽取厘金。

西北茶业，开始由晋商承办，称东商；后来多由湖南人承办，称南商。其中，东商仅占十分之三，南商占十分之七。他们经营的茶除部分来自四川外，大多来自湖南安化。这种茶运到陕西泾阳压制成块，称为砖茶，再销往陕西、甘肃、青海、新疆和西藏、蒙古等地，茶税是一笔较大的财政收入来源。但是，自战事兴起后，商民流离失所，运输道路不通，茶业没落，税收悬而无着。同治十一年（1872年）初，左宗棠拟订茶务试办章程，以清除积弊。

一是清理积欠。左宗棠说，自咸丰五年（1855年）起，积欠高达38万余两，这些积欠虚悬无着，未能征获分厘，若不通融办理，还有谁敢从商？他奏请朝廷将积欠各课豁免。积欠既清，商户免去以前的负累，市场自然会兴盛起来。

二是清理茶引。过去的茶商都有定额的课税，左宗棠则以招商试行，用行销额领引采办，行销一引之茶即纳一引之课，从前的积引不准代销，以免除移新掩旧之弊。

三是清理杂课。过去每引有捐助、养廉、充公、官杂四项杂课，纳银一两四钱。左宗棠认为："正课百余万两且归无着，更何可征收杂课以累新商？与其徒留杂课，致妨正课，曷若蠲除陈课之累，以救新课。"因此，他主张"祛宿弊，而重正课"。

四是清理商人。左宗棠根据商人资本微薄不能承引，向来由山西大商领引的情况，主张除待此章程批准后通知晋商外，还应让陕西泾阳各县能够承引的商人到陕西先开官茶总店试办新引。

但是，清廷对上列四项，只准缓征杂课，不允许免征或缓征积欠正课。这样一来，旧商畏惧拖累，大多裹足不前。同治十三年（1874年）4月，左宗棠又向朝廷上《甘肃茶务久废请变通办理折》，主张茶叶采取盐的改革办法，"以票代引"，"凡商贩领票，均令先纳正课"，而"陕甘商贩运茶经过沿途地方应完厘税，概按照行销海口茶厘减纳成分之八，只抽两成"，其余由各省划抵积欠甘饷。为了保护甘茶的销售，"无票私茶"和课税较轻的山西茶商入境，需补领官票，"缴纳正课"，按照规定缴纳足额的厘金。

左宗棠改革甘肃茶务，改引为票，取得了一定成果。原来只有2000多引，改票后发票835票，每票50引，即有4万多引，税收达23万多两。但是，这些茶经过10年仍有110多票没有销完。左宗棠在光绪三年（1877年）写的一封书信中说："陕甘茶政，其废弛之故，由于私贩充斥，官引滞销。而归化城之私贩则由蒙古假道俄边行销新疆，尽夺甘商引地。"对此状况，他也无可奈何，只能向朝廷据实禀告。

在西北市场上，俄商的竞争不容忽视。同治十三年（1874年），沙俄提出要在中国开辟新的贸易路线，派俄商在西北地区售买货物。左宗棠对此十分重视，首先他反对沙俄擅自向俄商发执照在新疆古城、巴里坤等地行商，并告知张曜，如果俄国人一意孤行，硬将俄商派往新疆，应驱押出境。其次，他在详细了解了新疆的市场情况后，主张逐步开展对俄贸易，在坚守国家利益的前提下，增加贸易收入。

由于左宗棠努力恢复和发展生产，改革赋税，注重贸易，西北出口也逐渐增多。如新疆皮山蚕茧，至光绪三十二年（1906年）年产近7万斤，而光绪三十四年（1908年）出口达32万多斤，英俄等外国商人争相购买，茧价每斤由一钱五分涨至二钱三分。另外，喀什噶尔的棉花和土布的销量也很大，棉花在本境销售，每年约25万斤，粗土布每年四五万匹；由陆路运往沙俄，棉花每年销售8万余斤，土布每年销售十一二万匹。新疆每年均有大量葡萄销往关内甘州、凉州、兰州、西安等地及沙俄。此时左宗棠早已去世，但他在陕甘、新疆等地为发展贸易所施行的种种举措，却令后人受益良多，实乃"前人栽树，后人乘凉"。

清朝中后期，西北地区的文化教育远远落后于其他地区。左宗棠了解实际情况后，投入了大量精力去改善这一状况。

同治九年（1870年）春，左宗棠督攻金积堡，在军情紧急的情况下仍命甘肃布政使崇保代发兰州兰山书院的运营费用，并在批文中告诫学子们勤勉读书，待兰州事平，他还要去检查诸生背诵。他非常珍视这些西北学子，常用自己的俸银捐助书院，或者从公款中酌情拨付，还经常亲自出题考查他们的学习情况。据史料统计，左宗棠不仅命人新设了多家书院，还重建翻修了以前的书院。

同治八年（1869年），左宗棠在平凉督师征剿回民军时，首次在崇信县创设义塾，经过几年实践，他于同治十三年（1874年）下令在陕甘地区大范围兴办义塾。他之所以主持开办义塾，主要原因是新疆地区各民族经常发生矛盾，而且官民隔阂，政令难施。如能令百姓读书识汉字，通晓语言，则这些矛盾可迎刃而解。为解决义塾的经费开支问题，左宗棠特意从兵屯土地中拨出775亩，将其租金作为省城内外各义塾经费。

陕西也在左宗棠的启发带领下，办理义塾，史载："每一州县，少者五六处，多者三十余处，盖亦相当发达"。左宗棠还为这些义塾选定教材，如《千字文》《三字经》《百家姓》《四字韵语》等，又刊发《孝经》《小学》，兼印楷书印本，令学童摹写。经过一段时间的努力，义塾取得了较好的效果，为消融民族隔阂起到了促进作用。

左宗棠西征以前，甘肃的学政一直由陕西兼管，有诸多不便。为改变这一缺漏，他于同治十三年（1874年）年初向朝廷建议在甘肃设立学政。他在奏章中陈述了甘肃士子赶考的艰辛："边塞路程悠远，又兼惊沙乱石，足碍驰驱……士人赴陕应试，非月余、两月之久不达。所需车驮雇价、饮食、刍秣诸费、旅费、卷费，少者数十金，多者百数十金。"路途遥远、花费巨大，导致很多士子无望得中。

在他看来，西北地区民风不古的原因正是伦纪不明、礼教久废。只有在甘肃分闱，令士子就近应试，免跋涉之劳，才能在此宣扬教化。经清廷准许，左宗棠拨出50万两经费，在兰州建造了一座规模宏伟、可容纳4000人的贡院。

光绪元年（1875年），甘肃首次举行分闱乡试，左宗棠怀着既激动又欣慰的心情入场巡视。在他看来，这一举措能鼓励更多士子投身科场，在客观上起到"劝诱人民向学，转移风化"的目的。

光绪二年（1876年），甘肃分设学政。士子们对左宗棠感恩戴德，甘肃的科考也兴盛起来。左宗棠在奏折中写道："圣贤之学，不在科名，士之志于学者，不因科名而始劝。然非科名，无以劝学，非劝学，则无读书明理之人，望其转移风化，同我太平，无以致之。"可见，他为甘肃设学政的最终目的是改变甘肃的民风，实现天下太平。

近现代研究者认为，"宗棠之一片热忱，谋所以为民生利者，固灼然如见"，他在西征过程中怀有强烈的责任感，他重视农业，开荒种地，大力发展畜牧。同时兴办水利、修筑道路，开渠凿井、植树造林，又创办了制造局、毛纺厂等军民用工业。尽管他在开发西北和建设新疆方面的举措都是初步的，但这是近代开发西北地区的发端，在不少方面为继续开发西北和建设新疆奠定了坚实的基础，提供了宝贵的经验与借鉴，是今天陕西、甘肃、新疆等地一笔珍贵的历史财富。

第十一章 国之重臣

　　陕甘步入正轨,新疆大部收复,各项战后恢复措施稳步推行,左宗棠虽然心念伊犁谈判,但在朝廷的要求下,他只能进京"陛见"。随后,他入值军机处,担任总理各国事务衙门大臣,并负责管理兵部事务。这是左宗棠一生中不可忽视的重要阶段,他从一个地方大员入值军机处,成为拥有处理朝廷军政大权的要员,并总督两江。

第一节　入值军机处

由于清廷在伊犁事务上犹疑不决，仅寄希望于谈判能息事宁人，为避免发生武力冲突，清廷将左宗棠急调回京，这也使左宗棠在西北的军政生涯画上了不圆满的句号。光绪七年（1881年）2月25日，左宗棠到达北京，次日入朝陛见，受到朝廷的殊恩厚遇。两天后，即2月27日，清廷下达谕令，命大学士左宗棠管理兵部事务，在军机处行走，并在总理各国事务衙门行走。在担任军机大臣的8个月时间里，左宗棠的工作重心集中在三个方面，用他自己的话说就是"河道必当修，洋药必当断，洋务必当振作"。

4月17日，左宗棠与醇亲王、神机营大臣会商，三方都认为练兵为当务之急，势在必行。但是，各营官兵无可再挑，只能从八旗养育兵丁闲散中挑选5000名新兵编立成营训练。左宗棠原计划让部下马步营中一半人员教练旗兵，一半人员协助修筑水利工事，但因经费支出过多，他只能在5月13日上奏朝廷，以训练旗兵和兴修水利难以同步进行为由，建议先修水利，暂缓练兵。

之所以先修水利，是因为京畿地区多年旱涝频繁，经多方修浚仍未起到作用。左宗棠从西北经山西北上时，一路上也目睹各地百姓不得水之利、徒受水之害的惨状。因此，他上奏指出兴修水利的重要性：现在若不治理，则旱灾和水涝接连不断，百姓的生活一天比一天紧迫，祸患将不可胜言！至于治水的具体办法，应源头和支流并治，下游应当修筑得深广，用以吐纳水源；上游可多开沟洫，用于灌溉。他调派所部官兵修上游，下游如津沽各地则由直隶总督李鸿章负责。他还在奏折里说明了所部亲兵的军饷，仍由甘肃、新疆供给，不必劳烦京师和直隶等地。

清廷准许了左宗棠提出的兴修水利之事，让恭亲王奕䜣和醇亲王奕譞主理此事，由左宗棠、顺天府尹及直隶总督李鸿章商办。按左宗棠的计策，"由下游而溯上源，无论支干，无分地段，不惜劳费，择要图之"。他建议先治理桑干河、滹沱河，然后再治理其他河道。但此时流经涿州境内的涞水隐患较大，李鸿章建议先治理涞水。施工不到3个月，涞水的问题得以解决，10余年的积患一扫而空。

左宗棠亲自前往视察后奔赴天津，与李鸿章就永定河的修浚问题进行讨论，并向恭亲王详细汇报讨论结果。当时永定河的主要问题是河道淤堵，泥沙沉积导致河底积高、河面狭窄。左宗棠建议"以水治水，顺水之性，不必与之相守相争。……河之受病，既在上源，自应从上源施治，乃可图成"。

治理永定河是兴修畿辅水利的关键。永定河道台游智开提议疏通下游河口，认为此方法甚为妥当，得到了李鸿章的认可。但左宗棠却不同意这种主张，他认为永定河之所以难以治理，主要是因为上流挟泥沙而下，浑浊湍急，与普通河流不同。这种从下游入手的治理方式，无异于见病治病，没有仔细探及源头、疏通河道，将来仍是后患无穷。他主张详细勘察上游地形，就近采石，叠成阶梯状，旁边留出缝隙，疏导河水。这样在上游节节停蓄，层递下注，浊流可变清澈，并减缓湍急的河水对河道的冲刷。等到每年秋后，按段挑出河中淤泥，便能解除下游的险情，并节省不少人力、物力。这一主张得到了熟悉宣化地形的直隶委员邹振岳的高度赞同。为提高治理效率，左宗棠派王诗正率部分亲军赴下游助淮军、练军分担工程；王德榜主办上游工程，并由邹振岳协助督查估算。因该工程难度大、花费多，左宗棠提议为此项工程定新章，另筹经费，以规久远。

李鸿章认为疏浚工程极为烦琐庞大，财力一时无法尽给，唯有依次酌情办理，因此他的态度是暂且答应下来。左宗棠则与之相反，主张"上下并治，分道赴功"，力求迅速完工见效。他给李鸿章写信说明了自己急于上下并治的缘由：一是左军领取的是甘肃之饷，陇事艰难，实在无法长久兼顾；二是刘锦棠正打算裁军减饷，自己内心已感不安，"若复坐食虚糜，陇虽无言，弟实无词自解"；三是左军在甘肃每日操练，或背负兵器出师征伐，或拿着农具从事农耕，这一作风已是理所当然，若不抓紧施工，恐兵士安闲过久，反生事端。除了这些客观原因，更重要的是当时虚岁七十的左宗棠年老病衰，想在晚年尽可能多做些对国家、民族和百姓有利的事情。

正是在这种欲多立新功、再造福一方百姓的心情的驱使下，左宗棠审慎确定治水的正确方针与可行办法，使直隶10余年间治理无效的水患得以解决，水利工程在极短时间内完工，惠及当地百姓。

光绪七年（1881年）12月24日，清廷根据恭亲王、醇亲王的奏折发布上谕，肯定并赞扬了左宗棠兴修畿辅水利的事迹。当时的报纸也就此事颂扬了左宗棠"系心于国计民生"的高尚德操。

入值军机处期间，左宗棠除了致力于解决军政、水利之事外，在涉外事务上也一如既往，为维护国家利益和民族尊严采取有理、有力、有节的强硬态度，一改过去朝廷大员对外卑躬屈膝的态度，对清廷和外国都产生了一定影响。

左宗棠入京时，正值日本公使因在琉球问题上没有得逞而愤然回国之际。光绪五年（1879年），日本乘人之危，向清廷提出要修改同治十三年（1874年）签订的《中日北京专约》，借机吞并琉球。当时，左宗棠担心因琉球问题影响收回伊犁，陷入东西两面受敌的被动局面，认为琉球归附中国或改隶日本都无关紧要，建议采取听之任之的态度。但日本得寸进尺，看到沙俄与清廷签订《中俄伊犁条约》攫取侵略权益后，也想趁机要挟勒索清廷。

左宗棠识破日本的阴谋后，对日本吞并琉球不再采取退让态度，但他仍不主张用兵。为防患于未然，他请旨让沿海各省的防营早做准备。在他看来，日本自明治维新改革政务以来，购买制造轮船、储备军火，怀有贪诈之心，对中国不怀好意。

面对强敌环伺的形势，左宗棠主张"不动声色，严密查访，随时禀办"，力求创造一个自强求富的安定环境，以期在夹缝中获得发展的机会。

左宗棠还用提高税金的方式"严禁洋药土烟"，从而达到匡正风俗、保护平民的效果。这既是其时务急策的三大要务之一，更是他涉外的主要课题。

光绪七年（1881年）6月1日，左宗棠向朝廷上《严禁鸦片请先增洋药土烟税捐折》，希望朝廷能从匡正风俗的大局出发，既然不能完全禁止鸦片之事，不如先增加鸦片土烟的税捐，达到减少鸦片贸易的实际效果。他在奏章中痛陈鸦片的危害：它不仅使衣食无忧、生活水平中等的人家破产，影响吸食人员的身体健康甚至性命，还导致投机取巧的不正风气，百姓将适宜种植谷稻、蔬菜、瓜果的肥沃土地用来种植罂粟，使乡村地区也受到鸦片侵蚀，吸食者日益增多，积习更加深重。

他认为增加洋药土烟的税捐是最好的办法，因为增加税捐后，洋药土烟的价格必然随之升高，由于价格昂贵，瘾轻者必戒，瘾重者必减，由减吸至断瘾为时不远。

至于外国干涉的问题，左宗棠认为此次增加税捐是针对中国的吸食人群，并非针对出产地及外国商贩。针对此事，他与李鸿章在总理衙门与英国驻华公使威妥玛进行了商议，威妥玛为了不影响鸦片在中国的销量，将每箱鸦片定价80两，加价甚微，这一做法不但不能断除烟瘾，反而刺激了洋药的销路。因此，左宗棠主张向每百斤洋药征实银150两，对内地私种的罂粟土药也按照洋药税进行加捐。

但无论国内外，对此事的态度都很消极。从内部看，各省执政者畏难不前，恐画虎不成，授人以笑柄，对左宗棠提出的增加洋药税捐的办法迟迟不作答复。从外部看，尽管西方各国多不认可英国的做法，但又忌惮其实力，因此都十分关注鸦片主要输出国英国的态度。威妥玛作为英国政府在中国的代表，态度轻慢，百般刁难，大大增加了执行此事的难度。

面对诸多阻力，左宗棠一身傲骨。他认为只要朝廷内外勤力同心，通过减少鸦片支出，戒断烟瘾，国家将逐渐恢复元气。除了多次向朝廷奏陈此举的积极作用外，他还在给地方督抚如李鸿章、谭钟麟、杨昌濬等人的书信里一再谈及此事，并将奏折发往地方府县，使地方官员审阅了解这一举措的正面意义。他还利用报纸扩大宣传，《申报》刊载他的奏折后，在民众间引起了强烈反响。

面对英国的阻挠和拒绝，左宗棠更是采取不妥协的强硬态度。他曾告诉李鸿章，威妥玛反复无常、不足为信，唯有不闻不睬、坚持己见。

在商讨增加税厘时，威妥玛以内地偷漏甚多为由，建议采用更为实际的加税免厘的方式，左宗棠趁势表示应按照各国货物出口条例和英国对嗜好品加两倍征税的做法，每箱洋药进口征税银150两。威妥玛认为数额太高，拒绝接受，再次提出加税不免厘的方案，且一直不给出加银多少。左宗棠指责这种信口开河、出尔反尔的做法，批评他"前后议论纷纭，终无一定"。

10月19日，左宗棠在《复陈增收洋药土烟税厘折》中，根据各省关区域不同、征收有多寡之分、关局分卡有疏密，难以合计统筹的实际情况，提出"综核通行遵办"的总原则。无论沿海还是西北，鸦片是大箱还是小箱，在香港还是沿海其他各关，总收还是分收，所收是关税还是厘捐，洋药还是土烟，均以洋药每百斤收150两（内关税30两，厘捐120两）、土烟每百斤收50两为定准，奏请朝廷钦定统一颁行。

光绪七年（1881年）12月9日，左宗棠离京赴任两江总督，增加洋药土烟税捐一事也时断时续地进行着，直至次年威妥玛回国后，曾纪泽负责与英国交涉此事时，还多次询问左宗棠的意见。尽管左宗棠的建议未被清廷采纳，但他的提议既有抵制外国侵略的意图，又在一定程度上限制了鸦片在中国的倾销，从中可看出他的一片爱国赤子之心。

早在接到入京谕令时，左宗棠就派四子左孝同先到京师，在东华门外选定一所院房作为寓所，名曰"石鼓阁"。当时，他准备将儿孙家眷都接来京师，自己也打算终老京师。他在陛见后曾上疏自陈愿以闲散人员的身份长居京师寓所，姑且作为朝廷顾问。然而，北京之地为宦海，人与人之间一般多论利害，少谈对错。左宗棠在西北盘桓10年之久，这10年间，他身处交通闭塞、消息隔阂、思想落后的边疆，对京城和国际形势的认识也有些偏差，常以自己的认识行事，因此总是碰钉子。这次入职军机处是他首次进京为官，加上他本性耿正，对朝中的奸佞贪诈之辈十分不满，而且他在西征新疆时曾与穆图善、景廉、成禄等人暗生芥蒂，在朝中处处受阻。

这种被人排挤、受人掣肘的处境，使他不仅不愿留在军机处，连北京也不愿再久留，急于求去。他多次以病奏请开缺。10月28日，清廷授予左宗棠两江总督兼充办理南洋通商事务大臣。

在入值军机处的短暂时间里，左宗棠积极练兵，特别在兴修水利、增加洋药税厘方面做了大量工作，并取得了显著成效。古稀之年的他已是"衰病余生，杖不去手"，大有力不从心之感，他在年老力衰、体弱多病的情况下，即使在政坛倾轧中受冷遇、受刁难、受阻挠，仍不忘为国家民族利益而奋斗。

第二节 振兴两江

光绪七年（1881年）12月，左宗棠离京南下，先请假回湖南探亲，然后由武昌乘船东下，于次年2月抵达两江总督衙署所在地江宁。前两江总督刘坤一交卸督印，左宗棠正式就任两江总督，并兼办理南洋通商事务大臣，承担起两江政务和南洋通商事务。

历史上的江宁是长江下游和东南的政治、经济、军事及文化中心，但清代晚期的江宁已今非昔比，破瓦颓垣，满目荒凉，虽非荒歉之年，但依然有众多灾民。左宗棠为此深感痛心，担心自己时日无多，希望能在任期内整顿吏治、休养民生，不负此次东南履职。左宗棠认为，江南要政，不外乎水利、盐务、海防。而食为民天，水利不仅关系国计民生，也是充实海防的根本。兴办水利和海防，必须利用盐务筹措经费。但鉴于江南疮痍满目、生计萧条的惨淡情况，他又提出江南要务首先在于理财，且理财之方也应以治水、行盐为重。

这是因为水利可灌溉农田、渡水运输，盐引可增加课税、便利百姓。另外，发展近代工矿各业也能增加课税、便利百姓，是最大的理财之方。所以，他认为江南的首要政务在于理财，通过修水利、改盐引、发展近代工矿业来振兴经济、加强海防。

首先，他在江南江北动工兴修水利。其中，治理赤山湖是左宗棠江南治水的重点。赤山湖湖底积高，堤坝单薄，"旱干水溢，均受其灾，民间苦之"。为解决这一问题，左宗棠决定同时疏浚湖和河，他命人先从东边的道士坝起，经蠏子坝至麻培桥一段挑挖加筑，接着挑淤疏浚三汊河、秦淮河，消减下游的水势。光绪十年（1884年）4月，左宗棠依地势在秦淮河上选择重要地段建闸建桥，使之收纳诸水、导引清流，无论是居处陆上还是舟行水上都深受其益。

在江北地区，导淮入海是主要的水利工程之一。淮河是汇集众多支流、横贯安徽北部的一条主要河流。由于黄河改道，夺其下游，淮河入海处淤塞，改道由洪泽湖流入长江，从此，淮河床逐渐抬高，泄水不畅，加之上游支流的泥沙汇入，淮河成为江北一条极易泛滥的河流。

光绪八年（1882年）3月，左宗棠提出"引淮归海"的治淮方案。3月14日，他在出巡时专门到高邮和高良涧等地查勘。当他了解到前两江总督刘坤一拟将杨庄以下旧黄河挑浚以消减水势，并修筑礼河正坝以蓄湖水的计划后，认为该地地势北高南低，施行起来需逆流上挖，不仅工程复杂，费用巨大，效果难以预料，担心蓄水和泄水也不得其宜。

经与河工各员多次磋商,他认为治水之要在于蓄水和泄水,而下泄要保障下游周边的农田,因而需加固运河东西两岸堤防,以便舟楫通行。一切准备就绪后,治淮工程顺利推进。如运河东、西两堤,西堤在上年完工后,次年又接修东堤。西堤完工时,正值运河水势泛涨,如果放在从前必然会造成毁灭性的灾难,此次却因左宗棠的修浚化险为夷,其效果连左宗棠也感到惊讶。

由于运河西堤已获成效,左宗棠在光绪九年(1883年)4月建议加固运河两边的堤坝,赶在5月末水位猛涨之前完工。他的未雨绸缪,不仅避免了当年运河水势泛滥殃及民众,当地农民还因新修的堤坝拦水,可以抢割迟稻,保证了农收。

光绪十年(1884年)2月8日,左宗棠又会同漕运总督杨昌濬等人,用了8天时间进行详细调查,对导淮入海工程有了较全面的了解,拟订了导淮入海的新方案。

左宗棠在江南兴修水利,范围广、规模大,江南江北几处工程同时施工,取得了较好的成效,为当地的农业发展提供了便利。

在兴修水利时,左宗棠也很注重振兴江南的盐务。两淮盐务向来发达,是我国重要的产盐地区之一,运销江淮和湖南、湖北等地,为浙江、广东、四川、长芦盐所不能及。道光时期,两江总督陶澍创行票盐法,严剔陋规,消除弊政,使两淮盐务兴旺,每年收入数百万两。太平天国起义后,交通断阻,盐业萎缩。主持盐政者虽踌躇不前,煮海为业者亟望整顿盐业,商贩也期盼着重振盐业。

左宗棠就任后，遍查盐政旧例，参考幕僚规划，采纳绅商建议，意识到复岸增引是增加课税、便利百姓的唯一方法。为了实现"复岸增引"，他采取了以下几项措施来整顿盐政：

一是讲求盐质。"淮盐"分"淮北盐""淮南盐"两种，淮北盐是借风力吹晒而成，色白而味佳；淮南盐是用锅引火煮成，色黯而味微涩。因此，淮北盐易销，但产量不如淮南盐。川盐、粤盐与淮北盐相似，并以成本低、质量好夺占了淮南盐的销售市场。为此，左宗棠倡导改进淮南煮盐办法，提高淮南盐的品质。

二是裁减杂款规费。左宗棠说，盐务本为腥膻之场，四面八方都伸手染指，杂税陋规层出不穷。为了改变这一陋习，他规定除允许酌议加增有益地方的善举费用外，其他费用应裁的裁，应减的减，逐加厘定备案，以后不准另立名目违章取巧，以此减少成本，达到降低价格、打击私盐的效果。

三是加强缉私。左宗棠在职期间，川盐、粤盐借岸行销，侵占了淮盐市场。至于武装贩运私盐、票贩营私的，更是难以计数，尤为境内之患，防不胜防。为此，左宗棠决定先清除外来及本地官私隐患，从根源上整顿清理盐务市场，他致函四川、湖北督抚，请他们从旁协助，并派军巡缉私盐。

四是先实行官运。左宗棠认为，在民间还没有找到最佳营运方案前，应由官方出面领运，所有领运成本、销售价格均和商贩一致，并根据收入、支出款项的多少定为永久章程。这样做，可以从增加课税、便利百姓、体恤商贩多方面进行衡量，推行收利。

光绪八年（1882年）5月26日，左宗棠在给朝廷的奏折中说，他到任的3个月里，湖北、安徽两岸新复19.28万余引，运销一次课银约可增加17万两有余，盐厘征收120余万两。可见这一举措效果显著。

除了水利、盐务之外，左宗棠总督两江时还有一项重要职责——洋务。在福州和西北兴办洋务事业的基础上，左宗棠将洋务运动推向了以商办企业为中心的新阶段。他将发展商品经济和近代工矿企业作为振兴两江经济的又一重要内容。与西北洋务运动的目的不同，此时左宗棠更侧重于为国防寻觅资源，提供便利。其具体措施如下：

一是支持并发展原有的洋务企业。在兼管江南制造局、金陵机器局时，除了对生产制造和经费收支亲自审核报销上奏外，他还派专人到这两家企业加强领导和管理。自从他离开福州船政局后，虽时为关怀，但因职务有别而无从下手；现在他任两江总督兼办理南洋通商事务大臣，有兼顾之责，于是要求福州船政局及时上报船政局所有利弊情形，同时他也很关注船政大臣的人选，积极督促轮船制造。

二是支持商人集资兴办工矿交通企业。徐州利国驿煤矿是当时重要的煤矿企业。当候选知府胡恩燮招商集资、聘请外国矿师来开采这一煤铁矿时，左宗棠批示胡恩燮"集资试采"，聘请矿师勘察，并购买机器以加速成事。后来，胡恩燮以购办机器、聘请矿师、建造厂屋厂炉"所需成本为数甚巨"请求减少税银，左宗棠甚为体谅，对该煤矿实行减税。

三是支持近代交通运输事业。自同治十二年（1873年）丹麦大北公司在上海架设电线后，光绪九年（1883年）英国大东公司也要求在上海架设水线。左宗棠先命邵友濂、盛宣怀等人阻止英商添设，以保护中国的自主权。不久又有洋商要求添设由长江直达汉口的水线。

左宗棠回绝其要求，坚持所有经费由华商自筹，避免外国染指。

在积极开展洋务运动、振兴江南工商业的同时，左宗棠仍然把农业视为根本，将从事他业看成末务。针对农民不安于田亩而从事他业的现象，他说："彼以逐末而终致贫寡，我以务本而自强自富。"他甚至认为，经营工商业致富不可与从事农业生产致富相比，并将工商业的技术视为"淫巧"。

他这种过分强调农业重要性，而忽视乃至轻视其他行业的观点，说明了传统思想对他的侵染，这种看法既不符合近代历史实际，也无法从根本上改变中国，有一定的历史局限性。

左宗棠顺应洋务运动的趋势，扩大近代化的范围，改良经营体制，保护民族自主性，坚持反侵略、维护民族权益，这在当时是很可贵的。

第三节　老骥伏枥

除了兴修水利、改革盐务外，左宗棠对防务也十分关注。江海防务是洋务的重要内容，也是江南政务的中心课题。"两江以海防为重""防海即以防江",江南防务要"江海并重"。

光绪八年（1882年）3月中旬,左宗棠在江宁和瓜州、扬州、泰州、清江浦等地巡阅各营制兵。同年6月、次年10月和光绪十年（1884年）2月,他又先后三次乘船东下,巡阅江海防务。

经过调查研究,左宗棠对江海防务有了一定了解,但对海防涉猎较浅,因而屡次与以水师起家、奉命巡阅长江的老友彭玉麟商谈。最后他们都主张采取守势,专防海口与江口,避开大洋区域的争夺。这一观点源自魏源的"守外洋不如守海口,守海口不如守内河"一说。为此,左宗棠采取了一些具体措施,为加强江海防务做了大量工作。

一是确定防守地带。过去人们认为长江海口的防务多在吴淞,而吴淞是进黄浦江之口,为苏淞一带的扼要门户。左宗棠考察地形后指出,由长江外海入内海的轮船有两个进口:左为吴淞,右为崇明。外洋轮船若不进黄浦江,就不必由吴淞入口,由崇明北绕白茅沙,就可顺抵狼山（位于江苏南通南郊）、福山（位于江苏常熟）,而径趋长江。同时,福山南岸近来因沙阻塞,轮船无法直行,须绕狼山北岸而入江阴,所以吴淞设防根本不能扼敌来路。而且,吴淞口南北宽不过10里,狼山、福山口南北宽有100余里,由此更容易进入长江。因此,他改变了以往以吴淞为重点的防务观点,指出此时防长江海口,应以狼山、福山为重,兼顾吴淞口,以期周密。

根据重上海、保江南的需要,左宗棠还主张加强白茅沙的防务,又根据崇明"地居内洋之外,外洋之内"的独特地理位置及

"岛屿丛错，明险有石礁，暗险有沙线"的天然地势，把它放到比白茅沙更重要的战略位置。他的"江海并重，防江必先防海"的观点，把防务的视野由点拓展到面，使长江口的防务更加缜密完善。

二是补充船舶，改良武器。为了加强江海防务，左宗棠在改进设备时，将求新作为重要方向，如建造洋式炮台，一切守台与兵轮炮台操练等，或购自外洋，或由上海、金陵两处机器局造解拨济。对原有设施，他也做了合理的增改，如要求各地根据地势修砌船坞，用木板铺成水炮台。同时，他还命人购买洋枪、水雷、鱼雷等各种武器，邀请精通制造的洋匠来华教习。

添置轮船更是他改进设备、增强防御力量的重点。彭玉麟曾打算增制10艘小火轮，左宗棠认为两江总督防海口，10艘船仅够防守，若兼顾南洋，必须有10艘大兵轮供使用。因此，他接任两江总督后，以"江海筹防未固，户牖绸缪宜勤"，调回了北洋调走的兵轮，并在彭玉麟打算增制的10艘小轮之外，打算另外仿新造快船，增制5艘兵轮。

三是建立防务队伍。旧有陆营和水勇是江海防务中不可忽视的力量，但必须进行整顿，加强训练。左宗棠令各陆营淘汰老兵，募取精壮补足名额。对于水勇，他不主张裁减，还给各营派发一定弹药用于操练，使炮手操作纯熟。

再有，左宗棠认为中国创设兵轮的目的在于自强，添造兵轮必须按外国的培养方式预先谋划驾驶人才，并要依靠自己就地培养。他奏请将南洋现有的"澄庆"号改为训练船，让蒋超英前往福州船政学堂挑选10名学生，另招100名水手在"澄庆"号训练船上教习，按照西方模式，以3年为期限，练习缝补帆布、系结绳索、插接、操作及保养等一切船务，并带他们游历各海口，经历风浪，辨识海道，直至精通熟练。这样，将来新增购造的快船到来后，这些学生水手便可独当一面，比起临时招募更得力。这在当时来说，不仅是解决急需近代海军人才的最佳方案，也为随后创办江南水师学堂创造了条件。

渔团也是左宗棠加强江海防务的一支重要力量。早在鸦片战争时，左宗棠就将"练渔屯"作为反侵略的长久固守的重要内容之一。现在，他创设渔团，不仅是"练渔屯"的重大发展，而且将江海防务植根于江海群众中，使江海防务有了更深厚的群众基础。光绪九年（1883年）7月，左宗棠提出创设渔团后，8月6日，吴淞设立渔团总局，随即各地也相继筹办。在此期间，左宗棠多次前往靖江、崇明等地校阅渔团。他明确指出渔团的宗旨是"卫民而非以扰民"。

左宗棠制定防务方针以自身力量为基本出发点。他说："自强之道，宜求诸己，不可求诸人。求人者制于人，求己者操之己。"具体到海防，他认为较合理的方式是"不争大海冲突，只专海口严防"。没有战事时，在海上巡逻，尽己所能，平定海盗。有战事时，则齐集海口进行堵截抵御，或诱敌搁浅，我方船只环而攻之；或观察到敌船长驱直进时，我方船只跟踪追击，断其后路，以便前方师船堵截进剿，不至于坐视敌人冲窜猖獗，到处骚扰。

左宗棠的防与守都是以战为基础的，是积极的防守。而且，他强调誓死以战，从而达到守的目的。在这种誓死以战的思想指导下，他要求各地严防死守，将进犯或有意进犯的外国势力坚决堵截在国门以外。

此外，左宗棠还将福州船政局新造的"开济"号快船调至江阴，将北洋调回的"登瀛洲"号兵轮开驻崇明海口，由长江和江南水师提督操练调遣。这样，有了战术、人员和装备，江南防务就更有把握了。而且，江南防务稳固后，更可济南、北两洋之急。

为了使将士坚定意志，提升士气，同心协力，千里杀敌，左宗棠曾4次出巡到上海，以推动江海防务。首次巡视时，他带数百名亲兵前往，租界工部局①以"结刀持械通过须照会"为由加以阻拦。左宗棠大怒道："上海本中国地，外人只租借尔。以我中国军人行中国之地，何照会之有？"并命令所有亲兵枪实弹、刀出鞘。外国人见左宗棠正气凛然，毫无畏惧之色，一改之前的倨傲，清除道路，换升中国龙旗，鸣炮十三响以示迎接。此后的3次巡视，外国人对他愈加恭谨有礼。

到光绪十年（1884年）2月第四次去上海时，左宗棠"身穿黄马褂，坐绿呢大轿，气象威严，精神矍铄"，停靠在黄浦江的中国兵船和英美兵船都鸣船炮以示敬意，外国洋行和英、美、德、俄、奥等国领事都到近前拜谒，场面蔚为壮观。

---

① 清末列强在中国设置于租界的行政管理机构。

年逾古稀的左宗棠的所言所行，充分显示了中华民族反侵略的坚强意志和不屈的气节。左宗棠曾与彭玉麟谈及江海防务和赶办船炮各事，二人豪情满怀，左宗棠说："但能破彼船坚炮利诡谋，老命固无足惜，或者四十余年之恶气借此一吐，自此凶威顿挫，不敢动辄挟制要求，乃所愿也。"彭玉麟也说："如此断送老命，亦可值得！"他们东征西战数十载，深知外国势力对中国侵害之深广，愿以死报效国家。显然，反侵略既是左宗棠一生的夙愿，也是他整顿江海防务的首要目的。

第四节　逢敌亮剑

在左宗棠加强江海防务之际，法国在越南的侵略行为已威胁到我国云南、广西等地的安全，清廷于光绪九年（1883年）5月谕令左宗棠"悉心筹划，迅速奏闻"。于是，左宗棠又开始积极筹划抗击法国的侵略。

越南当时是中国属国，其国土主要由南圻、中圻、北圻、柬埔寨、老挝五个部分组成。其中北圻与云南、广西接壤，海域与广东相连，与中国的关系极为密切。

从明朝中叶开始，法国将注意力投向东方时便格外留意越南。自咸丰朝以后，法国更加积极钻营。咸丰八年（1858年），法国联合西班牙入侵越南，就前一年越南人杀害西班牙传教士一事兴师问罪，战事持续了4年，当时清廷正全力征剿太平天国起义,无力支援越南。同治元年(1862年),越南战败,被迫与法国签订了《西贡条约》,割让土地,并允许法国军舰在湄公河上自由航行。

同治六年(1867年),法国借口保护越南秩序,占领南圻,并开始图谋中圻、北圻,要求获得红河通航权,越南坚决反对。同治十一年(1872年),法国攻取北圻,预谋渡过红河进入中国境内。广西巡抚刘长佑征召曾参加太平天国起义的刘永福所部的黑旗兵,粉碎了法国的图谋。同治十三年(1874年),法国采用怀柔政策与越南签订和约,承认越南为独立国家,从而获得红河通航权。自此,法国对中国的觊觎之心已是路人皆知。

光绪元年(1875年),法国驻华公使向清廷照会法越条约,并提出两个要求:一是剿灭边境的刘永福及黑旗兵,二是在云南开辟一处通商口岸。清廷严词拒绝,并谴责法国的不齿行径,声明越南依旧为中国的属国。法国对此不以为然。其间,越南私下联络刘永福,共同反抗法国侵略者,阻其通商,并屡次向中国求助,清廷也以剿办边界土匪的名义多次给予帮助。

到光绪八年(1882年),法国为惩治越南背约,再次举兵来犯,这次进攻的主要方向是中圻、北圻,威胁中国云南和广西边境。清廷一面向法国提出抗议,一面命广西、云南出兵防守,广东海防戒严。法国借机再次向清廷要挟退兵,并要求在保胜设置通商口岸,驱逐刘永福及黑旗兵,以红河为界划分南北。李鸿章起初答应了法国的要求,但法国贪婪背信、得寸进尺,试图用增兵恐吓的方式攫取更多利益。

第十一章 国之重臣

通过一步步蚕食越南，法国最终进入了中国边界，向清廷张开了血盆大口。8月15日，左宗棠遵旨上奏《敬筹南洋应办边务机宜折》，提出对法国侵略的态度及应当采取的立场。首先，他认为，面对法国侵略越南并扬言要进犯广东的狂妄举动，应坚决予以抵抗，不能退缩示弱，并留下了他的著名言论："我愈俯则彼愈仰，我愈退则彼愈进。"接着，他指出法国侵略越南，不仅关系到越南的存亡，还将影响云南、贵州、广西边境；西南边境遭到侵犯的形势愈发急迫，提议朝廷早做准备。

左宗棠作为两江总督兼办理南洋通商事务大臣，管理七省洋务事宜，对于此次事件他义不容辞，派出旧部王德榜急赴云南、广西与越南交界处探明情况，如必须用兵，即命王德榜调募数营广勇驻扎滇南、粤西边防要地，相机而动。

自此以后，左宗棠极为关注越南局势的发展，一再奏请增加王德榜的兵员，调拨武器。光绪十年（1884年）1月，他奏请将王德榜部增募为10个营，以独当一面，并将该军命名为"恪靖定边军"，加以号召。更为可贵的是，2月中旬，左宗棠因眼病获假调养，仍关心越南局势。其间，北宁（在河内东北）失守，兴化相继沦陷，王德榜在谅山、镇南关（今友谊关）目睹法军的猖獗，因兵力单薄未能进剿，而法国提督又带8艘兵船驶往中国威胁，意在以和议谋取利益。

左宗棠得知这些情况后，深感愤懑，寝食难安，病假只过了一半便销假，希望朝廷能委派他与法国周旋此事。5月3日，清廷发布上谕，嘉奖左宗棠"素著公忠，不辞劳瘁，朝廷深资重任",让他即刻赴京陛见。

在此期间,认为"对法战事,不能不郑重,可和则宁和"的李鸿章,与法国海军中校福禄诺在天津签订了《中法会议简明条约》,议成五款:一是承认法国占有越南全境;二是法国有权在中国边界剿匪,清军应撤回边界;三是法国不索赔偿,但清廷须开放与越南北圻毗连的边界,允许法国在此通商;四是法国在与越南的和约中不出现有损清廷威望体面的字句;五是签字3个月后根据前四款再订立详细条款。

5月15日,左宗棠离开金陵北上。途中左宗棠查阅天津电报,得知中法签订《中法会议简明条约》的消息后,他气愤至极,向总理衙门提交了《时务说帖》,阐述了自己对条约一事的观点。

左宗棠认为,中法议和,事关国家大计,应详密分析利弊,以减少对朝廷的损害。在提到清军撤出北圻的危害时,他说:北圻作为云南、广东的屏障,与中国接壤,五金矿产十分丰富,法国对此垂涎已久。若轻易撤去,法国必然得陇望蜀。等到越南全境被法国占据,将来征兵训练、纳税征粮等事,又如何实现呢?不仅如此,"若各国从而生心,如俄人垂涎朝鲜,英人觊觎西藏,日本并琉球,葡萄牙据澳门,鹰眼四集,圜向吾华",列强势必由表及里,逐步进逼,到时又该如何应对呢?他驳斥了"兵凶战危"的论点,认为法国侵略者并非不可抵挡。

对于主张议和的观点,他认为议和要有条件,不能无条件议和。他想利用国际力量限制法国,尽管这一目标无法实现,但他以誓与决战为条件，把和谈建立在战争的基础上，而不是单纯地、无条件地讲和。同时，他的主战是以知己知彼为前提，而不是盲目主战。他分析了法国政局动荡、远途作战等不利条件后，认为法国势难持久，议和应从缓。

他在《时务说帖》中还提出要"亲往视师"，收复越南之心颇为热忱，甚至不惜立下了军令状：

> 窃自揣衰庸无似，然督师有年，旧部健将尚多，可当丑虏。揆时度势，尚有可为，冀收安南，仍列藩封而后已。不效则请重治其罪，以谢天下。

左宗棠这一表现可谓"烈士暮年，壮心不已"，彰显了他坚决反对外来侵略的爱国精神。

第十二章 壮志千古

左宗棠复入军机处，表明清廷逐渐偏向主战。不过，左宗棠第二次入值军机处，比第一次时间更短，前后不到3个月。究其原因，除了满汉大臣间的相互倾轧、排挤外，主要是中法战争的进一步扩大，促使他不顾古稀高龄，毅然请缨杀敌，奔赴抗法前线。

第一节 临危受命

光绪十年（1884年）6月13日，左宗棠风尘仆仆地抵达北京，休息整顿几日后进宫觐见。6月18日，清廷发布谕旨，命他仍在军机处行走。左宗棠就此开始第二次进入军机处。这次重入军机处，左宗棠雄心壮志不减当年，急切地想在有生之年为国尽忠。按照清廷的谕旨，他本可以不用经常入宫值班供职，但他却自请每天入值，认真负责地履行职责。

神机营当时的统帅依次为醇亲王奕𫍽、左宗棠、贝勒奕劻[1]、将军善庆。奕𫍽只是挂衔人物，神机营的日常工作主要由左宗棠处理。左宗棠受命后，经常到醇王府商谈时事。6月26日，他正式到神机营任职。为了方便工作，他于7月中旬移居西安门外的善庆宅内。

在屡次接见僚属，详询营伍情形时，左宗棠了解到兵丁每日的口粮很少，凡遇请假等意外情况，都按照规定扣除口粮，这些被扣除的口粮积累下来作为办公费用，不少兵丁无力养家糊口，苦不堪言。为解决这一问题及由此引发的士气低落、军心不稳等负面影响，左宗棠与两江总督曾国荃、江苏巡抚卫荣光、安徽巡

---

[1] 奕劻：满洲镶蓝旗人，乾隆皇帝曾孙。晚清宗室重臣，清朝首任内阁总理大臣。辛亥革命爆发后袁世凯复出，他让出首相职位，改任弼德院总裁。清朝灭亡后迁居天津。

抚裕禄、江西巡抚潘霨等人商议，请几省筹金解送京师，作为军用资金备用。8月6日，左宗棠又上奏朝廷，请求将神机营兵丁的扣旷免除，办公费用除将上述各省解款陆续发典生息外，其余不够的银两，再由他想办法。此外，他还向朝廷提议给神机营的士兵每人加银一两，以提振士气，使他们认真训练。

除了巩固京畿的守卫力量，左宗棠这次入值军机处所做的另一件影响较大的事情是撰写并呈交《艺学说帖》。光绪十年（1884年）7月11日，国子监司业潘衍桐奏请朝廷特开艺学一科，以储备人才。同日，清廷发布谕旨，令大学士、六部九卿会同总理各国事务衙门妥议具奏。左宗棠就此撰写了《艺学说帖》，发表自己对此事的看法。

清代的入仕途径主要有4个，分别是皇族沿袭、门荫封赏、科举考试与纳捐入仕。其中尤以科举考试为众所周知的正途，人数也最多。然而，清朝的科举考试内容仅为经义、诗赋、策论等，对法律、经济等专业领域涉猎极少；至于武举考试更为简单，多为传统冷兵器的对战。而办理洋务需要相关人员熟练运用外国语言文字，了解外国的技术与制度，从而与外国人交往，清廷的考试制度早已无法选拔出满足时势需求的人才，亟须调整改变。

在《艺学说帖》中，左宗棠首先肯定了推广艺学的必要性。他认为，艺学是形而下的实践学问，与志道、据德、依仁、游艺等形而上的理论研究同样重要。掌握艺学的人员可以用隐喻叙事的策略向皇帝进言，由此立于朝廷，与其他靠科考文章晋身的官员并无不同。况且自近代海上用兵以来，西方各国强势进犯，面对如此时势，要谋自强之策，必须加强对西方的学习。

虽然将艺学等同于中国古代早有的制器之学有些牵强附会，但左宗棠的用意在于为艺学的兴办开路，让统治者认识到艺学对于自强不可或缺的重要性。

在当时的内外形势下，学习西方、兴办艺学，不仅必要，而且可能。左宗棠在《艺学说帖》中回顾自己兴办洋务的过程和成效："宗棠在闽浙总督任内时，力请创造轮船，并有正谊堂书局、求是堂艺局之设。所有管驾、看盘、机器，均选用闽中艺局生徒承充，并未掺杂西洋师匠在内。洋人每言华人明悟甚于洋人，亦足见其言之不污也。"

此风一开，中国可加速吸收西方工业文明的营养，学习其建造、使用的技术，不但可凭借坚船利炮平定海寇，国力、民力也将随之增强。实施数年后，各海口船炮罗列，并可随时拨调协济，人力物力互相通融，处处铜墙铁壁，以守则固，以战则克，根本无须顾虑外来侵扰。所以应预先筹划擅长此道的技术人员，购置并制作精良的船炮，广泛延揽人才，为己所用。

至于中国要开设的艺学内容，左宗棠认为应与西方有所区别。艺学应以语言、文字、制造三者为要，不包括西方的政教制度。他在鼓励学习西方、兴办艺学时，与当时绝大多数洋务派及思想家一样，仍坚持"中体西用"的框架。他在道艺观上，仍然没有从根本上突破传统观念的束缚，甚至用来分析问题的方法和术语也是承袭传统。但是，他提出"道、艺本出于一个本原，未尝析分为二"的"道艺统一"论点,在当时的历史条件下,有利于西学和艺事的传播。

8月1日,清廷根据大学士、六部九卿、总理衙门各大臣会议的结果,发布谕旨,指出国家应不拘一格地吸收人才,遴选有真才实学的人才,即使是讲求艺学的工匠,也未尝不可兼收并取。至于别立科目则大可不必,以免发生分歧。以后如有精于西法之人,在京着各大臣保送同文馆考试,在外由各督抚延请到机器局当差;没有机器局的省份则分别具文保送至南北洋大臣处,再考核其学术技艺,切实保荐;因事制宜、实事求是地招揽人才。这些措施基本上采纳了左宗棠在《艺学说帖》中提出的建议。

左宗棠在第二次入值军机处期间,特别关注的还有中法战争形势的发展。当时,战事正发生重大转折,法国不仅继续扩大对越南的侵略,还对中国领土发起军事进攻。6月23日,《中法会议简明条约》墨迹未干,法国便出动900人向驻守越南北宁观音桥的清军营地发起进攻,扬言要接收谅山、高平两地。清军被迫奋起还击,将法军击退。

事后,法国反诬清廷破坏《中法会议简明条约》,法国远东舰队副司令利士比于8月5日率3艘军舰进攻台湾基隆港,以猛烈的炮火轰毁基隆炮台;次日又派海军陆战队登陆,被当地守军击退。8月23日,早已停泊在福州马尾港的法国舰队向福建水师发起猛烈攻击。福建水师仓促应战,因双方实力悬殊,不幸全军覆灭,11艘舰艇全部被击沉,官兵死伤约2000人。马尾船厂也遭到炮轰。

战事的发展完全证实了左宗棠在《时务说帖》中的预料：法国侵略者得陇望蜀，清廷不能高枕而卧，中法之间非决战不可。马尾之战爆发三天后，即8月26日，清廷正式对法宣战，援越战争由此发展为法中两国的侵略与反侵略战争。

左宗棠结合自己镇压太平天国起义的经验认为，战争能激发人们守卫国土的斗志。他的主战态度十分坚决，并且表达了请缨出战的意愿。马尾之战清军惨败后，他忧心如焚，等到朝廷发布宣战诏书后便立即请行。清廷起初考虑到左宗棠年事已高，没有应许他的请求，仅调其旧部杨昌濬为闽浙总督，命江苏拨出4个营的恪靖亲兵前往福建。但左宗棠坚持亲自前往福建督师，为此，他向醇亲王奕譞主动请缨，希望能从旁协助对法作战。醇亲王在致军机处的函件中记录了此次会面，说左宗棠"其志甚坚，其行甚急""跃跃欲试，有不可遏之势"，年已古稀的左宗棠依然恨不得马上带兵出征，将进犯的法国人驱逐出境。

9月7日，清廷接受了左宗棠的请求，任命他为钦差大臣，督办福建军务。

当时的军机处，跟左宗棠第一次入值时的状况相似，满汉同僚间的倾轧、忌惮和毁谤如影随形。在满族大臣看来，左宗棠作为德高望重的汉臣偏执恃功、少顾朝礼，若长久担任朝廷中枢长官，必将影响许多人的切身利益。因此，当左宗棠提出要亲赴福建时，许多满族权贵顺水推舟将他排挤出军机处。当然，站在左宗棠的立场，前往福建无论于公于私，对他来说都是求之不得之事。

第二节　败局难挽

左宗棠受命为钦差大臣督办福建军务后，立即出发。光绪十年（1884年）9月15日，他陛辞离京，水陆兼程，于10月14日行抵南京。当时，清廷已诏令前陕甘总督杨岳斌帮办福建军务，由湖南招募8个营的兵勇赶赴福建。

左宗棠在南京稍作停留，与两江总督曾国荃磋商兵事饷事，调集旧部恪靖军7个营、杨昌濬所统恪靖军4个营，以及两江督辕亲军后营1个营，合计12个营作为恪靖援台军从征，令前队迅即开拔前进。

同时，他又写信给原已开赴中越边境与法国侵略军作战的王德榜，称此次奏派支援越南，任事不像以前，切忌有始无终，务必尽心竭力，不可畏难不前，亦不可轻率行事。倘若王德榜不如从前在他麾下时那般卖力，令他蒙羞，他则"不待他人列参，我先劾之"。由此可见左宗棠对王德榜西南拒敌的关注及期望。后来，王德榜所部虽然受到淮军将领潘鼎新的排挤和陷害，败于丰谷，但王德榜在没有援军的情况下拼死作战，并配合名将冯子材作战，为谅山战役的胜利作出了贡献。

10月31日，左宗棠率后队各营由江宁起程，前往福建。按照清廷先后两次发布的谕旨，左宗棠只需前往浙江、福建交界处督兵驻扎，以备策应，不必亲赴前线。但是，为了就近总揽全局，他没有在福建与浙江交界处停留，而是径直前往福建省城福州。抵达福州后，他会同福州将军穆图善、闽浙总督杨昌濬等，积极筹谋，多方部署。

抵达福州后，左宗棠先收拾残局，稳定人心。当时马尾海战南洋水师全军覆没，军心不稳，民心更慌乱，左宗棠坐镇福州，整顿防务，加强战备，"分布内地防军，设沿海渔团"，打捞火炮等武器，加固炮台，严申军律，安定民心。为了安定军心，年逾古稀的左宗棠于除夕顶风冒雨深入长门、金牌前哨视察。

马尾之战后，法军将主要力量集中在台湾。10月1日，法军攻陷基隆。10月2日至8日，法军分兵进攻沪尾（今淡水）。10月23日，法军封锁全台南、西、北、东各海口，法国舰艇游弋于台湾海峡，台湾局势万分紧急。督办台湾军务的刘铭传不断呼救请援。左宗棠认为，"台湾为南北海道咽喉，关系甚大，倘有疏失，不但全闽震动，即沿海各省隘口，不知何时解严""目前军务，实以援台为急"。正是因为认识到台湾军务的重要性，他呼吁朝廷出兵援救，但是南洋大臣曾国荃、北洋大臣李鸿章手握重兵却不施以援手，左宗棠只好奏请朝廷派杨岳斌率兵由汉口搭轮船前往上海，配载兵轮，先到厦门，伺机渡台。

左宗棠先派总兵杨在元赴厦门侦察敌情，预雇轮船，以暗渡营勇，却没有商船可雇。经再三谋划，他打算迅速通知南洋大臣下令援台兵轮限期离开港口进入大海，以缓和台北局势，牵制法军，使其顾虑畏惧，降低巡逻逞威的频率。他还打算亲赴台湾督战，但是清廷没有答应，当地乡绅也请愿不让他去台湾。于是，朝廷檄令王诗正统领3个营的恪靖亲军陆续开赴泉州、蚶江（位于福建石狮市东北部）一带，准备渔船，扮作渔民，趁黑夜偷渡；又派行营总理营务处江苏候补道陈鸣志克日渡台，协调军务。

光绪十一年（1885年）2月上旬，王诗正、陈鸣志等部乘坐以重金雇用的英轮陆续渡抵台南，并于3月初开赴台北。3月4日，基隆法军大举进犯台北月眉山，清军不敌败退。3月6日，王诗正率两营兵力抵达前敌阵地，夺回月眉山尾一关卡。次日，清军仰攻月眉山巅敌垒，伤亡很大，退驻五堵。此后双方处于相持状态。3月19日，杨岳斌率所部各营登岸，台湾的局势渐趋缓和。

福州既是福建的省会，又是重要港口，因而成为福建防务的重点地区。由外海进入福州，需要经过两道险要门户：一为长门、金牌，二为闽安两岸。

左宗棠到达福州后，即檄各营分扎长门、金牌、连江、东岱、梅花江各要口，严密巡防长门、金牌，又委派福建按察使裴荫森、道员刘倬云星夜督工，在该处竖立铁桩，横以铁索，没入水中，并安设机器控制铁索的起落，以便己方船只出入，敌船到来则升起铁索加以阻挡。另外在距福州30里的林浦、魁岐及闽安右路的梅花江，根据地势一概垒石填塞，使之仅容小舟通行，并建筑炮台，安放炮位，派兵驻守。

光绪十一年（1885年）2月上旬，临近旧历年关，左宗棠忽然收到探报说，法国派出7艘军舰泊驻在马祖澳，将于除夕发起进攻。这一消息令人恐慌。左宗棠马上和杨昌濬前往长门与穆图善会商，商筹部署：立即撤去海口水道标志，并督令水雷教习装齐鱼雷火药，沿港布置；通知各国领事，即日封港；修复长门、金门等地及闽安南北岸各处炮台，又派穆图善从被击沉的"建胜"舰上卸下18门大炮投入使用，严阵以待。

在加强福州外围防务的同时，左宗棠沿用两江地区的经验，在福建滨海各府县办理渔团。他选派勤练明干的官员分赴福州、福宁（今福建宁德地区）、兴化、泉州四府各海口，设局会同地方官及本籍士绅，办理渔团。任命渔户中骁勇善水者为团长，抓紧训练，以钱财和功名作保，讲明利害关系，使其不为敌用，从而消除内讧，达到共御外侮的目的。

光绪十一年（1885年）3月11日，左宗棠会同穆图善、杨昌濬向朝廷上《请旨敕议拓增船炮大厂以图久远折》。奏折首先提出"海防以船炮为先，船炮以自制为便"的主张，这是左宗棠自筹办福州船政局以来的一贯思想。接着，他从技术方面总结了福州船政局此前的教训，即福州船政局所造各船多仿制外国半兵半商的旧式船只，近年来制造的快船虽比旧式船只稍好一些，但仿制的外洋铁甲舰船仍与外国船只强弱悬殊，所以外国认为清军的水战实力不足以惧。为了提高清军抵御外敌的能力，他建议充实军备，并给出了三个建议：

一是拓增炮厂。左宗棠引述福州船政局归国留学生的意见说，朝廷若想兴炮政，必须取法当时世界最先进的德国克虏伯厂或英国法华士厂，雇用其上等工匠，订购制炮机器，开拓加增船政造船旧厂，限期兴工铸造。

二是开办穆源铁矿。归国留学生提出，制炮所用的铁与常用铁器的炼法不同，必须另开大矿，添置机器进行冶炼，才能免受外国人牵制。福州穆源铁矿的矿藏丰富，若用来制炮，取用十分方便。如此矿、炮并举，不仅炮可以自制，推而广之，铁甲兵船与火车铁路等一切的建造，都可以依次举办，比起向外国购买、长期以银易铁的做法，得失显而易见。

三是筹办徐州铁矿，并在江浙与湖广地区交界处，选择重要地段设立船政炮厂，专门制造铁甲兵船和后膛巨炮。左宗棠在奏折中强调此时开厂的必要性：及时开厂创办，亡羊补牢，已觉太迟；若因畏惧艰难、吝啬金钱而不思振作，何以谋自强而息外患？

显然，左宗棠的奏章兼顾了当前与长远的需要，对于推动福州船政局的继续发展以及整体海防建设都具有积极意义。

当左宗棠在福建积极调兵援台，加强东南海防，并逐步取得成效之时，他所派王德榜率恪靖定边军在西南抗法战争中配合其他各军，也取得了巨大的胜利。

光绪十一年（1885年）2月，法军进攻谅山，清军主将、广西巡抚潘鼎新率军退入镇南关内。法军直驱关前，一度深入关内数十里。帮办广西军务的将领冯子材奉命迎战，在关前隘筑长墙，亲率一军与敌奋战。

3月25日，冯子材率王孝祺、王德榜各军乘胜追击出关，在谅山城北击败法军，重创法军司令尼格里。

3月29日，清军收复谅山，法军退往北宁、河内。因为战败，法国茹费理内阁宣告倒台。

出乎人们意料的是，在此有利的形势下，腐败无能的清廷却抱定"乘胜即收"的方针，派李鸿章与法国使臣议和。4月4日，中法双方代表商定《中法停战条件》。4月6日，清廷谕令前线各军停战，定期撤军。左宗棠对此深觉不安，于4月18日上《密陈要盟宜慎防兵难撤折》，反对与法国侵略者妥协议和，并坚持收回被法军占据的基隆与澎湖。他说，法国人已将越南吞并，如今他们又占据基隆与澎湖，朝廷怎可一再畏缩退让？

左宗棠结合福建海防的实际情况向朝廷建言，自前一年秋天，沿海沿边各省苦心经营，防务已稍为周全细密，如果此时转变方式，出此下策，日后的洋务办理必受其害。如果不赶紧将法国赶出基隆、澎湖，其他虎视眈眈的外国势力也必将乘机出动。这样一来，台湾南北不仅守无可守，而且防不胜防。

左宗棠还指出，法国意在缓战，而不在于言和。法国之所以请和，是因为对外在越南边境败于清军，对内国内内阁倒台。朝廷如果答应法国的所有要求，在失地没有归还前便先撤走防兵，万一法国怀着贪诈之心图谋入侵，而事机已失，战争的要害已为法国掌握，届时将后悔莫及。因此，他主张沿海重兵不可轻易裁撤。

然而，清廷此时已定下妥协议和的方针。5月13日，清廷派李鸿章与法国公使巴德诺在天津开始谈判正式条约。6月9日，《中法会订越南条约十款》正式签订，主要内容包括：清廷承认法国在越南的殖民统治，中国在中越边界开埠通商，中国日后修筑铁路应与法国商办，法军退出台湾、澎湖。

至此，中法战争宣告结束。清廷虽然收回了基隆、澎湖，但法国不仅吞并了整个越南，而且把侵略的魔爪伸入了云南和广西。

此时73岁的左宗棠已是疾病缠身，他的家人、侍从都不敢将和议的事情告诉他。但中法战争已告结束，和议已成定局，左宗棠无力扭转事态，只能尽力兴办洋务，缩短与外国的差距。中法战争后，他得知法国新造双机钢甲兵船，立即会同船政大臣裴荫森等奏请仿造，并强调说：欧洲大局已成连横之势，中国若再拘于成见，情形岌岌可危。除制炮造船、教将练兵，别无自强之道。接着，他又遵旨复奏，提出了筹划海防全局的建议。在他的坚持下，清廷发布上谕："现在和局虽定，海防不可稍弛，亟宜切实筹办善后，为久远可恃之计。"左宗棠接奉谕旨，带病坚持筹谋此事。

7月29日，他向朝廷上《复陈海防应办事宜请专设海防全政折》。在这份奏折中，他首先肯定了10余年来清廷在船政、制造、水师人才培养等方面的成果，虽造诣未精，但规模初具。尽管水师的水平不及外国，但华人聪慧，颖悟能力不在外国人之下。只要坚持学习西方的长处，华人可以超越甚至制服西方，而不必唯唯诺诺，只求自保无虞。

对于前湖广总督卞宝第提出在江西鄱阳湖口设立机器局制造船炮的建议，他表示支持，希望朝廷能下令让江浙、湖北督抚臣工派员测量，斟酌议行。他还在奏章中特别强调"海防无他，得人而已",即强调人才的重要性。他总结以往教训,说中国水师作战不力的原因在于处处受牵制。内臣之权重在承旨商议,事无大小,多借地方官员所请而加以实施;外臣之权各有疆界,虽为南、北洋大臣,对于隔省之事,终究难以处理超出自己职权范围的事情。

有鉴于此,左宗棠提出统筹海防全局的建议:现在若想消除弊病,不外乎慎选贤能之士主持大局,名为海防全政大臣,或名为海部大臣。凡一切有关海防的政事,均由该大臣统筹全局,奏明办理,并给予他选将、练兵、筹饷、制造船炮的全部权力。特建衙署,驻扎长江,南控福建、广东,北卫畿辅。该大臣或驻署办事,或周游巡阅,因时制宜,不受廷部的遥控。另外选用副臣,平时辅助处理各种政务,大臣外出时则留守督工,权有专属,责无旁贷。这样改动后或许可以立见成效,只是这个大臣责任重大,务必选用品望素著、深谙西学、为中外钦服的人来担当。

左宗棠这一建议主要针对选用主持海防的军政机构和统帅人选。而在加强海防建设的具体措施方面,他根据当时的实际情况,又提出了七项建议[①]:

一是"师船宜备造"。铁甲舰、快船、炮船、鱼雷艇、粮船、小轮、舢板等船种,不能只谋求完善齐备,还应求精。中国的海岸线有万余里,至少须操练10支海军,每军除装备数艘铁甲

[①] 出自《总理各国事务衙门遵旨会议海防折》,光绪十一年(1885年),(清末海军史料)(上),张侠等著,海洋出版社,1982年。

舰外，还要配备其他船种，临战之时才足以应敌。

二是"营制宜参酌"。海军应归海防大臣统辖。每军设一名统领，职务相当于提督；一名帮统，职务相当于总兵；管带以下，职务依副将、参将、游击不等。海军中的一切升迁调补都由海防衙门奏办。各守疆大臣只能指挥管辖守港口的陆军，非军务万分紧急，不得调遣海军兵船。

三是"巡守操练宜定例"。海军是为镇守而准备的，须时常巡历操练。10支海军中，将8支分别安排在大沽、珲春、烟台、崇明、镇海、闽口、澎湖、虎门和琼州，并兼顾附近的汕头、厦门、镇江、北坛（位于福建连江县透堡城外棋盘堂边）等地，朝夕演练，互相轮替，每4个月轮换一次，合练一次。其余2支军队，分别负责巡逻东洋和西洋，也和各国驻华兵轮一样，保护商人，兼在海上实地练习航行作战，并沿途访问水土民情与各国的形势、博物、制造等事宜。巡航以一年为期，期满后归守口，再从守口军队中挑换两军出洋。

四是"各局宜合并"。矿政、船炮互相配合，共为一体。海防全政大臣设立后，应撤销福建船政差使，徐州、穆源各矿及各省制造局也统归该大臣统筹办理。

五是"经费宜通筹"。左宗棠主张裁兵、增加洋税，确定海军衙门常年经费，并令各省按年匀摊协济，交海防大臣支用。

六是"铁路宜仿造"。铁路关系到商务、军事，"一经造成，民因而富，国因而强，人物因而倍盛，有利无害"。左宗棠建议先铺设清江浦至通州的铁路，以通南北枢纽，一是便于转运粮饷,从而拉动经济发展;二是便于征调,从而可以多裁绿营额兵。等该铁路有了成效,再添设分支,推广至西北,此乃日后发展的必然趋势。

七是"士气宜培养"。道、艺本出一源,艺术亦可得人才。水师官兵,应大开学堂培养;"一切格致、制造、舆地、法律,均为以术运经之事,尤应先倡官学,酌议进取之方,广译洋书,劝导士民自相师法"。

以上建议规划的是一幅详尽完整的全国海防全局蓝图,既提出统一和加强领导,又包括具体措施。这与左宗棠晚年入值军机处、总督两江兼任办理南洋通商事务大臣及督办福建军务的实践有关,体现了他的前瞻性。尽管稍后总理衙门在遵旨复议中,对他提出的各项具体措施有所取舍,如认为仓促间设立10支大军,一时无此力量,计划先在北洋倡练海军,但左宗棠关于专设大臣、统筹全局的建议,均得到了清廷的肯定和采纳。

左宗棠这份奏折上达两个月后,光绪十一年(1885年)10月12日,清廷将总理衙门中原掌南北洋海防之事的海防股划出,设立总理海军事务衙门,派醇亲王奕谭总理海军事务,所有沿海水师悉归其节制调遣。这也意味着清廷在统一海军指挥权、加速海军近代化建设中迈出了重要的一步,并为其后政府职能近代化奠定了基础。

第三节　名垂千古

中法战争虽胜犹败，使左宗棠本已衰老多病的身躯更加羸弱不堪。

光绪十一年（1885年）6月18日，左宗棠专折向朝廷报告了自己的病况：饮食锐减，身腕颤摇，心神恍惚，头晕眼花；又以毒湿熏蒸，遍身触发，痛痒交作，咯血时发；整天坐起时少，睡卧时多，偶一行动，便气喘腰疼，困乏不堪。他恳请交卸督办军务的差使，回京复命；先行开缺，回乡调理。清廷接奏后即准假一个月。

7月20日夜，左宗棠的病情进一步恶化，突然患上痰涌、气喘诸症，手足抽筋，神志昏迷，紧急进药后才苏醒过来。此后，他的病情反复无常，病势较之前进一步加剧。7月28日，他再次上奏朝廷，恳请交卸差使，乞假回乡养病。

8月13日，清廷下达谕旨："览奏病情，殊深廑念，自应俯如所请。左宗棠着准其交卸差使，不必拘定假期，回籍安心调理。该大学士夙著勋勤，于吏治、戎机久深阅历。如有所见，仍着随时奏闻，用备采择。一俟病体稍痊，即行来京供职。"

左宗棠虽然上奏请求回乡调养，但当时他病情严重，福建到湖南路程遥远，以他的体力已不可能回籍调理，更不可能赴京供职。于是，他留居福州，一边养病，一边关注时局发展，向朝廷献上自己关于军国大计的建议。风烛残年的他,最关注的两件大事分别是筹划海防全局和促成台湾建省。

台湾是福建、广东、江苏、浙江诸省的门户,是东南海防前哨,战略地位十分重要。左宗棠对台湾的防务历来十分关心,曾先后三次接触并筹划台湾防务。第一次是同治五年(1866年)镇压太平军余部后,他在闽浙总督任内,以台湾为沿海重镇,着手整理台湾军政、吏治,任命精明强干的吴大廷为台湾道、刘明镫为台湾镇总兵。第二次是同治十三年(1874年)日寇侵犯台湾之际,他身在西北,心系东南,频繁致书总理衙门、办理台防事务大臣沈葆桢、福建巡抚王凯泰及袁保恒、胡雪岩等,积极参与对日策略的谋划。第三次是光绪十年(1884年)受命督办福建军务期间,他抵达福州的第一件事便是调兵援台,又在中法和议时坚持收回基隆、澎湖。

中法战争结束后,左宗棠继上奏《请专设海防全政大臣折》之后,又上《台防紧要请移福建巡抚以资震慑折》,进一步向朝廷建议将福建巡抚改为台湾巡抚,专理台湾事务,从而促成台湾建省。

台湾建省酝酿已久。同治十三年(1874年)10月31日,清廷与日本签订《中日北京专约》,赔款50万两,并承认原是中国属地的琉球由日本"保护"。12月,日本退出台湾。在筹办善后的过程中,办理台防事务大臣沈葆桢奏请将福建巡抚移驻台湾,以便朝廷加强对台湾的管辖。当时的闽浙总督李鹤年、福建巡抚王凯泰上奏,以"福、台关联甚巨,彼此相依,未可遽分为二"为由，请朝廷准许福建巡抚"冬、春驻台，夏、秋驻省"，清廷批准了这一奏请。

光绪三年（1877年）初，刑部左侍郎袁保恒奏请改福建巡抚为台湾巡抚，经常驻守，治理台湾；福建全省事宜，归总督办理。福建巡抚丁日昌以分驻两地往来不便，奏请简驻重臣，督办数年，而后建省。但他们二人的奏折均被驳回，未能施行。光绪七年（1881年）冬，福建巡抚岑毓英与台湾兵备道刘璈为加强台湾防务，议将台湾道移驻彰化，居中控制；改台湾府为台南府，辖台南、凤山、嘉义、恒春四县。随后越南战争爆发，岑毓英到广东就职治事，台湾也全面戒严，该决议未及施行。

等到中法战争结束，左宗棠再次奏请将福建巡抚改为台湾巡抚。他在奏折中指出：如今之事，以海防为重；而福建省的筹防，以台湾为主。台湾虽然设有镇、道，但一切政事都秉承于督抚。海峡远隔，公文函件往来，平时尚且难免迟延，遇事更担心阻塞。接着，他回顾了自沈葆桢以来各大臣关于台防事宜的奏折，认为各督抚大臣谋虑虽然周到，但未免各执己见，都不如袁保恒以局外人旁观的见解更贴切恰当。

光绪十一年（1885年）10月12日，清廷采纳左宗棠的建议，发布谕旨，将福建巡抚改为台湾巡抚，移驻台湾，福建巡抚事宜由闽浙总督兼管，并委派刘铭传为首任台湾巡抚。从此，台湾正式建为行省。故有人称："台湾建省，始于沈葆桢，而成于左宗棠。"

就在左宗棠为筹划海防全局及促成台湾建省而殚精竭虑之

时,他的病情急剧恶化。光绪十一年(1885年)9月3日,他忽然腰痛难忍,起坐艰难,手足痉挛,热痰上涌,气弱病深。两天后的凌晨,他安详地告别了人世。临终前一日,左宗棠满怀悲愤和遗憾之情,口授遗折,由其子左孝宽笔录,缮交福州将军穆图善、陕甘总督杨昌濬转奏朝廷。遗折中有一段写道:

> 伏念臣以一介书生,蒙文宗显皇帝特达之知,屡奉三朝,累承重寄,内参枢密,外总师干,虽马革裹尸,亦复何恨!惟此次越事和战,实中国强弱之一大关键。臣督师南下,迄未大伸挞伐,张我国威,怀恨生平,不能瞑目!加以频年以来,渥蒙皇太后、皇上恩礼之隆,叩辞阙廷,甫及一稔,竟无由再觐天颜,犬马之报,犹待于来生。禽鸟之鸣,倍哀于将死。方今西域粗安,东洋思逞,欧洲各国,环视眈眈。若不并力补牢,先期求艾,再有衅隙,诚恐愈弱愈甚,振奋愈难,虽欲求之今日而不可得。伏乞皇太后、皇上于诸臣海军之议,速赐乾断,期于必成。凡铁路、矿务、船炮各政,及早举行,以策富强之效。然居心为万事之本,臣尤伏愿皇上益勤典学,无怠万机,日近正人,广纳谠论。移不急之费,以充军食;养有用之才,以济时艰。上下一心,实事求是,则臣虽死之日,犹生之年。①

---

① 转引自《左宗棠全传》,秦翰才著,中华书局,2016年。

"鸟之将死,其鸣也哀;人之将死,其言也善"一句出自《论语·泰伯篇》,是曾子对政治对手孟敬子所说的话。左宗棠在遗折中引用这一典故,一方面表达了自己壮志未酬、怀恨平生的悲哀,另一方面也向光绪皇帝和慈禧太后做了最后的至为恳切的规劝。折文感情诚挚激越,言词悲壮有力,强烈的爱国情怀跃然纸上,感人肺腑!他劝告统治者振奋精神,以当时的形势,只要君臣同心,亡羊补牢还为时不晚,重整河山指日可待。割地赔款虽能换得一时太平,却永远满足不了帝国主义列强的勃勃野心。所以,应及早兴办铁路、矿务、船炮各政,以富国强兵。他特别规劝光绪皇帝努力学习,勤理政事;近贤臣,远小人,广开言路听善言;整理财政,充实军备;培养人才,共济时艰;上下一心,实事求是。应该说,左宗棠这些建议都是切中时弊的。可惜,懦弱无能、一味苟且求和的清廷未能切实办理,以致国家继续衰败。

　　左宗棠逝世的消息传出后,福州"城中巷哭失声",百姓纷纷慨叹"朝廷失一良将,吾闽失一长城"。军队士卒得知这一噩耗后哀恸不已,纷纷搭设灵堂祭奠。江浙、陕甘的军民得知后,都悲伤万分,如丧考妣。9月27日,清廷发布谕旨,高度评价了左宗棠的生平功绩,追赠太傅,按大学士规制给其家属以抚恤,加恩赠谥"文襄",并赏给他三个儿子不同的职位。

　　10月14日,清廷为左宗棠举行御祭,特派新任福州将军古尼音布前往致祭。次日,灵柩发往湖南。启行时,"送丧者自督抚、将军、学政、司道各大宪之下,均徒步徐行",而"闽人士感公恩德,一律闭门罢市,且罔不泣下沾襟",他们沿路张结素幔,排列香案以示祭奠,"绅士及正谊书院肄业生,皆在南台中亭路祭"。11月1日,左宗棠的灵柩运抵湖南长沙,并于12月10日隆重安葬于湖南善化县八都杨梅河柏竹塘之阳(今长沙市雨花区跳马镇白竹村)。

左宗棠的灵柩到达长沙时,各界人士纷纷前往致吊。长沙士子余肇康写下一副长篇挽联,寄托哀思。联云:

公学备经济文章,而莫邃于舆地;公勋在闽杭关陇,而莫壮于戎疆;公品齐李郭范韩,而莫肖于诸葛。上下二百余载,几见伟人?论中兴功,除却曾湘乡、胡益阳,更谁抗手?

其出山非有荐牍,以投效结主知;其入阁不由甲科,以奇猷协枚卜;其乞身仍许封奏,以退食豫机宜。寿考七十四年,叠膺殊遇。数未了事,唯此鄂(俄)罗斯、法兰西,莫副初衷。

这副联语全面概括了左宗棠的学识、人品、经历、勋业和所受尊荣,也写出了他壮志未酬的遗恨。

时任两江总督的曾国荃也写下《挽左文襄》联,联云:

幕府封疆,书生侯伯,孝廉宰辅,疏逖枢机,系天下安危者二十年,魂魄常依帝左右;

湖湘巾扇，闽浙楼船，沙漠轮蹄，中原羽檄，壮圣主威灵于九万里，声光远烁海东西。

追随左宗棠20余年，时任甘肃新疆布政使的魏光焘得知左宗棠去世的噩耗后，不胜悲痛，特寄送挽联，联云：

平生做事，独为其难，大业佐中兴，遗疏犹烦天下计；
一息尚存，此志不懈，斯言尝自道，千秋共见老臣心。

还有最为后人称道的、由林世焘所写：

决口不言和议事，千秋独有左文襄。

左宗棠的子孙从家人的角度，在所作哀启中向世人展现了左宗棠对国家、民族的忠义：

以书生位至将相，任封圻，且三十年，而无一日居处安享用之厚。举艰险盘错，人所却避者，辄坚忍刻厉，肩任不辞。生平以诸葛武侯自勖，卒之淡泊宁静，鞠躬尽瘁，皆如所言。疾革之时，尤以君恩未报，夙愿未偿，和局不可长恃，战备不可缓筹，晤及僚友，谕语将佐，冀共同心勠力，共济时艰，而无一语及家事。

每逢国家遇到灾难之事，他人避之不及时，左宗棠往往迎难而上，坚韧克职。他一生以诸葛亮为榜样，只问耕耘，不问收获，清廉尽责。即使在病重之时，他仍不忘与同僚商议国事，谕令属下的将校勤练本领、保卫边疆。唯一让他放心不下的就是战和趋势，一直到弥留之际仍念念不忘。在数十年的仕途中，他始终坚持"无忌嫉之心，无私利之见，苟利社稷，死生以之耳"的民族大义至上的原则，无论是平定太平天国起义、剿灭捻军、剿抚回民军起义，还是西征收复新疆、武力支持伊犁谈判、整顿福建军务、奏议台湾建省、发展洋务富民强国等，他都实心实意地去干。

在家书中，左宗棠也屡次向诸子申言安身立命之道：

> 士君子立身行己，出而任事，但求无愧此心，不负所学，名之传不传，声称之美不美，何足计较？
> 然子弟欲其成人，总要从寒苦艰难中做起……菲衣薄食，早作夜思，各勤职业。撙节有余，除奉母外，润赡宗党，再有余，则济穷乏孤苦。其自奉也至薄，其待人也必厚。
> 省啬者处己，慷慨者待人。

左宗棠曾总结自己的处世之道，即"问心自安""无负于人"。他也是这么做的。左宗棠曾作一副联句表明心志："期不负圣人之学，盖尝以天下为忧。"此联与范仲淹的"先天下之忧而忧，后天下之乐而乐"有异曲同工之妙，也是左宗棠一生"鞠躬尽瘁,死而后已"的写照。

《清史稿》为左宗棠单独列传,评价他"为人多智略,内行甚笃,刚峻自天性",并这样总结他一生的功过:

> 宗棠事功著矣,其志行忠介,亦有过人。廉不言贫,勤不言劳。待将士以诚信相感。善于治民,每克一地,招徕抚绥,众至如归。论者谓宗棠有霸才,而治民则以王道行之,信哉。

左宗棠对国家、民族的事功将永载史册,他忠义廉俭的品德值得后世学习、瞻仰。

附录一 婚姻轶事

左宗棠的一生，从事业上看，无疑是成功的。在三千年未有之大变局下，他以科举失败者的身份成功进入政界、军界，战功赫赫，政绩卓越，位列清朝"中兴四大名臣"，更因为不惧外敌收复新疆，力主抗法保台而彪炳史册。那么，生活中的左宗棠又是什么样的呢？

俗话说，成功的男人背后总有优秀的女人。左宗棠也不例外，他背后有两个女人：周诒端与张夫人。关于左宗棠与周诒端的婚姻，流传着这么一个有趣的故事：

道光十一年（1831年）春，左宗棠在长沙城南书院读书。一天，学生们聚在一起，吵吵闹闹，左宗棠和好友欧阳兆熊觉得好奇，便也凑了过去。

虽说七嘴八舌，各说各的，但左宗棠还是听明白了：周家大小姐摆擂招亲。左宗棠觉得奇怪，人家招女婿有什么可讨论的。

欧阳兆熊便将周家情况告知左宗棠：光是周家大院就占地无数，其门口还树立着一块御赐的石碑，凡是路过的官员都得叩拜。

左宗棠便接话道："富贵人家愁嫁女？难不成这周家大小姐有什么问题？"

欧阳兆熊白了左宗棠一眼："要是这样，大家热火朝天讨论干什么，这位周家大小姐自然不愁嫁，正值芳龄，贤良淑德，才貌俱佳，上门求婚的都踏破门槛了，如何愁嫁？"

左宗棠一听才明白过来，原来是佳人寻才子。但是，他不明白的是，湖南子弟多俊才，如何久未能婚配，周家大小姐芳龄几何。就在他猜想时，欧阳兆熊拍了一下他，说道："季高，这位大小姐才貌俱佳，芳龄十九，与你同岁，我看你们很配。"

左宗棠呵呵一笑，自己吃了上顿没下顿，怎么可能与周家大小姐有什么姻缘！不过，欧阳兆熊这么一说，周边的同学都异口同声地支持左宗棠去参加招亲，他们深知左宗棠写诗水平堪称一绝。

面对众人起哄，左宗棠一笑置之。欧阳兆熊将周家大小姐写的诗拿出来，左宗棠一看，果然名不虚传，确实是奇女子，他当即决定去试试。

他穿戴整齐，前往周家。周家果然是大户人家，教养也是一流，没有因为他寒酸便拒绝他，而是盛请他入府比赛。周家主母王夫人一看左宗棠，便眼睛一亮：左宗棠虽然衣着素朴，身材一般，但是面目清秀，双眼炯炯有神，颇有英气。王夫人随后便开始了第一关考核，通过聊家常来考察左宗棠。左宗棠不卑不亢，谈吐从容，王夫人打心眼里喜欢左宗棠。不过，她不知道左宗棠是否入得了女儿的眼。周家大小姐二话不说，接着出了三道题：

第一题，下联是：胸藏万卷圣贤书，希圣也，希贤也。请对上联。

第二题，上联是：鸿是江边鸟。请对下联。

第三题，下联是：凤凰遍体文章。请对上联。

左宗棠松了一口气，这可是他最拿手的，于是他提笔一气呵成，全都对上了。周大小姐一看，只见纸上写着：

"手执两杯文武酒，饮文乎？饮武乎？"

"蚕为天下虫。"

"螃蟹一身甲胄。"

周家大小姐反复看了几遍，露出了笑脸。王夫人一看，欣喜地问道："女儿有何想法？"周大小姐立马脸红了起来，低声说道："一切听从父母做主。"

就这样，穷小子左宗棠娶了富家千金周诒端。这个才子配佳人的故事很浪漫，但不是真实的，真实的故事并不如传说这么浪漫。

左宗棠出身耕读人家，其曾祖父左逢圣、祖父左人锦、父亲左观澜、大哥左宗棫、二哥左宗植都是读书人，左家一边耕作一边读书。左家有48亩地，每年能收租谷48石（一石80公斤），但是祖孙三代家大人多，生活艰难。左宗棠出生后，其母余氏无奶，又请不起乳母，经常饿得左宗棠哇哇直哭。

当然，这还不是最悲惨的时候，更悲惨的是，左宗棠的祖父、祖母、大哥、母亲、父亲先后去世，尤其是父亲的去世，使左家陷入巨大的困境：亲人的丧葬费就是一笔巨大的开支，左家欠了一屁股债。

左家唯一值钱的就是48亩地，由于左宗械早逝留下了妻子儿女，左宗棠和二哥左宗植一商量便将48亩地都给了嫂子和侄子；家里的债务由他们兄弟两个承担。

对左宗棠来说，生存本身就是个问题，娶妻生子更是"奢望"。好在其父去世前给他定了亲，定的便是上文所说大户人家周家的大小姐周诒端，她是左观澜同窗好友周系舆的女儿。

周家确实是名门望族，祖辈出过户部侍郎、礼部侍郎等高官，家境富裕，光是大院"桂在堂"就占地1万平方米，青砖白瓦，雕梁画栋，气派非凡。

可左家已经落魄，家境殷实的周家还愿不愿意认这门亲？就算周家愿意，左家能拿得出钱来迎娶吗？左家一筹莫展，周家坐不住了，他们左等右等不见左家来迎娶，便主动上门"逼婚"。可是左家确实拿不出迎娶的钱来。经过一番商量，最后两家达成一致意见：左宗棠入赘周家。

左宗棠究竟是以什么样的心情同意入赘的，我们不得而知，但能确定的是，在封建时代，对此的闲言碎语肯定非常多，左宗棠备受压力也是毫无疑问的。好在周家厚待他：岳父周系舆、岳母王慈云都是宽厚之人，丝毫没看轻左宗棠，相反他们认为左宗棠不过是一时困难，只要踏实努力，将来必定能有一番作为，于是他们大力支持左宗棠读书科考,不让他干农活;平时还要求周诒端做个贤内助,王夫人甚至去世前都叮嘱女儿必须要做相夫教子的好媳妇。更让左宗棠欣慰的是,周诒端不仅貌美如花,还是工于诗词的才女,更是居家过日子的一把好手。

周诒端和左宗棠同岁。不同的是,周诒端家境优渥,接受了良好的教育。她秉承家风,从小跟随母亲学习诗词歌赋,长大后练得一手好字,写得一手好文章,在当地女性诗人群体中颇有名气,著有《饰性斋遗稿》,收入古近体诗139首。后来,在她的培养和带动下,周家和左家都出了不少女诗人,如周诒繁、周翼杺、周翼构,以及左宗棠的女儿左孝瑜、左孝琪、左孝琳、左孝瑸等。左宗棠及其长子左孝威曾主持刊刻、收录左氏家族及外家女性诗词的合集《慈云阁诗钞》(400多首)。

周诒端不仅工于诗赋,还对历史颇有研究,是左宗棠的精神伴侣,夫妻常常一起读书,品评历史。后来,左宗棠这样回忆道:"常时敛衽危坐,读书史,香炉茗碗,意度翛然。每与谈史,遇有未审,夫人随取架上某函某卷视余,十得八九。"

左宗棠决意参加科举,周诒端全力支持,两人经常唱和,周诒端更是屡屡借诗安慰、鼓励丈夫。如左宗棠北上参加科考,她便写了《送外北上》三首,既表达了自己对丈夫的思念,又鼓励他奋发图强。现录其中一首,以飨读者:

夜半戒征鞍,朦胧晓梦残。
马蹄迎月度,霜气扑衣寒。

> 转忆平居乐，从知远别难。
>
> 澄清舒素志，揽辔不须叹。

左宗棠进京后根据所见所闻写下了《癸巳燕台杂感（八首）》，描写朝廷腐败、民不聊生的境况，表达了自己报国无门的心境。周诒端阅后立马唱和，写下《得外都中书却寄（二首）》，今录其一：

> 驿使书同北雁来，客中怀抱郁难开。
> 虞卿尚有居穷乐，庞统知非作令才。
> 岁晏未归愁雨雪，心闲何处不蓬莱。
> 皇州况是栖鸾地，乡思无端且自裁。

周诒端以历史人物庞统、虞卿来宽慰丈夫，就算是高中也是屈才，劝左宗棠不必太在意考试结果，对于未来，要调整好心态，相时而动，必能等到鲲鹏展翅的那一天。

左宗棠三次北上科考，三次名落孙山，最终心灰意冷，不再参加科举考试，于安化设馆教书。但他心情极为糟糕，周诒端并没有嘲讽丈夫，而是写了诗《和季高夫子自题小像（四首）》，安慰左宗棠，认为他必定有一飞冲天的时候。今录两首供欣赏：

其一

> 茫茫身世且随时，俯仰人间廿九期。

岂便形容催老大，聊从图画认须眉。
青衫乌履看谁耦，火色鸢肩亦自奇。
丛桂几枝山谷静，终年卓荦傍书帷。

其二

轩轩眉宇孤霞举，矫矫精神海鹤翔。
蠖屈几曾舒素志，凤鸣应欲起朝阳。
清时贤俊无遗逸，此日溪山好退藏。
树艺养蚕皆远略，由来王道本农桑。

左宗棠北上科考需要盘缠，都是周诒端想尽办法筹凑。有一次，家里拿不出路费来，周诒端二话没说，将自己陪嫁的100多两银子拿出来给左宗棠。左宗棠赴京前去了赵大姐家，发现大姐一家揭不开锅，毫不犹豫地将路费给了大姐。周诒端得知后并没有责怪左宗棠，而是又找亲戚借了100多两银子给左宗棠。

科举失败后，左宗棠遍读地理学、农学、经济学、边防、外交等书籍。周诒端没有责怪他，更没有阻止他。左宗棠读完地理书，研究完地图，发现没有一份令人满意的全国地图，也没有齐备的各省山川地形图、军事地图，便决定做些开创性工作。他小心翼翼地和周诒端提起，没想到她满口答应。于是两人便分工干起来：左宗棠负责绘图，周诒端负责描绘，两人花了一年多的时间完成了这项艰巨的工作。后来，两人发现新资料后又动手修订完善。

左宗棠终于发达,成为封疆大吏,手握权柄,威名赫赫,而她的娘家家道中落,她没有求左宗棠给娘家人谋私利。这种举动令左宗棠感慨不已。

周诒端对丈夫仗义疏财、行道义之事非常支持。左宗棠进京赶考,但是落第了,钱也花完了。好在他结识了志同道合的好友胡林翼。胡林翼慷慨解囊,给了左宗棠300两银子作为回乡路费。这可是一大笔银子,结果左宗棠在半道上碰到被债主逼得自杀的村妇,他又拿出银子帮人还债,最后一分不剩地回家过年。周诒端知道后,不但没责怪他,反而对他赞许有加。

左宗棠经过努力,最终攒了钱将家搬到东乡柳家冲。在这里一家其乐融融,过着幸福美满的生活。不料,湘北遭遇大水灾,灾民成千上万地逃难,路过柳家庄,饿死者不计其数。左宗棠和周诒端拿出家里的全部粮食,周诒端甚至卖光首饰等物件购买药品,救济灾民。

嫁给左宗棠后,左宗棠要么准备科考,要么外出开馆授徒,很少顾及家里,于是家庭的重担落在了周诒端的肩上。她撑起了这个家,上厅堂,入厨房,忙得不可开交,"茹粗食淡,操作劳于村媪",毫无怨言,始终为家奉献。

在子女问题上,周诒端更是作出了巨大的牺牲。婚后,两人先后生了三个女儿。左宗棠是封建传统男人,渴望有男丁来延续香火。左宗棠的连襟张声玠娶了周诒端的妹妹周茹馨后连生了三个男丁,据说左宗棠曾经抱着张声玠的第三子请求过继给自己当儿子。周诒端看在眼里,记在心里。她也是封建传统妇女,深知纲常伦理,知道无男丁对左宗棠意味着什么。不过,她自己已经三十好几,加上身体虚弱,怕是难以再生(其实后来生了长子)。于是,她主动和左宗棠提纳妾之事,但左宗棠拒绝了。周诒端最后请来父亲等人,最终说动左宗棠纳侍女张氏为妾。

在子女的教育方面,周诒端更是付出了心血。她对孩子的教育非常严格,从不宠溺,要求他们严于律己,宽以待人。

周诒端为左家操劳一生,于同治九年(1870年)病逝于长沙,享年59岁。此时,远在数千里之外的左宗棠得知噩耗,痛不欲生,但军情紧急,他无法返乡,只能以墓志铭寄托哀思。光绪十一年(1885年)9月5日,左宗棠在福州病逝,特意留下遗嘱要和周诒端同穴而葬。

除了周诒端,左宗棠还有一位夫人,就是上文说的张夫人。张夫人自小跟随小姐周诒端,两人情同姐妹,她深受周家家教影响,也是一位知书达理的女性。

她嫁给左宗棠后,对待周诒端友善,对待其子女更是视如己出。她与左宗棠共生育两个女儿、三个儿子,即左孝琳、左孝瑸、左孝宽、左孝勋、左孝同。

道光二十六年(1846年),周诒端生下长子左孝威后,体弱无乳。张夫人心急如焚,她在次年4月生下儿子后,同时乳养两个儿子,而且总是先喂孝威,再喂孝宽。后来,周夫人去世,张夫人被扶为正室。正是周诒端和张夫人在后方默默奉献,左宗棠才能全心全意征战沙场,建功立业。得妻如此,夫复何求!

附录二 蔚然家风

同为晚清名臣，似乎左宗棠总是要比曾国藩逊色一点。曾国藩科举出身，左宗棠科举失败；镇压太平天国的首功是曾国藩，而后才是左宗棠；就连教育子女方面，曾国藩也似乎远胜左宗棠，曾国藩家书妇孺皆知，而左宗棠家书则鲜为人知。

左宗棠戎马倥偬，一生忙碌，从出山镇压太平军开始，便一直忙于军政，剿捻军，收新疆，保台湾，办洋务，搞教育……最终客死福州，与亲人聚少离多。但他从未忘记孩子的教育，即使军政繁忙，也总是抽空写信教导孩子。

首先，他非常关心孩子的健康成长和课业进步，他在给左孝威、左孝宽的信中这样写道：

我于廿八日开船，是夜泊三汊矶，廿九日泊湘阴县城外，三十日即过湖抵岳州。南风甚正,舟行甚速,可毋念也。

我此次北行,非其素志。尔等虽小,当亦略知一二。世局如何,家事如何,均不必为尔等言之。惟时刻难忘者,尔等近年读书无甚进境,气质毫未变化;恐日复一日,将求为寻常子弟不可得,空负我一片期望之心耳。夜间思及,辄不成眠。今复为尔等言之。尔等能领受与否,则我不能强之,然固不能已于言也。

左宗棠关心儿女之情可见一斑。但是,他作为朝廷官员,总是身不由己,只能借助写信来尽自己作为父亲的责任与义务。

望子成龙、望女成凤,这是天下大多数父母的心愿。左宗棠也不例外,不过他对望子成龙、望女成凤有自己的见解。在当时,通过科举当官光耀门楣是大多数父母对儿子的期许,可是左宗棠并不这样看,他认为"读书课子以绵世泽,守此耕读家风,做一个好人"很重要。为此,他刊楹联"纵读数千年奇书,无实行不为识字;要守六百年家法,有善策还是耕田"于祠中,书写"要大门闾,积德累善;是好子弟,耕田读书"和"慎交游,勤耕读;笃根本,去浮华"的家训来教导子弟。

他力主读书,但是反对迷信科举,不希望子弟高官厚禄,而是希望守耕读之家风,延绵世泽:

子孙能学吾之耕读为业,务本为怀,吾心慰矣。若必谓功名事业、高官显爵无忝乃祖,此岂可期必之事?亦岂数见之事哉？或且以科名为门户计，为利禄计，则并耕读务本之素志而忘之，是谓不肖矣。

因此，他并不主张儿子们通过当官来光宗耀祖。由于镇压太平天国有功，朝廷恩召左宗棠为太常寺卿，任内可荫一子。左宗棠两度拒绝。

他对儿子参加科考并不满意，甚至大发雷霆。有一年，左孝威进京参加考试，左宗棠知道后写信严厉批评："尔不知读书力学，惟希世俗科目为荣。知尔之无志。"他认为"八股愈做得入格，人才愈见庸下"，"欲轰轰烈烈做一有用人，岂必由科第"。

当然，这并不是说左宗棠彻底反对科举，相反他非常重视教育，每到一个地方赴任，他都极为重视当地教育，尤其是在陕西、甘肃、新疆等地，为了兴办教育，他屡次自掏腰包建学校，补贴学生的学习生活费，为当地教育作出了较大的贡献。然而，他这么做并非鼓励学生当官，而是要营造读书氛围，从而教化当地民众，提高他们的文化水平。他所反对的是迷信科举，将科举当作敲门砖，成为精致的利己主义者。他更希望读书不是为了考取功名，而是为了经世致用，不仅要读圣贤书，兵书、农书、医书等也要读，最后成为对国家、社会有用之人。

因此，他教导孩子们读书首先要立志，只有立志才能有的放矢，学有所成。

读书做人，先要立志，想古来圣贤豪杰是我这般年纪时，是何气象？是何学问？是何才干？我现才哪一件可以比他？想父母命我读书，延师训课，是何志愿？是何意思？我哪一件可以对父母？看同时一辈人，父母常背后夸赞者，是何好样？斥詈者，是何坏样？好样要学，坏样断不可学。心中要想个明白，立定主意，念念要学好，事事要学好。自己坏样一概猛省猛改，断不许少有回护，断不可因循苟且。务期与古时圣贤豪杰少小时志气一般，方可慰父母之心，免被他人耻笑。

志患不立，尤患不坚。偶尔听一段好话，听一件好事，亦知歆动羡慕，当时亦说我要与他一样，不过几日几时，此念就不知如何销歇去了。此是尔志不坚，还由不能立志之故。如果一心向上，有何事业不能做成？

陶桓公有云："大禹惜寸阴，吾辈当惜分阴。"古人用心之勤如此。韩文公云："业精于勤而荒于嬉。"凡事皆然，不仅读书。而读书更要勤苦，何也？百工技艺及医学、农学，均是一件事，道理尚易通晓；至吾儒读书，天地民物莫非己任，宇宙古今事理，均须融澈于心，然后施为有本。

人生读书之日最是难得，尔等有成与否，就在此数年上见分晓。若仍如从前悠忽过日，再数年依然故我，还能冒读书名色、充读书人否？思之，思之！

为了保证耕读家风的延续，左宗棠对子女的教育非常严格，严禁他们结交富家纨绔子弟，不允许他们奢侈浪费，而是教导他们要吃苦。

他要求子女勤俭,吃饱穿暖即可,不能讲求排场,更不能浪费,为此他还要求将搬到长沙的家重新搬回老家去,以免子女受城市奢靡生活的影响,进而大手大脚花钱,甚至和不学无术的富家子弟逛妓院、抽鸦片、酗酒闹事。

此外,左宗棠还要求子女们要仗义疏财,扶危救困。得知妻舅落魄困窘,他写信告诉儿子,要他们务必周济:"尔外家衰替日甚,汝光舅丧其二子,暮景颓唐,念之心恻。尔姨母无复佳况,大舅母亦然,时当周恤,以慰尔母之意,能为代谋长久更佳。"

可以说,左宗棠在教育子女上,紧紧围绕为人处世、立志等方面进行引导,要求他们守耕读寒素家风,笃根本、去浮华,轻功名、重实学,立圣人之志,兼济他人。

在左宗棠的严格教育下,左家耕读之家风得以延续,其后代子孙没有一个纨绔子弟。其子孙后代情况大致为:

长子左孝威,周氏所生,字子重,从小聪慧,深得左宗棠喜爱,是一个非常有主见的人。左宗棠反对他走纯粹的科举之路,要他用心学经世致用之学,但是他认为早点高中就能早点学习有用之学,坚决走科举之路。由于他勤奋好学加上天资聪慧,很快就考中秀才,是当地最有学问的人之一,后来虽然乡试败北,但他最终也成功考过,成为举人。

按照科举流程,左孝威还得参加会试、殿试,都通过后才能正式进入仕途。但是竞争激烈,其父左宗棠便三次考试三次败北。

好在这个时候,朝廷的相关制度帮了大忙。左宗棠战功赫赫，朝廷对他进行封妻荫子的奖赏，纵然左宗棠数次推辞，但是左孝威还是沾了左宗棠的光，被朝廷任命为主事，如愿以偿地走上了仕途。

左孝威跻身政界后，战战兢兢，如履薄冰，他非常清楚，自己身为左家长子，身上挑的担子很重，他要作表率，要维持左家的家风。因此，他不结交狐朋狗友、纨绔子弟，也不仗势欺人，而是兢兢业业，低调做人，埋头做事。

左宗棠收复新疆期间，左孝威要求到军中省亲。满朝文武都知道，左宗棠是一个从不以公谋私的人，他从不任用亲朋好友、乡里邻居，也不允许家族人员、同乡到军中任职、探望。对于千里迢迢来探望的，他一律拿出盘缠给他们作为返乡路费。此次，他破天荒答应左孝威省亲，显然是有锻炼儿子之意。不过，尽管左孝威是朝廷官员，又是左宗棠的长子，左宗棠却一点面子也不给，让他吃住都在军营，而且吃住上有严格的限制。

左孝威深知父亲的秉性，他小时候吃过一定的苦，自然毫无怨言。西北苦寒之地，环境极为恶劣，左孝威风里来雪里去，与将士们同甘共苦。然而，由于水土不服，左孝威受了风寒染病。

军中医疗条件差，居住条件也不好，众人建议让左孝威到兰州等地治疗，但是左宗棠最终让其返乡治病。原本身子骨就虚弱，再长途跋涉数千里，左孝威很快就一病不起，没过多久就去世了。由于年纪轻轻就去世了，其后代记载便不明晰。

次子左孝宽，生于道光二十七年（1847年），其母为张夫人。其成长过程如何，由于缺乏史料记载，难以得知。但是，他确实受到左宗棠的影响,并未汲汲于富贵,也没有死死抱着科考不放,而是学了医,成为一名医生,悬壶济世,帮扶村民,免费看病,终此一生。他一生没有大富大贵,也没有什么跌宕起伏的人生故事,名声不显,但是,他的后代却出了不少名人。

左景鉴是左孝宽的儿子,生于宣统元年(1909年)9月,他青少年时的处境与祖父左宗棠有些类似,父母早亡,生活非常困窘。但是,他秉承克勤克俭、奋斗不息的家风精神,发愤图强,14岁时考入湖南长沙明德中学,并加入学生会,后来又进入上海医学院学习,立志学医报国。

1937年,左景鉴从上海医学院毕业,这年日本发动全面侵华战争。次年,他毅然加入国际红十字总会救护医疗队,在这里与妻子相识、相恋并结婚,两人奔波于上海、南京、南昌等地,救助了不少同胞,为抗战贡献了自己的力量。

新中国成立后,左景鉴被借调到中央军委卫生部,参加抗美援朝战争。在朝鲜战场上,他从事志愿军血库的筹建工作,并参加研制了手提式的血液保养箱,为保家卫国作出了贡献。抗美援朝战争结束后,他担任上海中山医院副院长。左景鉴医术精湛,品德高尚,在业内有口皆碑,与黄家驷、裘法祖、吴阶平并称为中国外科的"四把刀"。后来国家搞大西南建设,左景鉴主动申请支援大西南,筹建医院,培养英才,为新中国医学事业作出了贡献。

左焕琮是左景鉴的儿子,从小跟随父亲颠沛流离,吃了很多苦。但是,在父母的严格教诲下,他勤奋刻苦,也走上了医学之路,先后毕业于北京医科大学、北京协和医学院。他主攻神经外科,且颇有成就。1983年左焕琮又到日本留学,研究显微神经外科。在日本留学期间,他无暇娱乐,一心扑在医学研究上,取得了令日本同学、老师夸赞的好成绩,如愿成为当时日本神经外科协会主席、世界著名神经外科专家高仓公朋的学生。

回国后,左焕琮担任中日友好医院神经外科主任,后来升任副院长,再后来担任清华大学中日友好医院研究院执行院长,而后调任清华大学第二附属医院院长。经过8年的开拓创新,他成功地将"起点低、底子薄"的第二附属医院打造成以神经外科为龙头的专业化医院。

左焕琛是左景鉴的女儿,生于1940年,幼年跟随父母在动荡中生活,但她也秉承家风,酷爱学习,成绩优秀,并继承父母的衣钵,致力于医学事业。左焕琛从上海第一医学院(今复旦大学医学院)医学系毕业后,留校任教,后来历任副教授、基础医学院院长等职务,在这期间曾赴西藏讲学,并两度赴美进修。她长期从事人体解剖学的教学和科研工作,在人体解剖学领域颇有造诣。

1995年以后,左焕琛历任上海市卫生局副局长、上海市副市长等职位,担任中国解剖学会临床解剖学组秘书长、上海解剖学会理事及副秘书长,中国人民政治协商会议上海市常务委员会副主席,中国农工民主党第十三届中央委员会副主席等职务。

三子左孝勋,其母为张夫人。左孝勋出生于咸丰三年(1853年),史料记载不多。从现有史料可知,他和父亲左宗棠一样,酷爱军事研究,喜欢研读兵学经典,中举后任职于兵部,当了个主事。甲午中日战争爆发后，他积极参与，总办营务。后来，他又积极参与洋务运动，会办北洋机器局、北洋营务处，官至江苏提法使，兼署布政使。清朝灭亡后，他隐居上海，每日研究书法，直至去世。

左孝勋名声不大，但是他的后代却有不少英才。比如，他的孙子左景清，笔名杜若，是近代著名文学家、作家。左景清毕业于南京金陵大学文学院，而后从事文化工作，担任《华报》《中国日报》总编辑，成都《党军日报》主编，以笔为武器，与日本法西斯作斗争。他一生著述颇丰，有《同是天涯沦落人》《太平年》《一百朵蔷薇》《长夜》《无家别》《火城故事》《康桥》《游龙》《杜若自选集》《文人与文学》等，又擅长书法，其书法作品在书法界也颇为引人注目。

左孝勋的孙子左景伊也是个著名人物。他从小聪慧，学习很好，是个典型的"学霸"，一路优秀，考入清华大学化学系。不过，日本侵略者让华北容不下一张书桌，清华大学最终被迫南迁至昆明。眼见山河破碎，民众惨遭荼毒，左景伊愤然转入兵工大学，主修应用化学，后赴美学习。毕业回国后，左景伊曾任北京化工大学教授、浙江大学和北京科技大学兼职教授，中国科学院金属腐蚀研究所开放实验室（院外）学术委员，是我国腐蚀与防护领域著名的科学家，中国工程院院士。

四子左孝同，其母张夫人。左孝同走了科举之路，钦赐举人，后被朝廷任命为道员（正四品）。他在本职工作上尽心尽力,但并未显山露水。戊戌变法期间,他受维新派黄遵宪的邀请,前往湖南保卫局工作。变法失败后,他遭到了朝廷的猜忌和反对派的攻击,日子并不好过。这事闹到慈禧那里,也许是想起了左宗棠为朝廷所作的贡献,慈禧特意召见左孝同。左孝同因此脱离危险,从此平步青云,官运亨通,官至江苏布政使。后来清朝覆灭,左孝同再无意于官场,到上海过起了隐居生活。

"治有用之学""成经世之才",在左宗棠的教导下,其嫡系后裔人丁兴旺,人才辈出,活跃于教育、科研、医疗、文化、艺术等领域,为我国各项事业贡献了力量。

左宗棠的几个女儿巾帼不让须眉,她们虽然生于封建社会但也不甘落后。左宗棠有4个女儿,她们在左宗棠和周夫人、张夫人的悉心教导下,在诗词歌赋上都小有成就。由左宗棠及其长子左孝威主持刊刻、收录左氏家族及外家女性诗词的合集《慈云阁诗钞》就收录了左孝瑜、左孝琪、左孝琳、左孝瑸所写的部分诗歌,如左孝瑜《舟中哭母(四首)》、左孝琪《雪夜独坐忆母》等。

长女左孝瑜,字慎娟,生于道光十三年(1833年),是左宗棠的第一个孩子。当时,左宗棠才二十出头,穷困潦倒,但两江总督陶澍慧眼识珠,欣赏左宗棠并认为他日后必然发达,主动要求结为儿女亲家。就这样,左孝瑜5岁时,就与陶澍7岁的独生爱子陶桄订下了"娃娃亲"。在出嫁之前,她遵从左宗棠和母亲的教导,既学习了女工,又学习诗词歌赋,是典型的贤淑女性。嫁给陶桄后,她相夫教子,一家其乐融融,著有《小石屋诗草》。其孙女嫁给了湖南名流谭嗣同的兄弟谭嗣贻的儿子。

次女左孝琪,字静斋,生于道光十四年(1834年),自幼聪慧过人,善于诗词歌赋,著有《猗兰室诗草》(收其近体诗79首)。左孝琪身体不太好,患有疾病,终生未嫁,于同治十二年(1873年)去世。

三女左孝琳,字湘娥,道光十七年(1837年)出生,长大后嫁给了湘潭黎福昌,黎福昌是江南道监察御史黎吉云的儿子。她著有《琼华阁诗草》。

四女左孝瑸,字少华,出生于道光十八年(1838年),长大后嫁给了湘潭周翼标,著有《淡如斋遗诗》。后来,周翼标去世,左孝瑸在写下《病亟口占奉寄翁姑大人》后殉夫而亡,诗云:

兢兢一念随夫婿,自是纲常大义存。
寄语高堂休感悼,他生重与侍晨昏。

总而言之,左宗棠的后代没有好吃懒做之徒,更无纨绔子弟,而是人才济济,出现了一大批优秀人才,投身于医学、艺术、教育等领域,为社会作出了贡献。

附录三 左、曾渊源

左宗棠与曾国藩同为晚清的政治风云人物,但两人关系交恶也为世人所知。既是文人,又是老乡兼同僚的两人,为何最后水火不容,甚至绝交呢?

这还得从两人的成长经历、性格以及军事思想、政治理念等说起。左宗棠比曾国藩小一岁,两人都深受儒家思想影响,都想借助科举考试实现"修身齐家治国平天下"之理想。

但是两人境况不同,左宗棠中举比曾国藩早一年,不过此后科考屡战屡败,名落孙山,而曾国藩虽然几次受挫,最终还是登上了天子堂。此后,左宗棠待在乡野致力于研究经世之学,曾国藩则在政治舞台上建言献策。

从两人都北上科考的经历看,同为老乡的两人此时应该认识,不过史书并未有明确记载,不知道两人关系究竟如何。科考后，两人应该没有什么交集。不过，两人都与胡林翼相识，且是志同道合的密友，所以应该都听说过对方。

但是，这种情况很快就因为时局的变化发生改变。清朝对外卖国求荣、对内肆意盘剥，加上天灾，无路可走的老百姓揭竿而起，其中太平天国运动影响最大，太平军所到之处，民众群起响应，很快就动摇了清王朝的统治。在这样的背景之下，腐朽的清王朝无法依靠无能的清朝贵族来统治，急需各类人才来镇压太平军。恰好他们都站到了统治者这边，于是两人开始从戎，镇压太平天国运动，也开始了几十年的恩恩怨怨。

左宗棠入张亮基幕府，参谋机要，整肃土匪，保卫长沙，防守湖北，手握总督关防，调兵遣将，妙计连连，屡战屡胜，功劳显著，成为当时湖南、湖北政治舞台上闪亮的人物。反观曾国藩，在长沙操办团练，建衡阳造船厂，训练湘军，四处被掣肘，处境艰难（曾国藩要左宗棠女婿捐资练团办，但陶桄没捐）。这一阶段，左宗棠的风头远远盖过曾国藩。

不过，左宗棠虽然被伯乐张亮基赏识重用，但他毕竟只是幕僚，随着张亮基调任山东，左宗棠便辞职，收拾包袱回老家了。然而，人才从来不会被轻易埋没。左宗棠在湖南是名震一时的人物，要聘请他的人很多，比如曾国藩。他听说左宗棠归乡，立马写信，言辞诚恳地请左宗棠出山，共同镇压太平军，但左宗棠没答应；曾国藩不死心，又写信给好友郭嵩焘（也是左宗棠好友），但左宗棠认为曾国藩将略如何不可知，他并不想轻易加盟。

而骆秉章更是求贤若渴，几次派人聘请左宗棠，左宗棠刚开始都是婉拒，后来太平军杀到湘阴要找左宗棠算账，左宗棠赶紧带着家人逃到长沙，骆秉章再度盛情邀请，左宗棠倍受感动，便"入署襄办"。左宗棠深得骆秉章信任，施展才华，外抗太平军，内肃土匪、贪官污吏，训练军队，政绩斐然。

此时曾国藩虽然崭露头角，但是后方不稳，前线战线吃紧，甚至吃了不少败仗，鲜有功劳。在此期间，左宗棠与曾国藩联系密切，左宗棠采取诸多有力措施稳定湖南局面，还筹拨饷银，训练士卒，大力支持曾国藩的湘军出省作战，湖南成了湘军稳定的后勤基地；石达开率部出走，进攻江西，曾国藩被困南昌城，左宗棠向骆秉章建议三路驰援，给曾国藩的反攻提供了有力支持。左宗棠甚至还跑到曾国藩大营给他出谋划策。有一次曾国藩驰援湖北，但兵败退守长沙，太平军紧逼，有合围之势，长沙告急。左宗棠带着100多人前去曾国藩大营，根据形势建议曾国藩进攻湘潭，但曾国藩却又轻敌进攻靖港，损失惨重，投水自尽被救起，狼狈不堪。在这个时候，左宗棠日夜劝慰曾国藩，加上湘潭战场取得大胜，才让曾国藩不再求死。

也是这一阶段，两人嫌隙渐生，左宗棠认为曾国藩的"乡曲气太重""才亦太缺""于兵事终鲜悟处"，曾国藩则认为左宗棠"骄愎"，但两人关系还是比较密切的。

直到后来曾国藩因为父丧擅自离营回籍，惹怒了左宗棠。他写了一份言辞激烈的信大骂曾国藩，责备他丁忧没有错，但是眼下局势艰难，身为朝廷命官，系前方将士、后方百姓安危于一身，怎么能不听朝廷旨意，随便离去。

左宗棠话糙理不糙，作为朋友，他毫无疑问是诤友；作为同僚，他必须为湘军负责。只是推崇孝道的曾国藩阅后，脸色突变，勃然大怒，连信也不回了。左宗棠一看没有回信，也不高兴了，给胡林翼写信说曾国藩"才短气矜……宜置之高阁"。

两人就这样不再联系。后来，在曾国荃的劝说下，曾国藩给左宗棠写了一封信，左宗棠兴奋得跳了起来，写了一封热情洋溢的信，二人冰释前嫌。

曾国藩这一示好也帮助他二度出山。当时，左宗棠和胡林翼打算进攻浙江，选派何人统兵东下一直没有定论，左宗棠推荐了曾国藩，并给予厚饷，专供湘军。最终，朝廷允准，曾国藩才二度出山。左宗棠也以大局为重，积极为湘军谋地盘，谋军饷，以保证湘军后勤无忧。

曾国藩刚复出不久，风生水起的左宗棠因"樊燮案"而招来"杀身之祸"。这个时候，郭嵩焘、胡林翼、潘祖荫、曾国藩等纷纷出力保左宗棠，曾国藩非但不说"樊燮案"，反而力荐朝廷授予左宗棠实权，最终朝廷放过了左宗棠，但左宗棠不得不离开幕府。

这下子，左宗棠官场失意，而曾国藩则声名鹊起，成为朝廷倚重的大臣。也是从这个时候起，两人的位置颠倒过来，两人的关系也越来越差，矛盾越来越多。

之后，左宗棠本想进京考试，但被胡林翼劝住，他便打算自己统领一支部队上前线杀敌。可是，曾国藩认为左宗棠既无朝廷名分，也没有调令，不如到自己幕府来当参谋。左宗棠拒绝了。

没多久朝廷调曾国藩署理两江总督，命左宗棠以四品候补襄办军务。当时朝廷曾询问曾国藩等人，左宗棠是否可以独当一面，入四川督办军务，围剿太平天国石达开。曾国藩自然希望左宗棠入四川，这样一来，湘军的地盘便扩大了，而且他知道左宗棠脾气大，不一定愿意到自己大营当幕僚，更何况他也不怎么喜欢左宗棠。不过，左宗棠却"志在平吴，不在入蜀"。在胡林翼的努力下，左宗棠还是到曾国藩那里当幕僚了。

曾国藩虽然不喜欢左宗棠，但是很看重他的能力。然而，两人因性格不合，加上意见不一，常常闹矛盾，比如左宗棠建议派偏师谋取吴越，但曾国藩毫不犹豫地拒绝，反而进兵左宗棠强烈反对的祁门，结果几次陷入绝境，若不是左宗棠、鲍超等人极力救援，曾国藩生死难卜。

左宗棠很想进兵浙江，后来曾国藩满足了他的心愿，在浙江巡抚王有龄兵败自杀后，推荐了左宗棠。于是，左宗棠率部入浙，但是赣皖一有情况，曾国藩便调左宗棠救援，左宗棠虽有怨言，还是尽力救援。

后来，左宗棠战功赫赫，很快就当上了闽浙总督，与曾国藩平起平坐。曾国藩见状，索要景德镇、河口、婺源等处厘卡，左宗棠不给，两人开始疏远。

这以后，两人开始相互攻讦，左宗棠收复杭州，曾国藩却说他杀贼不多，太平军余部窜入江西，必将祸害闽粤，让左宗棠非常难堪。而曾国藩攻下南京城后，上书说"伪幼王已死于乱军之中"，朝廷大喜，下令奖赏湘军将士，这个时候，左宗棠上书说,伪幼王没死,而是逃入湖州等地,狠狠拆了曾国藩的台。就这样,两人在朝廷那里打起了官司,关系彻底破裂。后来,两人还因为天津教案、收复新疆饷银等问题相互不对付,直到曾国藩去世,两人都没有和好。

实际上,他们在很多事情上见解一致,比如在对待西方列强的问题上,他们都认为列强强取豪夺,应当自强才能维护国家利益和尊严;他们在办理洋务上也有很多一致的地方,比如都认为"师夷长技以制夷"非常重要,不仅要办理洋务,还要培养人才,自己办理洋务,以求自强……

对于两人失和,众说纷纭。有人说曾、左故意失和,为的是免除朝廷的猜忌,保住湘军;有人说两人失和是左宗棠格局太小,老觉得曾国藩压他一头,故意吵闹来博取名声……

事实上,左宗棠多次谈及与曾国藩的关系,只有公议不合,没有私交问题。这从他给曾国藩写的挽联可以看出来:

谋国之忠,知人之明,自愧不如元辅;
同心若金,攻错若石,相期无负平生。

左宗棠承认论"谋国之忠"和"知人之明",自己不如曾国藩,二人私交则是同心若金,只是性格不同,批评对方的错误就像扔石头一样,没有辜负彼此。

如果这还不能说明左宗棠的心意,那么他对待曾国藩后代的态度足以证明他无愧于曾国藩。

曾国藩一生谨慎，抱持"凡人多望子孙为大官，余不愿为大官"之想法，生前未利用职权为儿子谋官职（曾国藩有三子，但长子早夭，曾纪泽和曾纪鸿在家乡种地）；而他自己又以清廉自居，死后只有数万两银子。因此，他死后，其后代的生活陷入困境。

曾纪鸿是曾国藩第三子，酷爱数学，通天文、地理、舆图诸学，在数学上造诣很深，不过在科举考试上却常常失意。他多次参加科考，但屡试不中，最后靠着荫赏举人，充兵部武选司郎官。

虽步入仕途，但他官职不高，俸禄不多，养家困难，经常捉襟见肘。有次碰上亲人病重，无钱延请医生，他只好向曾国藩的老部下刘锦棠借钱。刘锦棠也是左宗棠的老部下。左宗棠得知此事后感慨万分，他知道曾家对自己心存芥蒂，但他还是伸出援手，给了曾纪鸿300两银子。他还写信给左孝宽说："吾与文正交谊，非同泛常。所争者国家公事，而彼此性情相与，固无丝毫芥蒂，岂以死生而异乎？栗诚谨厚好学，素所爱重。以中兴元老之子，而不免饥困，可以见文正之清节，足为后世法矣。"表明自己与曾国藩只有公事之争论，没有私交之交恶。

左宗棠是这样说，也是这样做的。曾纪鸿在北京期间，左宗棠总是想方设法周济他。后来，30多岁的曾纪鸿谢世，左宗棠为他还葬乡里尽心出力。远在西洋的曾纪泽得知后，特意写信感谢左宗棠。

曾国藩次子曾纪泽，接受严格教育，学贯中西，在曾国藩去世后承袭一等毅勇侯爵位，开始在政治舞台上崭露头角。左宗棠对他赞赏有加，屡次向朝廷推荐，请求重用。

收复新疆期间，面对战场上的大好形势，崇厚竟与沙俄签订丧权辱国的条约，左宗棠震怒，力荐曾纪泽全权负责与沙俄的外交事宜。曾纪泽纵横捭阖，晓以利害，最终改签中俄《伊犁条约》，改订《陆路通商章程》，收回伊犁并且不割让特克斯河流域，最大限度地捍卫了国家主权，也因此名垂青史。

此后，曾纪泽屡屡受到左宗棠的关照和庇护。中法战争前后，曾纪泽在巴黎与法国政府就越南战事进行谈判，态度非常强硬，但他在外交上的努力被主和派痛恨，旋即被解除职务。后来，曾纪泽先后担任海军衙门帮办、户部右侍郎、总理衙门大臣等重要职务，与左宗棠的推荐不无关系。左宗棠去世前，还给慈禧写信，建议设立海防大臣并保荐曾纪泽担任海防大臣。

左宗棠对曾国藩的两个儿子百般照顾，对曾国藩的女儿也不忘帮扶。曾国藩作为晚清风云人物，手握重权，阅人无数，深谙相术，有"识人之明"之美誉，但在选择女婿方面似乎总是"看走眼"。曾国藩有5个女儿，其中4个女婿都是他亲自把关挑选的，但是他的女儿们的生活大多不幸。

长女曾纪静少年时期就被曾国藩许配给翰林院同事兼好友袁芳瑛之子袁秉桢。袁芳瑛是晚清书法名家，但其子袁秉桢却是典型的纨绔子弟，轻浮、赌博、嫖娼、贪污腐败、欺压百姓，可谓无恶不作。等到曾纪静到了婚嫁年龄，袁家早已落败，但曾国藩没有悔婚，坚持嫁女，结果袁家早已娶妻，曾纪静只好做小。然而袁秉帧好吃懒做，暴躁凶残，曾纪静备受其害，度日如年，年纪轻轻就离开人世，未有子嗣。

次女曾纪耀嫁给了曾国藩的至交好友陈源兖之子陈远济。陈远济平庸无所作为，而且陈家落魄，生活困难，曾纪耀虽然尽力持家，但终归郁郁寡欢，英年早逝，未生育子女。

三女曾纪琛被曾国藩许配给湘军著名将领罗泽南之子罗允吉。此人好逸恶劳，不务正业，是个典型的花花公子，加上曾纪琛的婆婆是个悍妇，经常刁难她，曾纪琛无疑跳进了火坑，只好经常回娘家避难。她生有一子，不过早夭。罗允吉去世后，她孀居终身。

四女曾纪纯被曾国藩许配给晚清重臣郭嵩焘之子郭刚基。郭刚基家教尚好，品学兼优，但是身体孱弱，二十出头就病逝，曾纪纯只好带着两个儿子和婆婆过日子。在这种家庭氛围中，曾纪纯生活艰难，后来一病不起，30多岁便去世了。

看着自己的四个女儿所嫁非人，曾国藩痛苦万分，后来他改变择婿观念，不看门第看人品，经过千挑万选，最终将五女曾纪芬嫁给了知县聂尔康之子聂仲芳。聂仲芳虽然没有富家子弟的习气，也上进，但不被曾家认可，事业并不顺利。左宗棠了解曾纪芬的处境后，将其丈夫聂仲芳派到营务处（参谋处）任职，但是由于薪俸低难以养家糊口，曾纪芬向左宗棠的儿媳提及家中困难。向来痛恨以裙带关系走后门的左宗棠为此破例，写信给上海制造局总办李兴锐，请他根据聂仲芳的才能安排工作。后来，左宗棠还特意邀请曾纪芬到两江总督衙门，和她一起回顾她在父亲曾国藩担任两江总督时在总督府的生活。左宗棠对曾家女儿的关怀可谓细致入微。

而聂仲芳也没有辜负左宗棠的厚望，他勤奋刻苦，奋发图强，在李鸿章的提携下，很快脱颖而出，当上了江南机器制造总局会办，不久升任总办，将原本亏空数十万两银子的制造局救活，卸任时还盈余十几万两银子。再后来，聂仲芳官至浙江巡抚。其子女也大都优秀，左宗棠的长孙女、李鸿章的侄女分别嫁给了聂仲芳之子。

光绪十一年（1885年），左宗棠在福州任上去世，当时曾纪泽远在国外，他写了一联挽联：

昔居南国，戏称武侯，爵位垮前贤，评将略则更无遗恨；
恸哭西州，感怀谢傅，齿牙藉余论，登荐章而忝冠群英。

受过左宗棠推荐的曾国荃也写了挽联：

佐圣主东戡闽越，西定回疆。天恩最重武乡侯，前后逾三十年，实同是鞠躬尽瘁；
维贤臣生并湖湘，位兼将相。地下若逢曾太傅，纵横已万余里，庶无负以人事君。

曾国藩生前可谓威震天下，但左宗棠并未曲意逢迎；曾国藩死后儿女前程未卜，左宗棠大力帮扶提携。左宗棠对同僚后代无微不至的关怀值得世人敬仰。